これならわかる〈スッキリ図解〉障害者総合支援法 第2版

二本柳 覚 編著
鈴木 裕介
遠山 真世 著

SE
SHOEISHA

本書内容に関するお問い合わせについて

このたびは翔泳社の書籍をお買い上げいただき、誠にありがとうございます。弊社では、読者の皆様からのお問い合わせに適切に対応させていただくため、以下のガイドラインへのご協力をお願い致しております。下記項目をお読みいただき、手順に従ってお問い合わせください。

●ご質問される前に

弊社Webサイトの「正誤表」をご参照ください。これまでに判明した正誤や追加情報を掲載しています。

正誤表　http://www.shoeisha.co.jp/book/errata/

●ご質問方法

弊社Webサイトの「刊行物Q&A」をご利用ください。

刊行物Q&A　http://www.shoeisha.co.jp/book/qa/

インターネットをご利用でない場合は、FAX または郵便にて、下記“愛読者サポートセンター”までお問い合わせください。
電話でのご質問は、お受けしておりません。

●回答について

回答は、ご質問いただいた手段によってご返事申し上げます。ご質問の内容によっては、回答に数日ないしはそれ以上の期間を要する場合があります。

●ご質問に際してのご注意

本書の対象を越えるもの、記述個所を特定されないもの、また読者固有の環境に起因するご質問等にはお答えできませんので、あらかじめご了承ください。

●郵便物送付先およびFAX番号

送付先住所　〒160-0006　東京都新宿区舟町5
FAX番号　03-5362-3818
宛先　（株）翔泳社 愛読者サポートセンター

●免責事項

※本書の内容は2017年12月現在の法令等に基づいて記載しています。
※本書に記載されたURL等は予告なく変更される場合があります。
※本書の出版にあたっては正確な記述に努めましたが、著者および出版社のいずれも、本書の内容に対してなんらかの保証をするものではなく、内容やサンプルに基づくいかなる運用結果に関してもいっさいの責任を負いません。
※本書に記載されている会社名、製品名は、一般に各企業の商標または登録商標です。
※本書ではTM、®、©は割愛させていただいております。

はじめに

初版発行から約４年が経過し、障害者総合支援法は再度改正されることになりました。改正に伴い新たなサービスが追加されるなど、障害者を取り巻く世界はまた大きな転換点を迎えようとしています。

我が国は戦後、障害者に対して収容政策を取り、多くの施設が生まれ、そのなかに多くの障害者が閉じ込められてきました。その名残か、障害者と健常者の間には、まだ大きな溝があるように感じています。１９９０年代頃より脱施設化、地域移行が叫ばれるようになり、障害者も地域で生活を続けられるように法改正されるなど、時代とともに制度は変化してきました。しかし、真の意味での共生社会を作るためには、制度だけを整えるだけでは事足りず、地域に住む人々の障害者観もふまえた取り組みが必要です。今回の法改正をきっかけに、多くの皆さんに障害者について考えてもらうことは、共生社会を築くために越えていかなければならない数々のハードルを越えていくための、１つの方法だと思っています。

本書は、入門書として「読みやすい」「わかりやすい」ものであることを意識しています。福祉サービスの利用を望む方に、障害者総合支援法の内容をきちんとお伝えすることができるよう、また広く一般の方に障害者とともに生きる社会について考えを深めていただくことができるよう、著者一同願いを込めて執筆しました。本書が初版と同様に多くの方に読まれ、多くの障害者が暮らしやすい社会を築く一助となることができれば幸いです。

最後に、この本が発刊されるまでに、障害者を巡る様々なニュースが数多く流れてきました。そのなかには、大変心が痛む思うニュースも少なくありません。しかしその一方で、市民とともに生き生きと暮らす、また、地域に居場所を作ろうと懸命に努力されてきている方のニュースも届いています。また「事件が起きた」ではなく、「こんないい取り組みがあった」と夢を持って語り合える話題が続く世のなかになることを期待してやみません。

著者を代表して　二本柳覚

第3章 障害者総合支援法で使えるサービス

第5章 障害福祉サービスの使い方

第6章 障害者支援には何がある？

第1章

障害者総合支援法ってなに？

障害者総合支援法は、障害者を支えるサービス等が定められた法律です。障害者自立支援法の改正法として、平成25（2013）年に施行されました。

ここでは、成立までの流れや基本的な内容について整理していきます。

障害者総合支援法って？

健常者と障害者がともに地域で生き生きと暮らす社会を目指すため、様々な政策を規定した法律です。

障害者総合支援法とは

障害者総合支援法は、正しくは「障害者の日常生活及び社会生活を総合的に支援するための法律」といいます。これは障害者自立支援法の改正法として平成24年に成立した、障害者に対する福祉サービスなどを規定した法律です。

法の目的は、地域社会で健常者と障害者が分け隔てなく生活できるようにしようとしたとき、必要となる各種サービス等を充実させることです。障害者の日常生活や社会生活を総合的に支援することを目的としています。そのため、特定の障害について規定するのではなく、身体、知的、精神のいわゆる三障害のほか、発達障害や難病も対象となっています。また、誰もが地域で自分の望む生活をすることができるよう、各種施設や医療機関から地域に戻るための支援システムなども組み込まれています。

個人に合ったオーダーメードの支援を受けることができる

障害者総合支援法では、障害者それぞれの生活のしづらさに合わせてサービスが展開できるよう、障害支援区分を創設し、在宅・通所・入所サービスを組み合わせ、個人個人の状況に合ったオーダーメードの支援を受けることができるようになっています。

また、障害者総合支援法は、単に障害者のサービスを規定しているだけではありません。市町村や都道府県に対して責務を与え、障害者が地域で生活しやすい社会にするため必要となる計画を作成させることも盛り込まれています。

しかしながら、平成30年4月、障害者総合支援法として最初の改正を迎えますが、まだまだ問題点は改善しきれていないのが現状です。当事者や各関係団体など、多方面からの様々な声を拾い上げ、よりよい法律へと、社会全体で作り上げていく姿勢が大切といえるでしょう。

障害者総合支援法の目的

第1条　この法律は、障害者基本法の基本的な理念にのっとり、身体障害者福祉法、知的障害者福祉法、精神保健及び精神障害者福祉に関する法律、児童福祉法その他障害者及び障害児の福祉に関する法律と相まって、障害者及び障害児が基本的人権を享有する個人としての尊厳にふさわしい日常生活又は社会生活を営むことができるよう、必要な障害福祉サービスに係る給付、地域生活支援事業その他の支援を総合的に行い、もって障害者及び障害児の福祉の増進を図るとともに、障害の有無にかかわらず国民が相互に人格と個性を尊重し安心して暮らすことのできる地域社会の実現に寄与することを目的とする。（色字は筆者）

障害者総合支援法における給付・事業

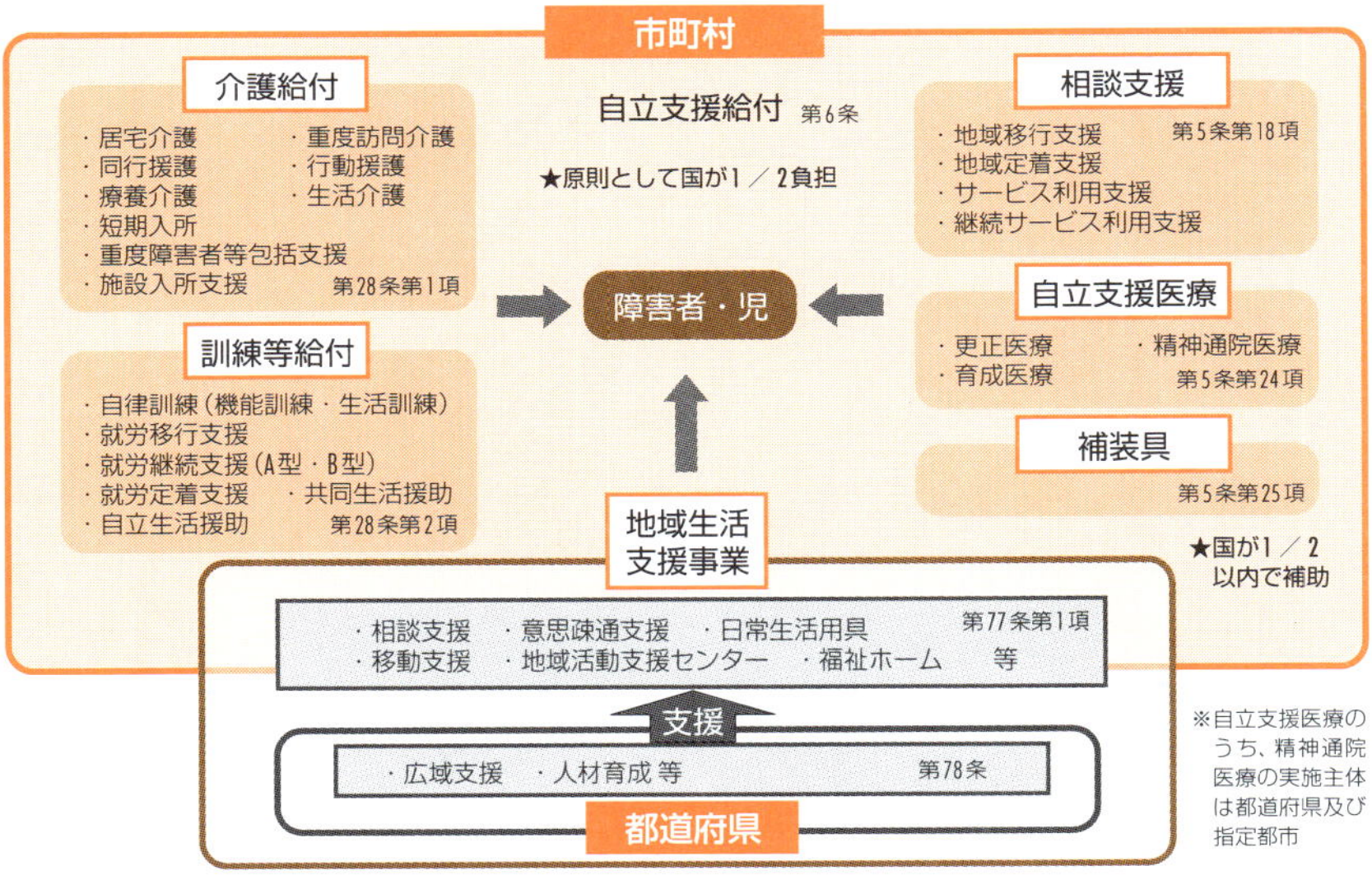

障害者総合支援法は、障害者を「個人」として尊重するものであり、地域で日常生活を送るために必要なサービスを提供するための法律です。

出典：厚生労働省 社会・援護局障害保健福祉部資料をもとに著者作成

障害者総合支援法はなぜできたの？

障害があっても地域で生活できるようにするために、何度も法改正が行われました。

昔は施設入所支援が中心！

日本の障害者施策は、以前は施設入所を中心としたものが進められていました。しかし、1950年代後半に、北欧でノーマライゼーションという考え方が生まれてから変化が訪れます。「障害のあるなしにかかわらず、一人の人間として同じように暮らすための取り組みが必要」とするノーマライゼーションの理念が国際的に浸透してくると、日本でも、施設への入所をよしとする考え方から、障害者も社会参加ができる環境づくりをしようとする考え方に変わっていきました。その流れのなかで、施設ではなく、地域で生活を続けられるようにするための支援が求められました。

障害者施策は変わり続けている

この流れのなか、福祉制度は行政がサービスを決める「措置制度」から、利用者がサービスを決める「契約制度」へと転換され始めました。身体や知的障害を対象として利用者がサービスを選択し、契約する「支援費制度」が平成15年から始まることになりました。しかしその結果、利用者の急増による財源確保やサービス量の格差、精神障害は対象外などの問題が生じ、わずか3年で制度改正をすることとなり、障害者自立支援法（障害者総合支援法の前身）が制定されました。

しかし、障害者自立支援法でも、応益負担の導入や、サービス利用決定の基準・結果が実情に合わないなどの問題が上がり、サービスを利用する障害者の生活にも大きな影響を与えることとなりました。このため国は、障害者自立支援法を見直すこととし、平成25年より障害者総合支援法を施行しました。しかし、この法改正でも十分な改革がなされたとはいえないことから、定期的な見直しが行われることになっています。今回の法改正も、3年間たったのち見直して問題点を整理し、より使いやすい制度へと変わるために行われたものです。

障害者総合支援法の歴史

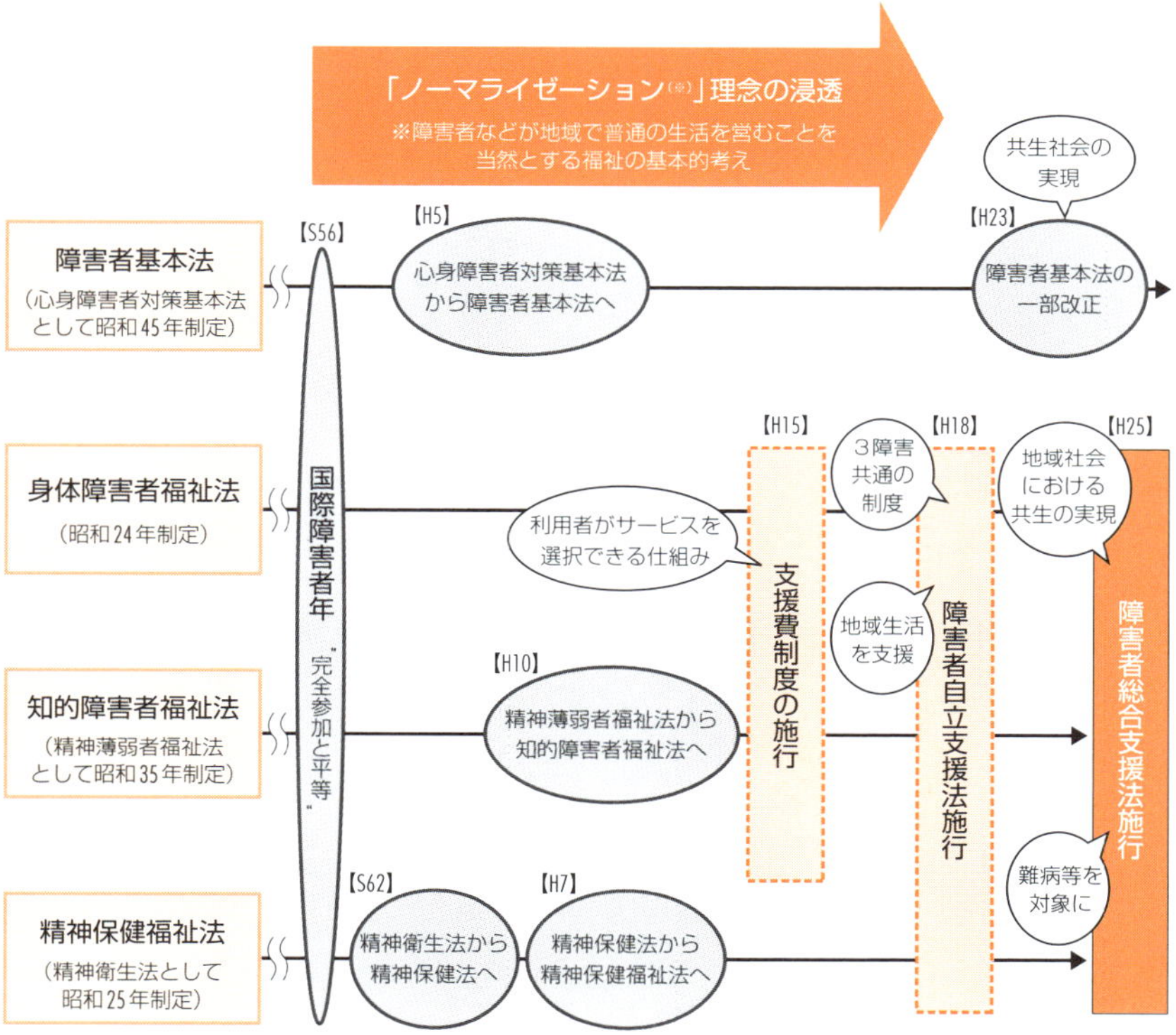

出典：厚生労働省 社会・援護局障害保健福祉部障害福祉課地域生活支援推進室資料

措置制度から契約制度へ

●措置制度の仕組み

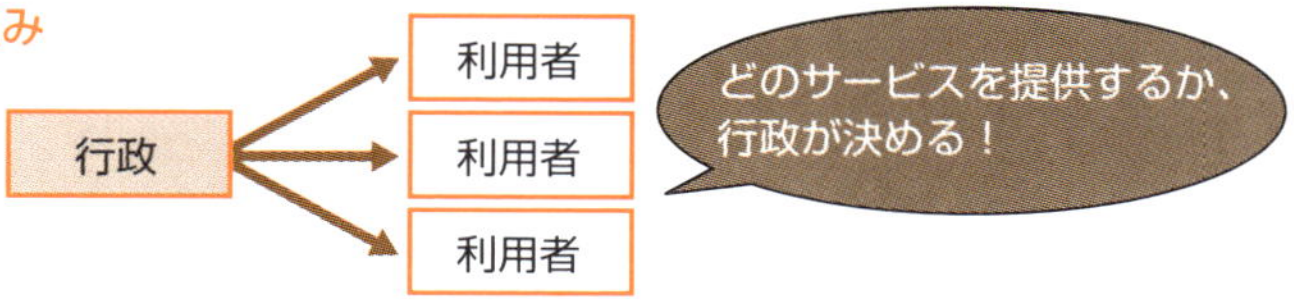

●契約制度の仕組み

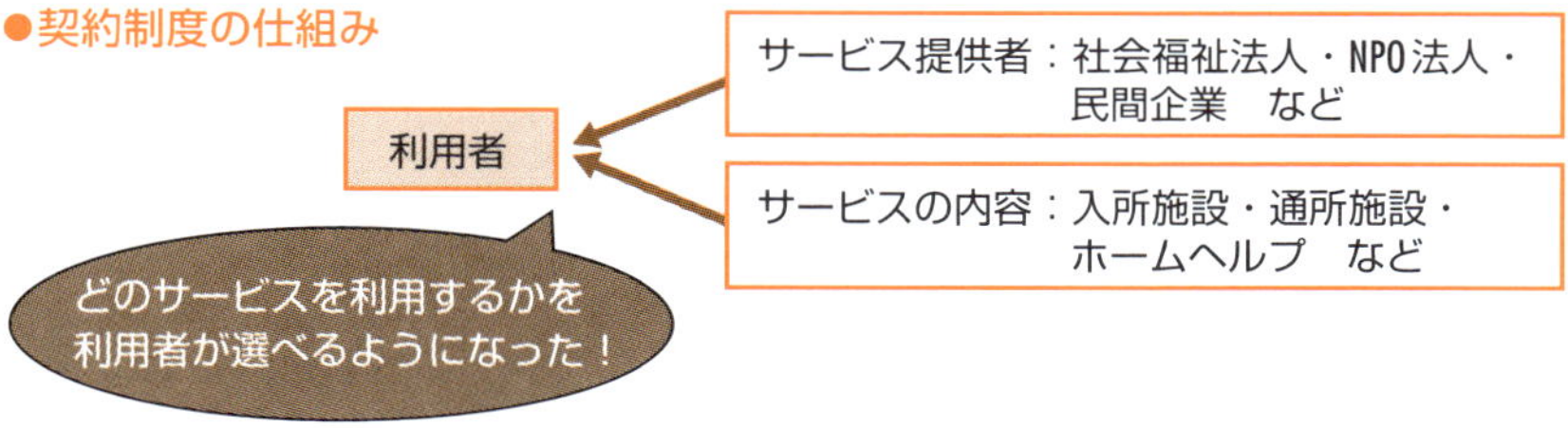

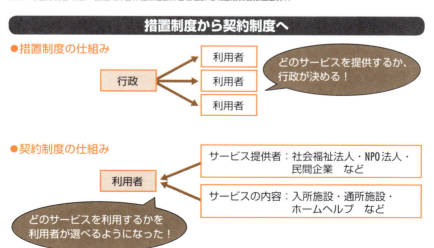

基本理念ってなに？

理念とは法の根本となるものです。基本理念では「社会で生活する」ことが第一に置かれました。

「施設」ではなく「地域」で暮らす

障害者自立支援法（以下、自立支援法）の成立前までは、障害者の社会参加の必要性が求められていたものの、なかなかうまくいかない状況がありました。施設なども保護的な役割が強く、社会で暮らせる能力があっても施設から社会へ飛び出すことに二の足を踏む人たちが大勢いたのです。

障害者が社会で自立して生活するためには、地域で暮らすための制度や、働きやすくするための環境づくりが必要であると考えられていました。そのため自立支援法の第1条には、彼らの持っている能力や適性に応じて社会で自立した生活ができるよう、また、障害の有無にかかわらず、安心して地域で暮らせるようにしていくことが明記されていました。

「自立」ではなく「個人の尊厳」

しかしながら、「自立」という言葉は「働く」というイメージが強くありました。そのため、本来重要視しなければならない〝障害の有無にかかわらず安心して地域で暮らせる〟というところに主眼が置かれたものとは言いにくかったのです。

また、平成23年に改正された障害者基本法では、様々な社会的障壁――例えば段差があるから車いすでお店に入れないとか、障害者への偏見が強い、視覚障害があるのに点字で書いてある情報誌がないなど、物理的問題、社会的問題を問わず、障害者が日常生活を送るにあたって困る状況をなくすことが必要とされました。

そこで、障害者総合支援法（以下、総合支援法）では、障害者基本法の改正点もふまえた基本理念が設定されました。そのなかで「基本的人権を享有する個人としての尊厳」を支援すると表現し、社会で生活する一人の人間として尊重し、社会で生活をするために必要な支援をするための法律であることを明確にしたのです。

障害者基本法（平成23年改正）のポイント

①すべての国民が、障害の有無にかかわらず、等しく基本的人権を享有する、かけがえのない個人として尊重されるものであるとの理念
②すべての国民が、障害の有無によって分け隔てられることなく、相互に人格と個性を尊重し合いながら共生する社会を実現
③可能な限りその身近な場所において必要な（中略）支援を受けられること
④社会参加の機会の確保
⑤“どこで誰と生活するか”についての選択の機会が確保され、地域社会において他の人々と共生することを妨げられないこと
⑥社会的障壁の除去

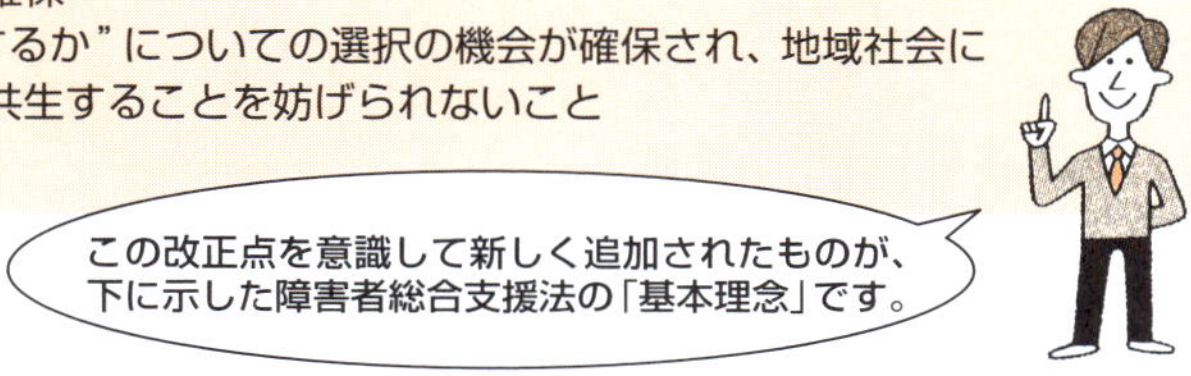
この改正点を意識して新しく追加されたものが、
下に示した障害者総合支援法の「基本理念」です。

障害者総合支援法の基本理念

第1条の2
障害者及び障害児が日常生活又は社会生活を営むための支援は、全ての国民が、障害の有無にかかわらず、等しく基本的人権を享有するかけがえのない個人として尊重されるものであるとの理念にのっとり、全ての国民が、障害の有無によって分け隔てられることなく、相互に人格と個性を尊重し合いながら共生する社会を実現するため、全ての障害者及び障害児が可能な限りその身近な場所において必要な日常生活又は社会生活を営むための支援を受けられることにより社会参加の機会が確保されること及びどこで誰と生活するかについての選択の機会が確保され、地域社会において他の人々と共生することを妨げられないこと並びに障害者及び障害児にとって日常生活又は社会生活を営む上で障壁となるような社会における事物、制度、慣行、観念その他一切のものの除去に資することを旨として、総合的かつ計画的に行わなければならない。

たくさんの制度・サービスによる総合的な支援を実現する！

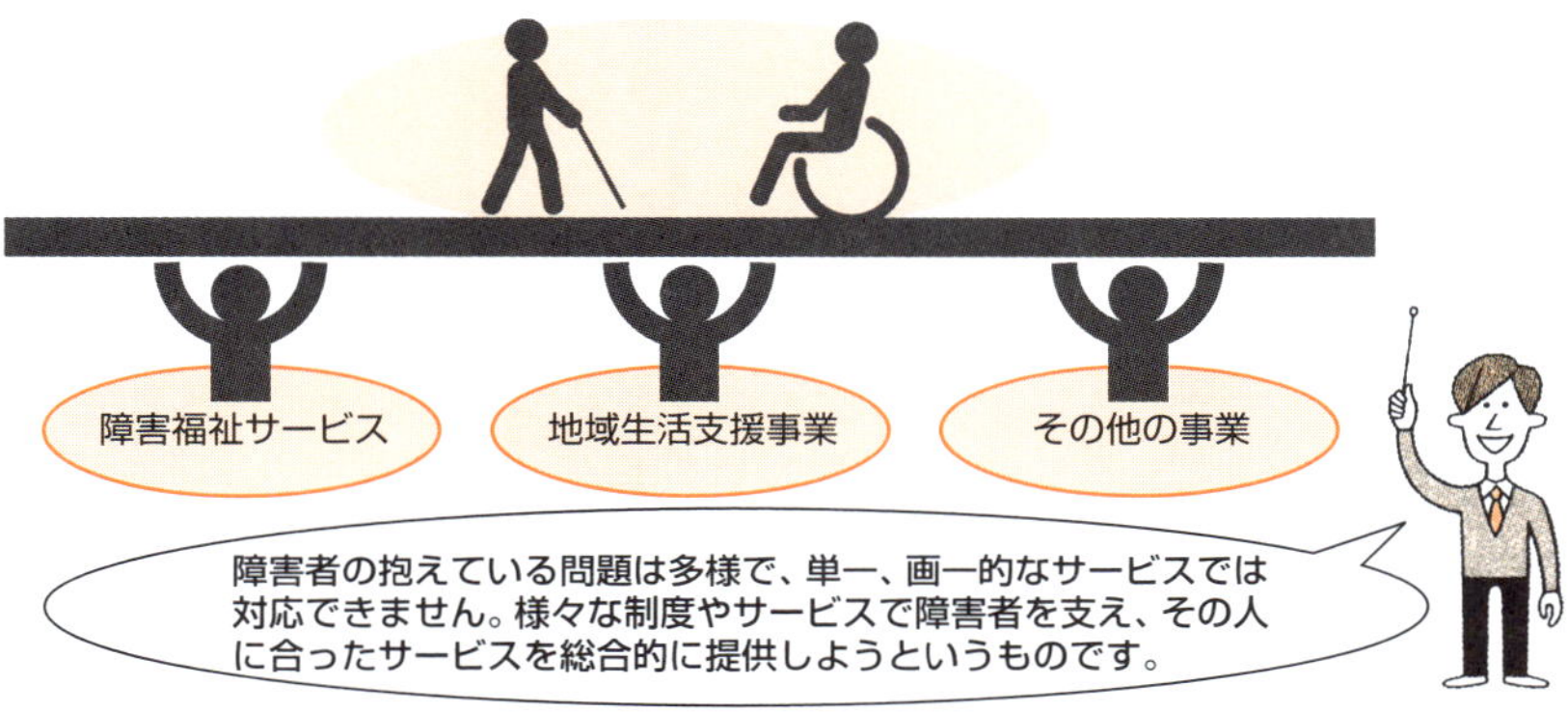
障害福祉サービス
地域生活支援事業
その他の事業
障害者の抱えている問題は多様で、単一、画一的なサービスでは対応できません。様々な制度やサービスで障害者を支え、その人に合ったサービスを総合的に提供しようというものです。

「障害者」ってだれのこと？

サービスを利用するにはまず「障害者」と認定されることが必要です。

「障害」の範囲は広がり続けている！

　障害者といわれて皆さんが想像するのは、身体障害者と知的障害者ではないでしょうか。これに、精神障害者を加えて「三障害」と呼ばれることが多くあります。

　しかし、1980年代頃から認知され始めた自閉症や注意欠陥性多動性障害などの発達障害、また脳に損傷を受けたことによる高次脳機能障害など、障害の範囲はどんどん広くなっています。身体障害者についても、その範囲は拡大を続けており、近年では透析が必要な腎臓疾患や、AIDS《エイズ》などの免疫機能障害なども身体障害として認められるようになりました。

難病も障害に

　障害者に対する制度は様々ありますが、どの制度もそれぞれ即した「障害者」の定義に当てはまらなければ、利用することはできません。実際に、以前では、日常生活に大きな課題を抱える病気を持っていても「障害者」とは認められず支援を受けることができない人たちが大勢いました。

　そのようななか、平成25年の改正によって障害の定義が広がり、難病と関節リウマチの患者に対して、障害福祉サービスが提供できるようになりました。しかし、このときは新たな難病対策の結論が得られていないため、対象となる疾患は130疾患に限定されていました。その後、平成26年に対象疾患の要件が取りまとめられ、対象疾患の拡大が図られました。

　総合支援法でいう「難病」とは、難病法（難病の患者に対する医療等に関する法律）が示す基準のうちの2点「発病の機構が明らかでない」「患者数が人口の0・1％程度に達しない」を要件としないこととしており（つまり、難病法より対象が広い）、平成29年4月より358疾患が対象となっています。今後も研究が進むにつれ、対象疾患が増える可能性があります。

障害者の定義は？

【カッコは根拠法】	内容
身体障害者（身体障害者福祉法）	別表※1に掲げる身体上の障害がある18歳以上の者であって、都道府県知事から身体障害者手帳の交付を受けたもの
知的障害者	知的障害者福祉法にいう知的障害者（具体的な定義なし）
精神障害者（精神保健福祉法）	統合失調症、精神作用物質による急性中毒またはその依存症、知的障害、精神病質その他の精神疾患を有する者（発達障害者支援法に規定する発達障害者を含み、知的障害者福祉法にいう知的障害者を除く）のうち18歳以上
難病者（障害者総合支援法）	治療方法が確立していない疾病その他の特殊の疾病であって政令で定めるものによる障害の程度が厚生労働大臣が定める程度である者であって18歳以上であるもの
障害児（児童福祉法）	身体に障害のある児童※2、知的障害のある児童、精神に障害のある児童（発達障害者支援法に規定する発達障害児を含む）または治療方法が確立していない疾病その他の特殊の疾病であって、障害者総合支援法第4条第1項の政令で定めるものによる障害の程度が同項の厚生労働大臣が定める程度である児童

※1　別表にて、障害の部位、症状がそれぞれ規定されている。その基準に合わなければ身体障害者とはならない
※2　児童とは、満18歳に満たない者をいう

知的障害の定義は明確に定められたものはありませんが、厚生労働省が行う調査では「おおむね**18**歳までに知的機能の障害があらわれ、日常生活に支障が生じているため、何らかの特別の援助を必要とする状態にあるもの」としています。

難病法に基づく指定難病の要件と障害者総合支援法における取り扱い

障害者総合支援法では、指定難病の基準をふまえたうえで、多くの人が制度を利用できるように設定されている！

要件	指定難病	障害者総合支援法 ※他の施策体系が樹立している疾病を除く ※疾病の「重症度」は勘案しない
発病の機構（メカニズム）が明らかでない	要件	要件としない
治療方法が確立していない	要件	要件
患者数が人口の0.1%程度に達しない	要件	要件としない
長期の療養を必要とするもの	要件	要件
診断に関し、客観的な指標による一定の基準が定まっていること	要件	要件

出典：厚生労働省「障害者総合支援法の対象疾病（難病等）平成27年7月から」の「障害者総合支援法の対象となる難病等について」をもとに著者作成

サービスの種類や量の〝決め方〟は？

利用できる障害福祉サービスの種類や量を決める区分を「障害支援区分」といいます。

客観的な物差しが必要

障害福祉サービスを必要な人に適切に提供するためには、誰にどれだけ支援するかという客観的な物差しが必要です。自立支援法は、その物差しを「介護保険制度」の要支援・要介護度をベースに作りました。その結果生まれたのが「障害程度区分」です。区分（どの程度支援が必要か）に応じてサービスの量を決めるものでした。

この区分がきちんと機能していれば問題はないのですが、実際はそうはいきませんでした。まず障害程度区分と聞くと、障害がどの程度重いかを連想してしまいがちですが、大切なのは障害の重さではなく、その障害によって〝どの程度社会参加が妨げられているのか〟という点です。

しかし、先ほども述べた通り、自立支援法では区分の物差しを、介護保険をベースにして考えました。このため、主に身体的介護に関する項目――起き上がれるか、歩けるか、服を着られるか、食事は取れるか、排せつはできるかなどが中心でした。これらができない人は一次判定で区分が高くなり（サービス量が必要）、できる人は区分が低くなりました。

その人たちに合った区分認定

社会参加を目指す知的障害者や精神障害者の場合、単にできるかできないかと聞かれたら、「できる」と答えられる項目が非常に多くなってしまいます。しかし、それでは支援が必要ないかというと、そうとも限らず、できるけど時間がかかる、自発的に行えない、症状が落ち着いているときはできるけど調子が悪いと何もできない、などということも多かったのです。

そこで、総合支援法施行の際に適切な判定がなされるようコンピュータ判定式の変更や項目の変更などが行われました。障害特性だけでなく、その人が生活している環境などもふまえて、多角的に判断するために再設計されたのが「障害支援区分」です。

障害支援区分の定義（障害者総合支援法第４条第４項）

障害の多様な特性その他の心身の状態に応じて必要とされる標準的な支援の度合いを総合的に示すもの。

（低い）　必要とされる支援の度合い　（高い）

非該当　区分1　区分2　区分3　区分4　区分5　区分6

出典：厚生労働省 障害者部会提出資料

認定調査項目（80項目）の例

カテゴリー	内容
移動や動作等に関する項目（12項目）	寝返り、起き上がり、座位保持、立ち上がり、両足での立位保持、歩行、衣服の着脱、じょくそうなど
身の回りの世話や日常生活等に関連する項目（16項目）	食事、口腔清潔、入浴、排便、薬の管理、電話等の利用、日常の意思決定、掃除、洗濯、買い物など
意思疎通等に関連する項目（6項目）	視力、聴力、コミュニケーション、説明の理解、読み書き、感覚過敏・感覚鈍磨
行動障害に関連する項目（34項目）	被害的・拒否的、作話、昼夜逆転、支援の拒否、徘徊、こだわり、不適切な行為、そう鬱状態、集団への不適応など
特別な医療に関連する項目（12項目）	点滴の管理、中心静脈栄養、透析、ストーマの処置、酸素療法、レスピエーターなど

日常生活動作だけでなく、意思疎通や行動障害も確認することで、目に見えにくい生活のしづらさも結果に反映されるように調整されました。

2次判定における障害支援区分の上位変更割合

集計期間		全体	身体	知的	精神	難病
支援区分	H27.10～H28.9	8.6%	5.4%	9.0%	11.7%	7.3%
支援区分	H26.10～H27.9	9.4%	5.7%	9.7%	13.4%	8.3%
支援区分	H26.4～H26.9	10.5%	6.3%	11.1%	14.7%	7.9%
程度区分	H25.10～H26.6	34.5%	18.5%	41.4%	41.0%	19.9%
程度区分	H24.10～H25.9	34.9%	18.8%	42.0%	43.7%	24.9%
程度区分	H23.10～H24.9	34.0%	17.9%	40.7%	44.5%	—

出典：厚生労働省 障害保健福祉部精神・障害保健課「障害支援区分の現状と取組について」

区分判定方式が変わって、一次判定の信頼性が大幅に高まりましたが、依然障害種別によって差が見られます。

計画の目標となる基本指針が作られる

基本指針は、都道府県・市町村の障害福祉計画のもとになるものです。

障害福祉計画における「基本指針」とは

都道府県と市町村は、総合支援法により「障害福祉計画」を策定する必要があります。障害福祉計画とは、都道府県、市町村が障害者に対する各種サービスなどを円滑に提供できるように、地域ごとの課題に即して作成するものです。ですが障害福祉計画は、全都道府県、市町村に策定を義務づけているものですから、どの自治体の計画についても一定の方向性がそろっていることも必要です。その指針となるのが、自立支援法にあった基本指針と呼ばれるものでした。

地域の目標のための「目標」の設定

障害者に関する施策は、措置制度から契約制度に変わるなかで利用者が増大するなど、提供されるサービスが増え続けてきました。そうすると今度は、新たな問題の出現やサービスの地域格差なども見られるようになりました。そこで自立支援法では、必要なサービスや相談支援が計画的に提供できるように、都道府県・市町村に障害福祉計画の策定を義務づけました。

一方、確かにサービス等は増加しているものの、地域によってサービス整備などに格差が残っていました。

そこで総合支援法では、障害福祉計画で作るサービス基盤整備のための目標について、その基礎となる目標を定めることになりました。都道府県や市町村はそれに沿って目標を設定し、その進捗状況を少なくとも年1回は分析、評価することとなり、地域の支援体制整備が進んでいくことになります。また、基本指針にはＰＤＣＡサイクルが導入され、適切な指針であり続けるようになっています。

児童福祉法の改正で、都道府県・市町村は障害児福祉計画を作成することになったため、平成29年に告示された基本指針では、障害児支援についての内容も含まれることとなりました。

「基本指針」とは

「基本指針」とは、厚生労働大臣が定める、障害福祉サービス等の提供体制を整備し、自立支援給付及び地域生活支援事業の円滑な実施を確保するための基本的な指針のこと。

「基本指針」見直しの主なポイント

- 地域における生活の維持及び継続の推進
- 就労定着に向けた支援
- 地域共生社会の実現に向けた取組
- 精神障害にも対応した地域包括ケアシステムの構築
- 障害児のサービス提供体制の計画的な構築
- 発達障害者支援の一層の充実

成果目標では、障害児支援の提供体制の整備等が新しく追加されました。

障害福祉計画と基本指針の基本的な構造

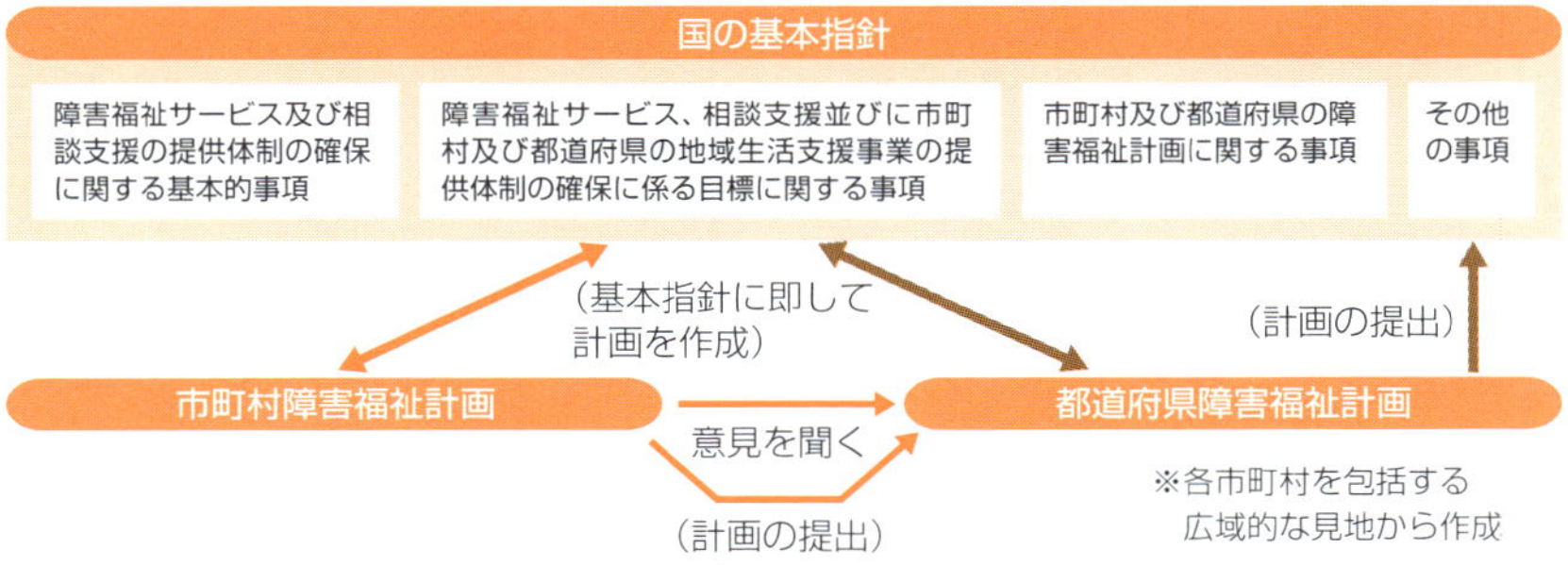

障害福祉計画と基本指針の作成スケジュール

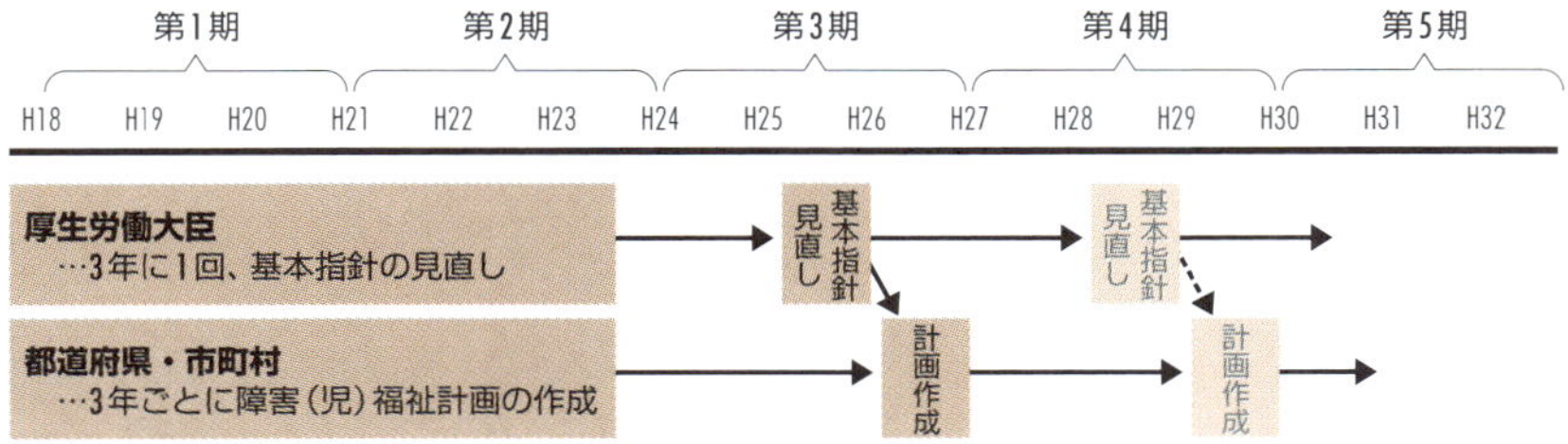

障害福祉計画に反映できるよう、定期的に基本指針の見直しが行われます。

出典:厚生労働省「平成27年度に向けた障害福祉計画に係る基本指針の見直し」を著者改変

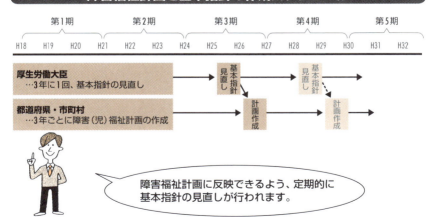

障害者（児）福祉の具体的な実施計画を作る

都道府県・市町村は3年ごとに障害（児）福祉計画を作成します。

各種機関との連携

都道府県と市町村は、障害者基本法に基づいて、障害（児）福祉計画を策定することになっています。総合支援法では、必要な障害福祉サービスなどを提供していくために、どの程度社会資源があればいいのかなどについて、計画内容のなかで具体的な目標を掲げることになりました。

また、障害者（児）の社会参加を進めるためにかかわりを持つ施設が、社会福祉協議会や福祉施設などの社会福祉関係施設だけにとどまらず、医療機関や通っている学校、就職先を見つけるためのハローワーク（公共職業安定所）など、実に多くの施設とのかかわりが必要になってきました。そのため、努力義務の項目ではありますが、医療機関や教育機関、公共職業安定所等との〝連携〟を、計画内に加えることも総合支援法で示されました。

ニーズは当事者が知っている

さて、社会生活をするうえで必要な支援を行うといったものの、それを一番よく知っているのは計画を策定する市町村ではありません。ニーズを抱えながら生活をしている、障害者（児）本人やその家族です。

もちろん市町村で作る障害（児）福祉計画とは、個人のためではなく全体に対するものですので、個人個人すべてのニーズに応えることは困難です。

だからといって、市町村が勝手に考えたニーズを押しつけることは避けなければなりません。総合支援法では、市町村は、障害者等の心身の状況、その置かれている環境等を正確に把握・勘案して計画を作成するように努めるように明記されました。多くの市町村で計画づくりに市民や当事者が参加しています。行政からの〝トップダウン〟による計画ではなく、地域住民からの意思を吸い上げる〝ボトムアップ〟による計画策定が進むよう、取り組みが必要です。

市町村（都道府県）障害（児）福祉計画

障害福祉計画の計画期間

	平成18年度～平成20年度	平成21年度～平成23年度	平成24年度～平成26年度	平成27年度～平成29年度	平成30年度～平成32年度
障害福祉計画	第1期計画期間	第2期計画期間	第3期計画期間	第4期計画期間	第5期計画期間
障害児福祉計画					第1期計画期間

基本指針の基本理念

- 障害者等の自己決定の尊重と意思決定の支援
- 市町村を基本とした身近な実施主体と障害種別によらない一元的な障害福祉サービスの実施等
- 入所等から地域生活への移行、地域生活の継続の支援、就労支援等の課題に対応したサービス提供体制の整備
- 地域共生社会の実現に向けた取組
- 障害児の健やかな育成のための発達支援

「地域共生社会」の実現に向けた取り組みと、障害児支援の提供体制の整備が追記されたんですね。

障害（児）福祉計画の成果目標

成果目標（平成32年度末の目標）

① 施設入所者の地域生活への移行
- 地域移行者数：H28年度末施設入所者の9％以上
- 施設入所者数：H28年度末の2％以上削減
  ※高齢化・重症化を背景とした目標設定

② 精神障害にも対応した地域包括ケアシステムの構築【項目の見直し】
- 保健・医療・福祉関係者による協議の場（各圏域、各市町村）の設置
- 精神病床の1年以上入院患者数：14.6万人～15.7万人に
  （H26年度末の18.5万人と比べて3.9万人～2.8万人減）
- 退院率：入院後3ヵ月69%、入院後6ヵ月84%、入院後1年90%
  （H27年時点の上位10%の都道府県の水準）

③ 地域生活支援拠点等の整備
- 各市町村又は各圏域に少なくとも1つ整備

④ 福祉施設から一般就労への移行
- 一般就労への移行者数：H28年度の1.5倍
- 就労移行支援事業利用者：H28年度の2割増
- 移行率3割以上の就労移行支援事業所：5割以上
  ※実績を踏まえた目標設定
- 就労定着支援1年後の就労定着率：80%以上（新）

⑤ 障害児支援の提供体制の整備等【新たな項目】
- 児童発達支援センターを各市町村に少なくとも1カ所設置
- 保育所等訪問支援を利用できる体制を各市町村で構築
- 主に重症心身障害児を支援する児童発達支援事業所、放課後等デイサービスを各市町村に少なくとも1カ所確保
- 医療的ケア児支援の協議の場（各都道府県、各圏域、各市町村）の設置（H30年度末まで）

出典：厚生労働省 全国厚生労働関係部局長会議（厚生分科会）資料

地域生活支援の中核拠点とは？

地域の実情に合わせて名称が柔軟に変更でき、かつ障害者・家族も構成員に含まれるようになりました。

地域協働の要として

障害者が地域で生活するための支援には、数多くの機関や専門職がかかわり、そのすべてで共通の目的を持ち、情報共有を密にして協働していくことが必要です。そのための機能として、自立支援法では自立支援協議会の制度が作られました。

自立支援協議会は、地域における相談支援体制の構築を図り、市町村事業である相談支援事業を円滑に進めるため、設置することを求められているものです。構成メンバーは関係機関や団体、障害者等の福祉、医療、教育、雇用の従事者等で、特に三障害一元化によって地域で出てくる多種多様な問題を1つの制度で対応するために、非常に重要な役割を担っていた制度でした。

実情に合ったものへ

ただ自立支援協議会は自立支援法上で設置が義務づけられているものではなく、施行規則で示されているものでした。また、当時の基本指針では「自立支援協議会」と示されていたため、地域生活を支援していくという点で違和感を覚える自治体も多くありました。

そこで平成25年の改正で、まず地域の実情に合わせて名称を変更できることになりました。これにより名称も「地域生活支援協議会」「障害とくらしの支援協議会」「障がい者支援ネットワーク会議」などと変えていく自治体が出てきました。

また、設置について、自立支援法の条文のなかになかったものを、総合支援法では条文のなかに位置づけました。

協議会の設置そのものは努力義務であり、必ず設置しなければならないものではありません。しかし協議会を設置した都道府県や市町村は、障害福祉計画を定め、または変更しようとする場合、あらかじめ協議会の意見を聴くよう努めなければならないとしており、地域の計画づくりに当事者や家族、現場の声がより届くようになったといえるでしょう。

協議会の構成

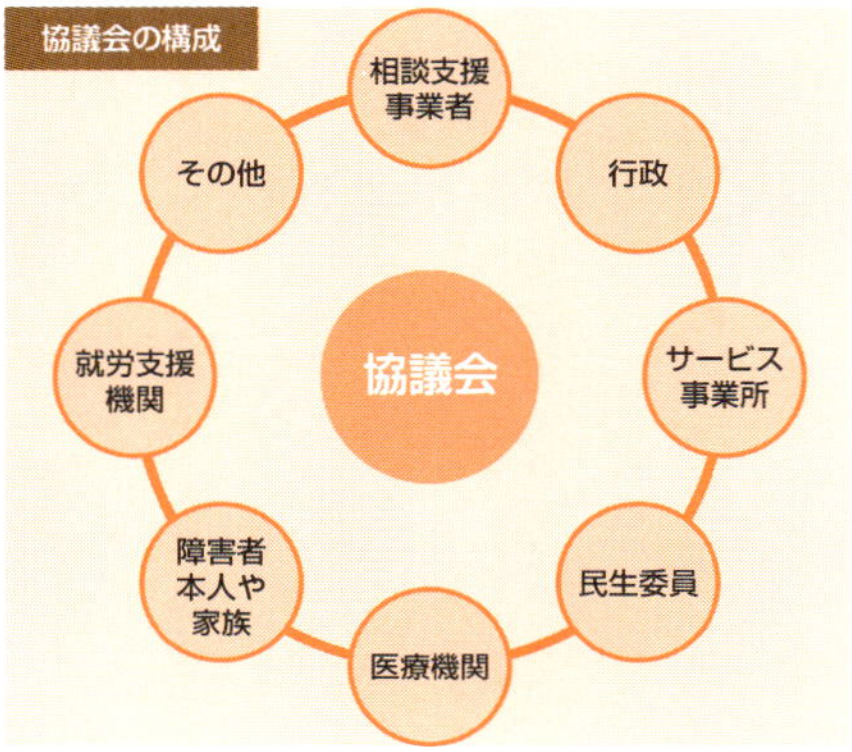

「協議会」とは、地方公共団体が設置する、関係機関や団体、障害者等の福祉、医療、教育、雇用の従事者等により構成される協議会のこと

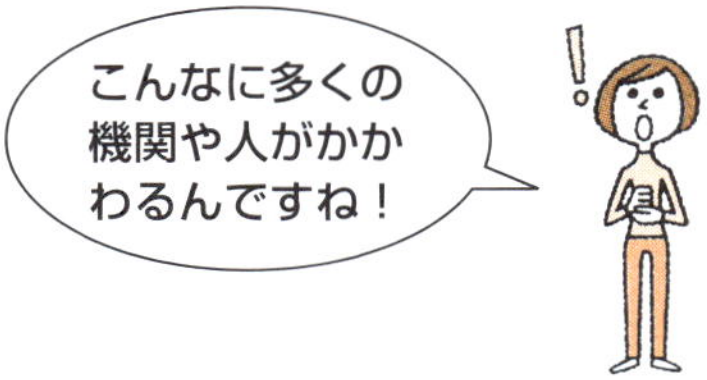

協議会の機能

①**情報機能**	困難事例や地域の現状・課題等の情報共有と情報発信
②**調整機能**	地域の関係機関によるネットワーク構築 困難事例への対応のあり方に対する協議、調整
③**開発機能**	地域の社会資源の開発、改善
④**教育機能**	構成員の資質向上の場として活用
⑤**権利擁護機能**	権利擁護に関する取り組みを展開
⑥**評価機能**	中立・公平性を確保する観点から、委託相談支援事業者、基幹相談支援センター等の運営評価 サービス利用計画作成費対象者、重度包括支援事業等の評価 都道府県相談支援体制整備事業の活用

協議会の運営の例

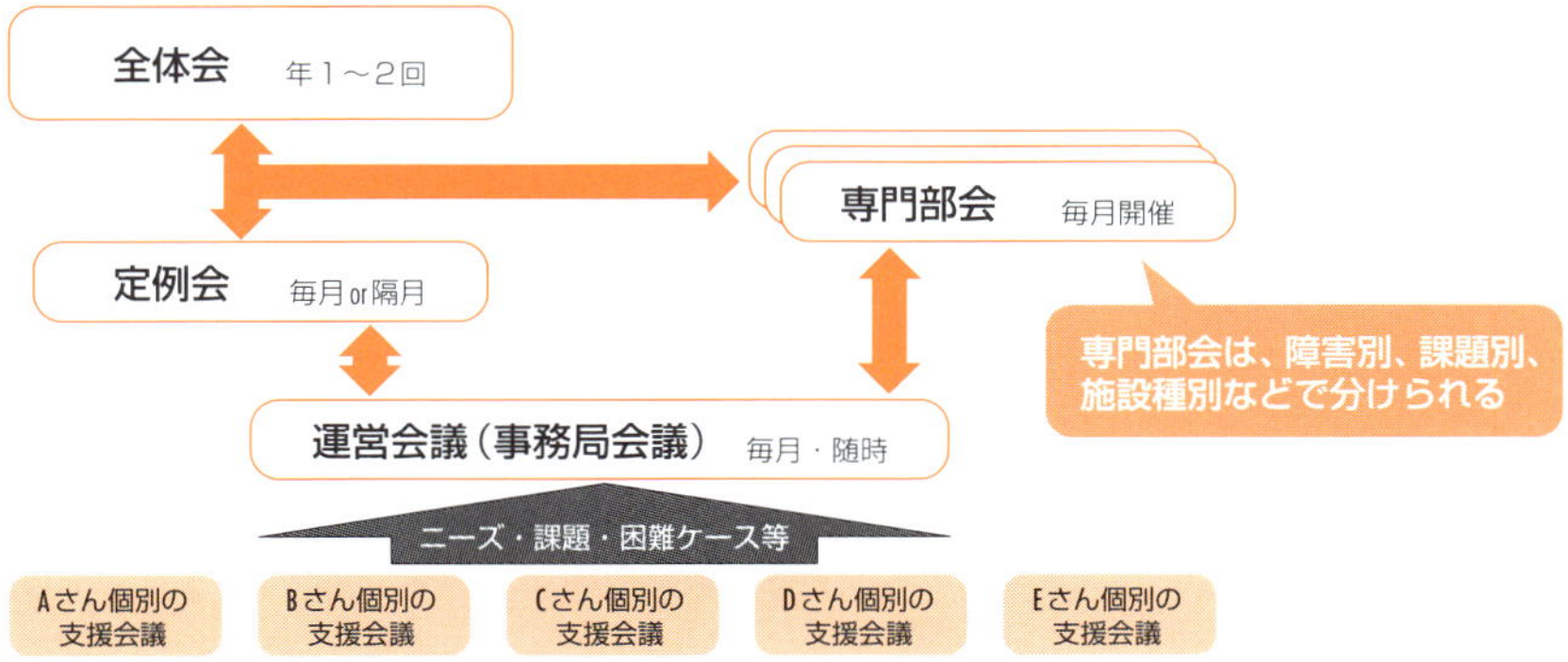

出典：特定非営利活動法人日本相談支援専門員協会「障害者総合支援法に規定する協議会における 地域資源の活性化策（改善・開発）調査研究事業」報告会 資料（平成28年度）

施行後3～5年を目処に見直しが行われる

検討には、障害当事者の声を反映させることが求められています。

検討規定とは？

日本では毎年多くの法律が成立していますが、そのなかで附則として「見直し条項」ないしは「検討条項」などとして条項が置かれることがあります。これは、その法律を作った際に検討しきれなかった課題や、時代の流れのなかで新たに必要になったことなど「今は行わないけど、今後対応できるようにしますよ」という余地を残しておくために置かれるものです。

当然、総合支援法においても、検討規定として、附則が設けられました。今回の法改正についても、施行の3年後に見直しをすることが検討規定に盛り込まれていたために行われています。なお、今回の法改正では、法施行後3年もしくは5年を目処として検討が行われるようになっています。

まだまだ不完全な障害者支援

平成24年の改正時に付された検討規定は、「障害者施策を段階的に講じるため」として具体的な課題が並べられていました。今回の検討規定では、前回ほど具体的には示されませんでしたが、改正法の施行状況、障害児の児童福祉施設への入所にかかわる実施主体のあり方等を考慮し、法律の規定について、障害者等の範囲を含めて検討を加え、必要な措置を行うことになっています。特に対象範囲から外れる人たちが出た場合、そこへの支援をどう考えるかを含めた検討が望まれます。

利用者の声が届く仕組みづくりが大切！

参議院の附帯決議では、3年後の見直しの議論を行うにあたって、障害者の権利条約の理念に基づき、障害種別をふまえた当事者の参画を十分に確保することが求められました。法改正の際、移動支援など課題として挙がっていたものの改正されなかった点をふまえた、当事者によってより住みよくなる改正が行われることが期待されます。

今回の見直しに対する基本的な考え方は

- **新たな地域生活の展開**
  - (1) 本人が望む地域生活の実現
  - (2) 常時介護を必要とする者等への対応
  - (3) 障害者の社会参加の促進
- **障害者のニーズに対するよりきめ細かな対応**
  - (1) 障害児に対する専門的で多様な支援
  - (2) 高齢の障害者の円滑なサービス利用
  - (3) 精神障害者の地域生活の支援
  - (4) 地域特性や利用者ニーズに応じた意思疎通支援
- **質の高いサービスを持続的に利用できる環境整備**
  - (1) 利用者の意向を反映した支給決定の促進
  - (2) 持続可能で質の高いサービスの実現

改正に向けたワーキンググループで出された報告書の内容がすべて反映されたわけではありません。例えば、社会参加の促進では、移動支援として通勤・通学に対する対策や、入院中の外出・外泊における移動支援について提起されていましたが、今回の法改正では、対応されませんでした。

出典:厚生労働省 社会保障審議会 障害者部会報告書「障害者総合支援法施行3年後の見直しについて」

改正法における検討項目

附則第三条

- 政府は、この法律の施行後三年を目途として、この法律及び障害者等の福祉に関する他の法律の規定の施行の状況、障害児の児童福祉施設への入所に係る実施主体の在り方等を勘案し、この法律の規定について、障害者等の範囲を含め検討を加え、その結果に基づいて必要な措置を講ずるものとする。
- 2　政府は、この法律の施行後五年を経過した場合において、第二章第二節第五款(障害福祉サービス事業者及び指定障害者支援施設等)、第三節(地域相談支援給付費、特例地域相談支援給付費、計画相談支援給付費及び特例計画相談支援給付費の支給)及び第四節(自立支援医療費、療養介護医療費及び基準該当療養介護医療費の支給)の規定の施行の状況について検討を加え、その結果に基づいて必要な措置を講ずるものとする。
- 3　政府は、障害者等の福祉に関する施策の実施の状況、障害者等の経済的な状況等を踏まえ、就労の支援を含めた障害者等の所得の確保に係る施策の在り方について検討を加え、その結果に基づいて必要な措置を講ずるものとする。

検討を繰り返すことによって、法律をブラッシュアップし、よりよいものへと変えていくことが大切であり、そのためには当事者、ひいては国民が意見をきちんと伝えることが必要です。

Q どう書くのが正しい？ 障害？ 障がい？ 障碍？

この本では、法律の表記に合わせて「障害者」と表記をしています。しかし世間を見てみると、「障がい者」と表記しているところもあれば、「障碍者」と表記しているところもあります。「あれ？」と思われた人もいるのではないでしょうか。例えば大阪市は、平成25年9月から順次「障がい」と表記することを決定しました。「どう書くのが正しいの？」と思う人もいるかもしれません。

例えば「障害」は遅くとも江戸末期には使用されていたとされていますし、「障碍」も、読み方は「しょうげ」ですが、平安末期から使われている用語です。「悪魔、怨霊などが邪魔すること。さわり。障害」という意味で使用されており、明治期には「しょうがい」と読まれていました。

しかし「碍」は常用漢字から外れたこと、また、昭和24年、国立身体障害者更生指導所設置法・身体障害者福祉法と、「害」が採用され、現在、法律においては「障害」を使うことが一般的になりました。

しかし、「害」は害悪や害虫などあまり良い印象を受けるものではなく、社会の価値観を助長するのではないか、という声もあって、近年「しょうがい」の表記をどうするのか、様々な意見が出されています。「碍」がよい、という声もある一方、語源を考えると適切ではないという声もあります。

また官公庁などでは「障がい」と表記されることが多くなってきましたが、そちらもひらがなに置き換えてしまうことで逆に壁を作ってしまっている、と考える人たちもいます。もちろん、「障害」も、障害者自身が「害悪」ではなく、社会にある多くの障害物や障壁こそが「障害者」を作りだしてきた、という考えのもと、「害」を使うのは間違いではない、という人たちもいるのです。平成22年に国が行った一般の方々への意見募集では、障害・障碍がともに4割、障がいが1割と、国民の意見も分かれています。

この議論は、現時点で決着はついていませんし、まだまだ時間のかかる問題だといえるでしょう。しかし、障害者支援において、その人の持っている「障害」を中心に考えるのではなく、障害を持っている「人」に着目した支援を行っていくことが、何より大切なことなのではないでしょうか。

第2章

何が変わったの？

平成30年4月から改正障害者総合支援法が本格施行されます。今回の法改正で、どんなところが変わったのか、今までとどのように違うのかを、改正点ごとにわかりやすく整理していきます。

今回は何が改正されたの？

より多くの人が地域生活を続けられるための施策や、障害児への対応の拡大などが図られました。

改正の3つの柱

平成24年に障害者総合支援法が成立したとき、3年後に見直しを図ることが定められました。このため、社会保障審議会障害者部会は、平成27年4月から見直しについての検討を始め、同年12月に報告書を提出しました。このとき、どのような点で見直しがされたかというと、大きく分けて次の3つの柱で整理がされました。

1つめが「新たな地域生活の展開」、2つめが「障害者のニーズに対するよりきめ細かな対応」、最後が「質の高いサービスを持続的に利用できる環境整備」です。

政府はこの報告書等を受け、平成28年3月1日、障害者総合支援法等改正案を閣議決定し、平成28年5月25日に成立しました。

改正障害者総合支援法では、「障害者の望む地域生活の支援」「障害児支援のニーズの多様化へのきめ細かな対応」「サービスの質の確保・向上に向けた環境整備」の3つを大きな枠として改正がなされることになりました。具合的には、重度訪問介護の訪問先の拡大、自立生活援助、就労定着支援の創設、高齢障害者の介護保険サービスの利用者負担軽減、障害児支援の拡充などが挙げられます。

積み残しがないわけではない

とはいえ、障害者部会が提出した報告書の内容がすべて今回の法改正に反映されたわけではありません。

例えば、報告書では、移動支援については通学や通勤などに関する移動支援の検討を挙げていますが、本改正では具体的な支援体制は盛り込まれていません。厚生労働省は議論のなかで、個別給付での対応を検討すると述べており、次回改正に期待されています。

その他の盛り込まれなかった内容を含め、さらに使いやすい制度になるように、当事者を含めた議論が必要といえるでしょう。

今回の改正ポイントは大きく3つ

●**概要**

1. 障害者の望む地域生活の支援

①施設入所支援や共同生活援助を利用していた者等を対象として、定期的な巡回訪問や随時の対応により、円滑な地域生活に向けた相談・助言等を行うサービスを新設する（自立生活援助）

②就業に伴う生活面の課題に対応できるよう、事業所・家族との連絡調整等の支援を行うサービスを新設する（就労定着支援）

③重度訪問介護について、医療機関への入院時も一定の支援を可能とする

④65歳に至るまで相当の長期間にわたり障害福祉サービスを利用してきた低所得の高齢障害者が引き続き障害福祉サービスに相当する介護保険サービスを利用する場合に、障害者の所得の状況や障害の程度等の事情を勘案し、当該介護保険サービスの利用者負担を障害福祉制度により軽減（償還）できる仕組みを設ける

2. 障害児支援のニーズの多様化へのきめ細かな対応

①重度の障害等により外出が著しく困難な障害児に対し、居宅を訪問して発達支援を提供するサービスを新設する（居宅訪問型児童発達支援）

②保育所等の障害児に発達支援を提供する保育所等訪問支援について、乳児院・児童養護施設の障害児に対象を拡大する

③医療的ケアを要する障害児が適切な支援を受けられるよう、自治体において保健・医療・福祉等の連携促進に努めるものとする

④障害児のサービスに係る提供体制の計画的な構築を推進するため、自治体において障害児福祉計画を策定するものとする

3. サービスの質の確保・向上に向けた環境整備

①補装具費について、成長に伴い短期間で取り替える必要のある障害児の場合等に貸与の活用も可能とする

②都道府県がサービス事業所の事業内容等の情報を公表する制度を設けるとともに、自治体の事務の効率化を図るため、所要の規定を整備する

●**施行期日**

平成30年4月1日（2.③については公布の日（平成28年6月3日））

出典：厚生労働省「障害者の日常生活及び社会生活を総合的に支援するための法律及び児童福祉法の一部を改正する法律（概要）」

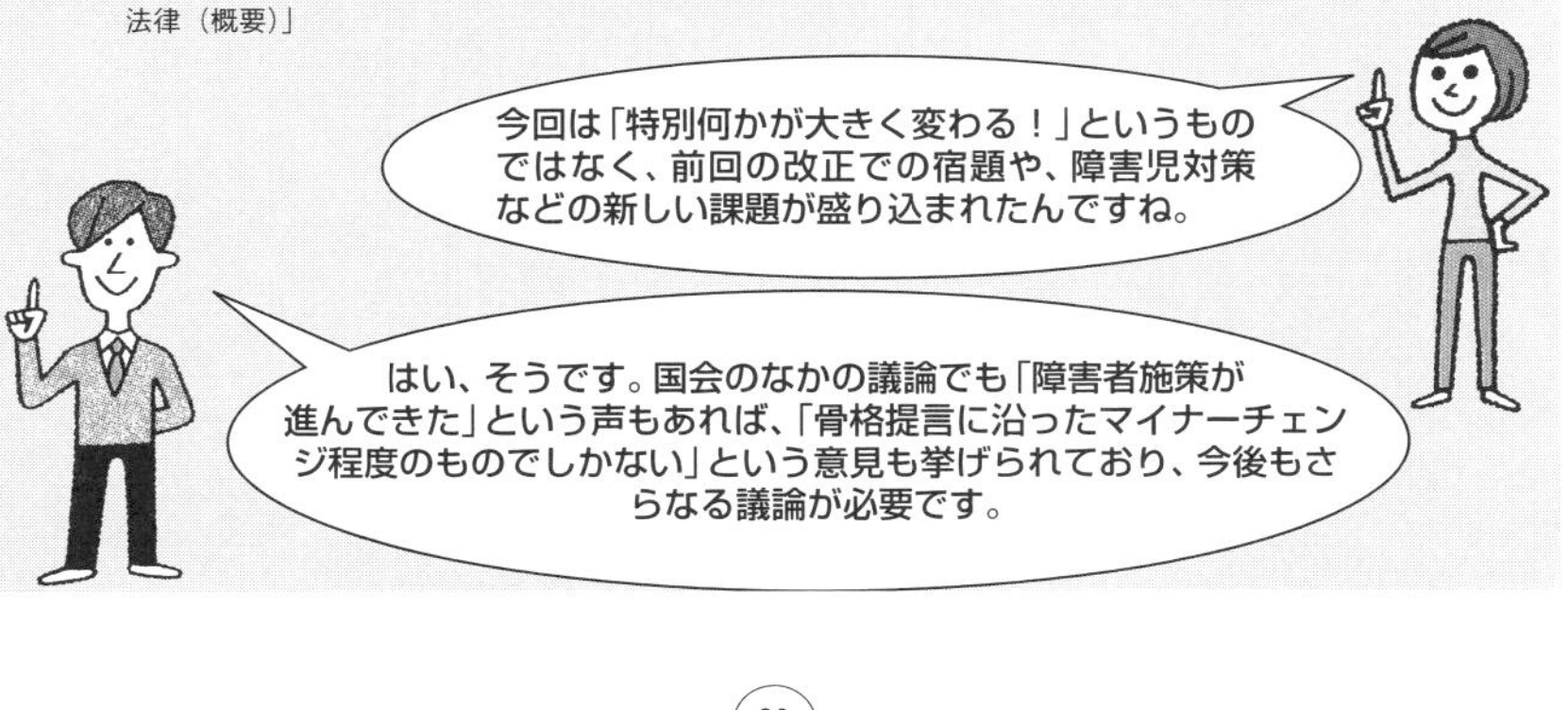
今回は「特別何かが大きく変わる！」というものではなく、前回の改正での宿題や、障害児対策などの新しい課題が盛り込まれたんですね。
はい、そうです。国会のなかの議論でも「障害者施策が進んできた」という声もあれば、「骨格提言に沿ったマイナーチェンジ程度のものでしかない」という意見も挙げられており、今後もさらなる議論が必要です。

地域で生活をし続けるためのサービスが創設された

本人の意思を尊重した地域生活が送るためのサービスが創設されました。

地域で生活するには自信がない

今回の法改正によって、新たなサービスが追加されることになりました。その1つが自立生活援助です。

障害者総合支援法（以下、総合支援法）では、安心して地域生活ができるように様々な制度、サービスが準備されていますが、それでも医療機関や施設から地域へ移されることに戸惑ってしまう方は少なくありません。

施設や病院のスタッフから見て「この人なら十分生活できる」と判断しても、「地域に出てみないかい?」と声をかけても、なかなか頷いてくれない。また、当初の力になったとしても、少し経つと「やっぱり、本当に生活ができるのだろうか」と自信を持てず、結果として、医療機関や施設など本人にとって「安心」「安全」な場所での生活を続けてしまうことが多いのが実情です。

安心して生活を続けていくためのサービス

保護された環境から外に出る、ということは、はたから見れば「社会復帰の第一歩」と素晴らしいことのように見えるでしょう。しかし、当の本人たちからすれば、長期にわたって医療機関や施設での生活を続けてきたことによって、そこでの生活に慣れてしまっています。また、長期間の入院、入所生活によって、社会制度や地域は大きく変わっていることがほとんどです。自分の知っている「社会」と違う社会に飛び出すということは、とても勇気のいることで、単純に生活できる能力があるから、社会のなかで生活できるわけではありません。また、逆に外に出たいと思っているものの、生活能力が多少低く、そのせいで一人暮らしは無理だと外での生活をあきらめている人も少なくありません。

今回創設される自立生活援助は、そのような人たちが安心して地域生活を続けることができるよう設定されたものなのです。

自立生活援助とは

概要	一人暮らしに必要な理解力や生活力を補うために、定期的な居宅訪問や随時の対応により必要な支援を行う
対象者	A 定期的な巡回訪問または随時通報による必要な情報の提供および助言その他の援助が必要な障害者 B 居宅において単身（家族と同居している場合でも家族等が障害、疾病等）のため、居宅における自立した日常生活を営む上での各般の問題に対する支援が見込めない状況にある障害者
支援内容	① 定期的な巡回または随時通報を受けて行う訪問 ② 相談対応等の方法による障害者等にかかる状況の把握 ③ 必要な情報の提供および助言並びに相談 ④ 関係機関（計画相談支援事業所や障害福祉サービス事業所、医療機関等）との連絡調整 ⑤ その他の障害者が自立した日常生活を営むための環境整備に必要な援助
利用期間	1年間（利用期間終了後について、市町村審査会における個別審査を経てその必要性を判断した上で適当と認められる場合には更新を可能とする）

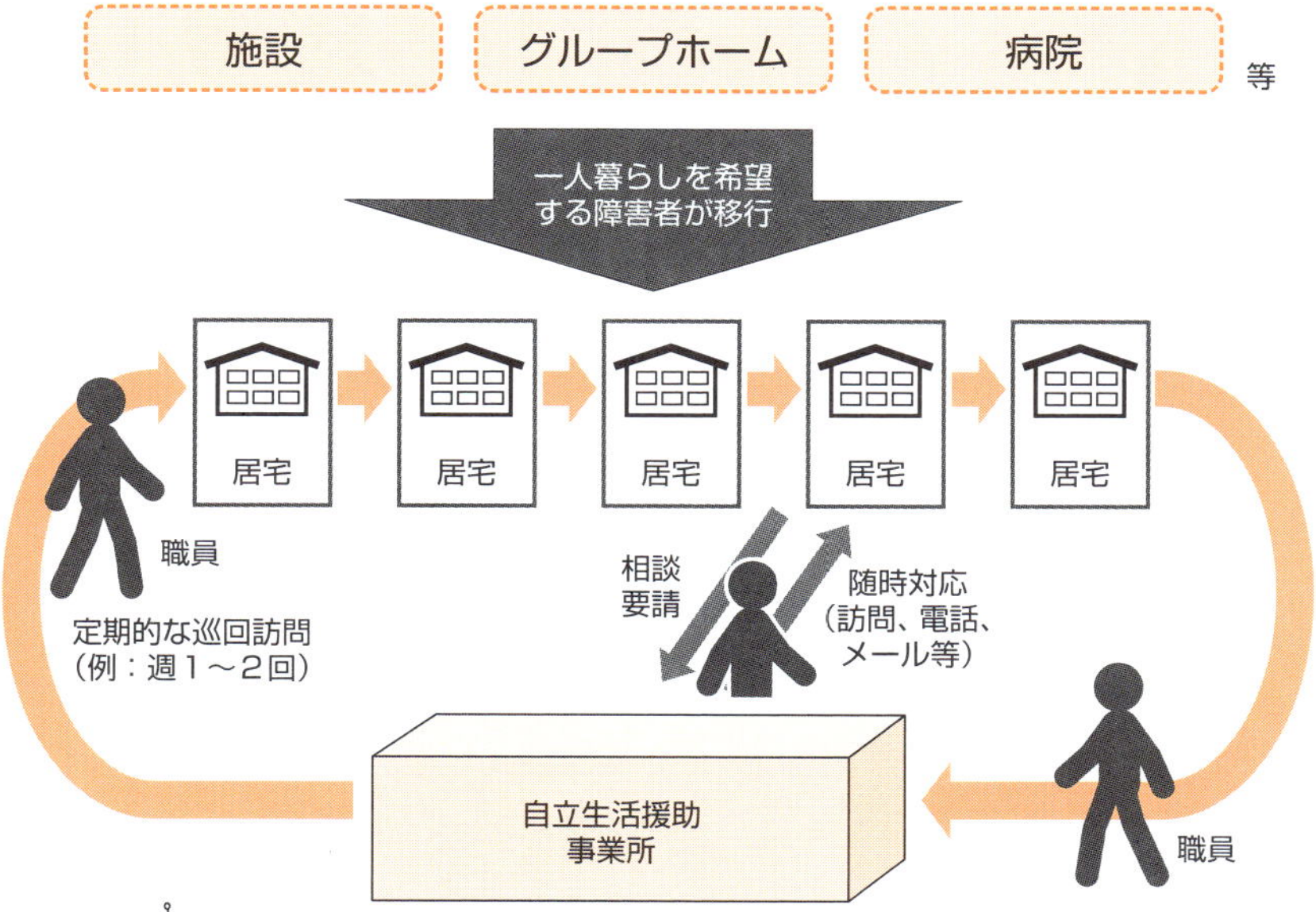

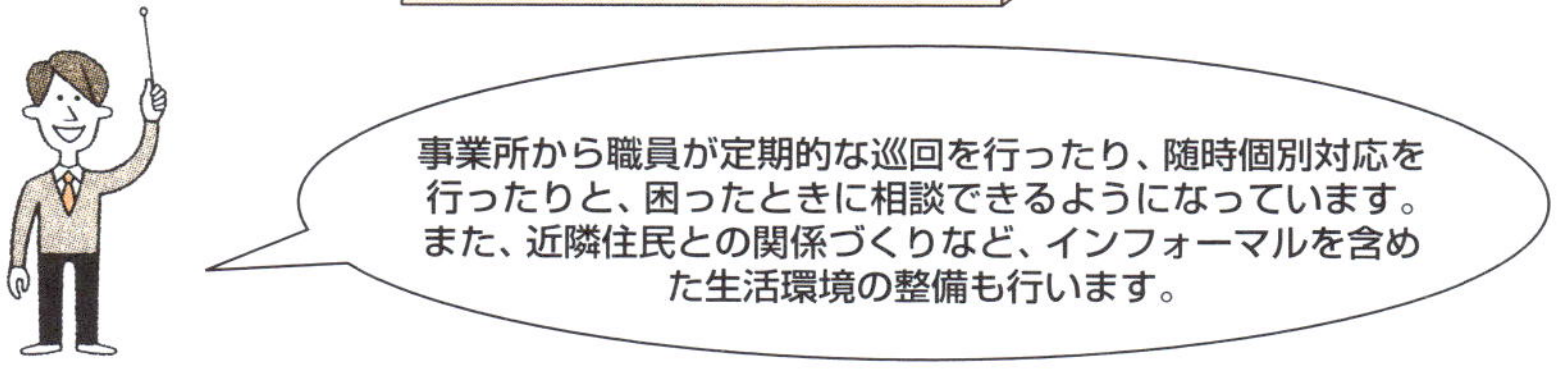

出典：厚生労働省 社会保障審議会障害者部会資料をもとに著者作成

職場に定着できるよう支援するサービスが創設された

就労移行支援を経て、一般就労に移行した障害者が安心して働き続けるためのサービスです。

働いてはみたものの……

総合支援法では、就労に向けた支援サービスが設定されており、利用者それぞれの状況によって施設内での作業を中心にしたものや、就職支援を中心にしたものがあります。これまで多くの人が就労支援を受け、一般企業などに就職していきました。

しかし、その一方で問題視されているのが、いわゆる「出戻り」です。「一度就職したものの、企業の業務についていけない」「日常生活のリズムが狂ってしまって仕事に行けなくなってしまった」など、一度は就労支援を受けて外に出たものの、また施設に戻ってきてしまうのです。

もちろん就労移行支援事業所なども就職してからの生活の変化等も加味して事業所内での支援を行っていますし、退所後の支援も行っています。しかし、少ない人員で施設を動かしているなか、今いる施設の利用者の支援を行いながら増え続ける退所者への支援を、一定期間だけならまだしも、ずっとし続けるということは現実的に困難です。

主に「生活面」をフォロー

就労に必要な技能自体は、就労移行支援などで訓練してきているわけですし、就職した業種によって必要な能力は異なります。新たに必要となる技術は、企業ごとでのOJT（職場内教育）などによって訓練していただければいいのですが、生活習慣まではそういうわけにはいきません。

そこで、今回の就労定着支援は、就労に必要な技能についての支援ではなく、主に就労に伴って出てきた生活面の課題をフォローするために創設されました。具体的には「慣れない仕事で疲れてしまって遅刻や欠勤が増えた」「薬を飲み忘れるようになってしまった」「多くのお金が手元に来るようになり、計画的にお金が使えなくなってしまった」など、働き続けるための生活習慣を働きながら身につけてもらう支援といえます。

就労定着支援とは

概要	一般就労へ移行した障害者について、就労にともなう生活面の課題に対し、就労の継続を図るために企業・自宅等への訪問や障害者の来所により必要な連絡調整や指導・助言等を行う
対象者	生活介護、自立訓練、就労移行支援、就労継続支援を利用して、一般就労した障害者
サービス利用期間	3年間（1年ごとに支給決定期間を更新）
支援内容	障害者が新たに雇用された事業所での就労の継続を図るため、 ① 事業所の事業主、障害福祉サービス事業を行う者、医療機関などの者との連絡調整を行う（法定事項） ② 雇用にともない生じる日常生活または社会生活を営む上での各般の問題に関する相談、指導、助言その他の必要な支援を行う

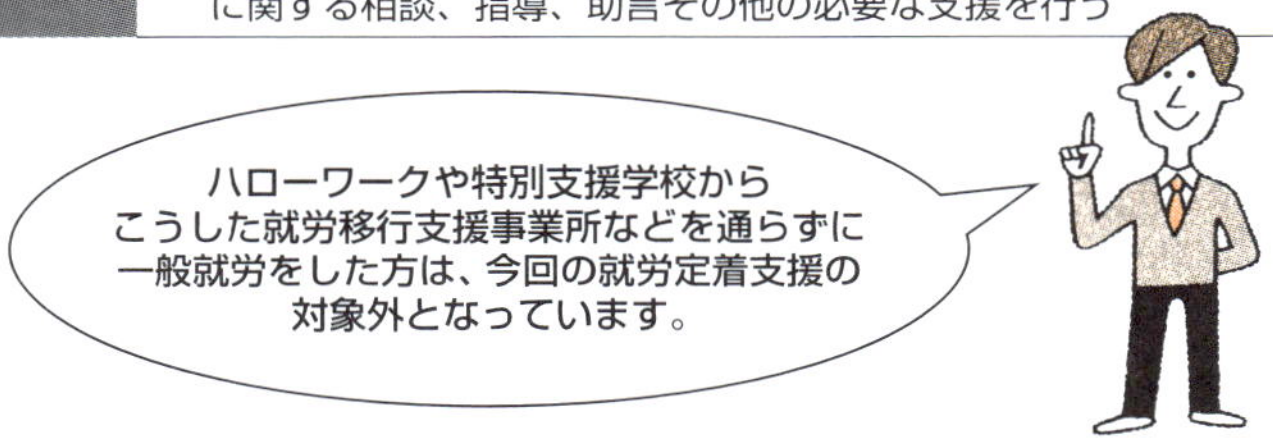

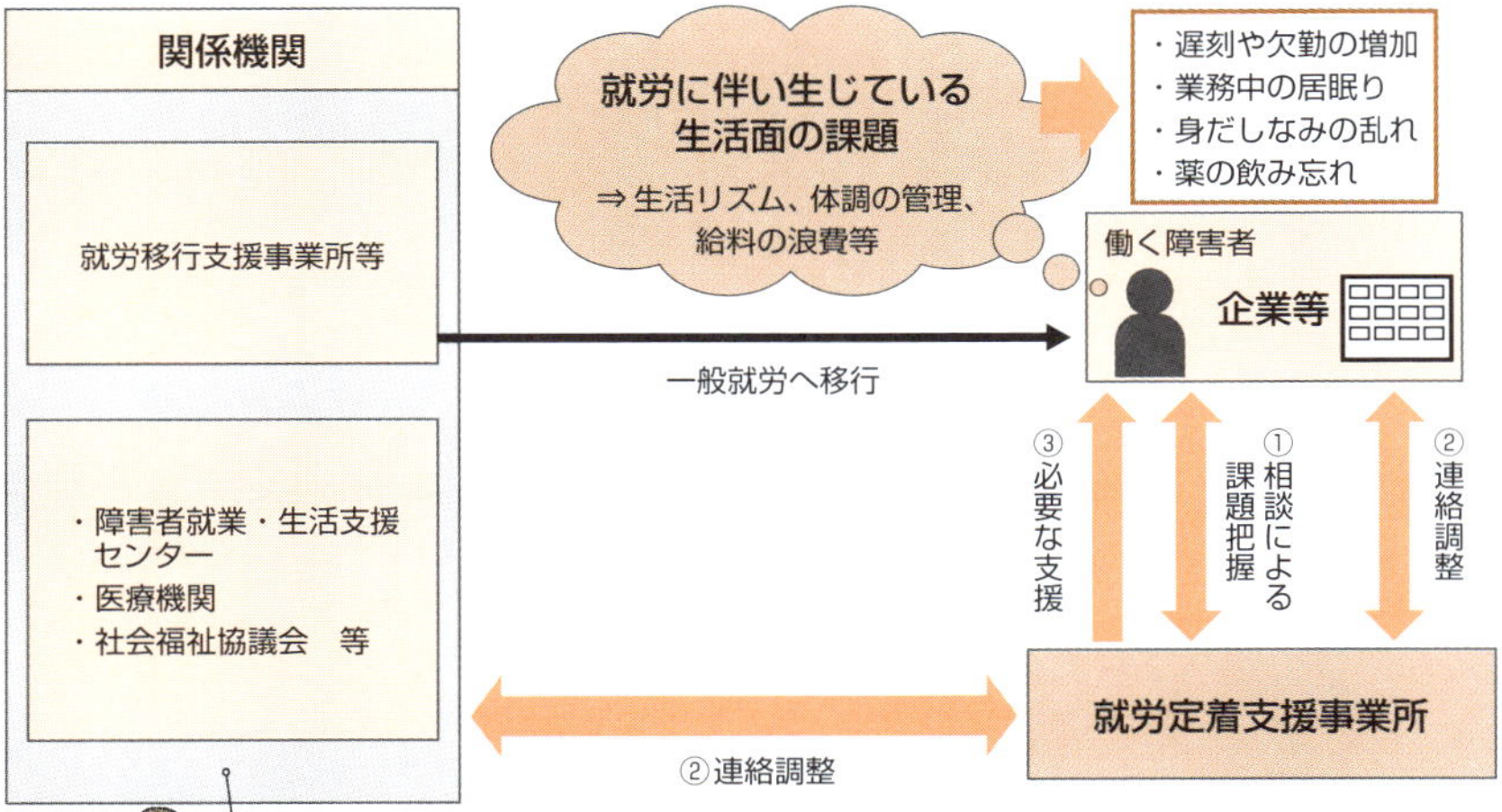

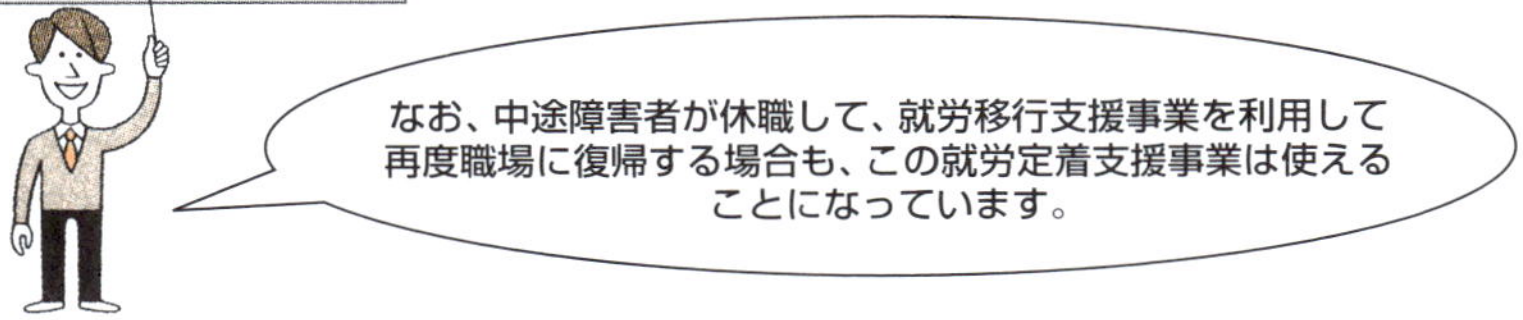

出典：厚生労働省 社会保障審議会障害者部会資料をもとに著者作成

同じヘルパーに医療機関に訪問してもらえるようになった

入院することになっても、重度訪問介護のヘルパーに、引き続きお願いできるようになりました。

入院したら使えなかったの？

　重度訪問介護とは、重度の肢体不自由、知的障害、精神障害がある人で、かつ常に介護が必要な人に対して行われるサービスです。前回の法改正でも、重度訪問介護を多くの人が利用できるようにと対象の拡大が行われましたが、今回の法改正においても制度の修正が行われることになりました。

　重度訪問介護は、あくまでも「在宅」障害者に対して、生活全般の支援を総合的に実施するもので、重い障害があっても在宅生活が送れるようにするために設計されていました。しかし、逆に施設入所したり入院したりすると、「在宅」ではなくなってしまうために、利用することができないという問題も抱えていました。

ヘルパーと医療側との連携によって安心した入院生活を

　「入院したら看護師がついているから問題がないのでは？」と思うかもしれません。しかし、重度訪問介護を利用する方のなかには、症状が極めて重くて支援にコツが必要だったり、慣れているヘルパーでないと不安になってパニックを起こしたりする場合があります。長期間の入院であれば、徐々に看護師や介護スタッフも対応の仕方がわかってくるかもしれませんが、現在はできる限り早期に退院をすることが原則になっています。そのため、対応の仕方が何となくわかってきた頃には退院なのです。また、たとえ短い期間だとしても、適切な介助が受けられない、見知った慣れた人が対応してくれないということは、重度の障害を持つ人にとっては大きな苦痛といえます。

　入院中も安心できる環境を作るためには、熟知しているヘルパーと医療側との連携が大切です。そのため、今回の法改正では、最重度の障害者が入院する際、その医療機関でも利用者の状態を熟知しているヘルパーを引き続き利用し、そのニーズを医療側に的確に伝えることができるようになりました。

重度訪問介護の訪問先拡大

対象者	日常的に重度訪問介護を利用している最重度の障害者であって、医療機関に入院した者
対象施設	病院、診療所、介護老人保健施設、介護医療院
支援内容	・利用者ごとに異なる特殊な介護方法（例：体位交換）について、医療従事者などに的確に伝達し、適切な対応につなげる ・強い不安や恐怖等による混乱（パニック）を防ぐための、本人に合った環境や生活習慣を医療従事者に伝達し、病室等の環境調整や対応の改善につなげる

介護医療院とは、要介護者に対し、「長期療養のための医療」と「日常生活上の世話（介護）」を一体的に提供する施設で、平成**30**年度から設置される、新しい施設区分です。今までの介護療養型医療施設からの転換が予定されています。

訪問先拡大のイメージ

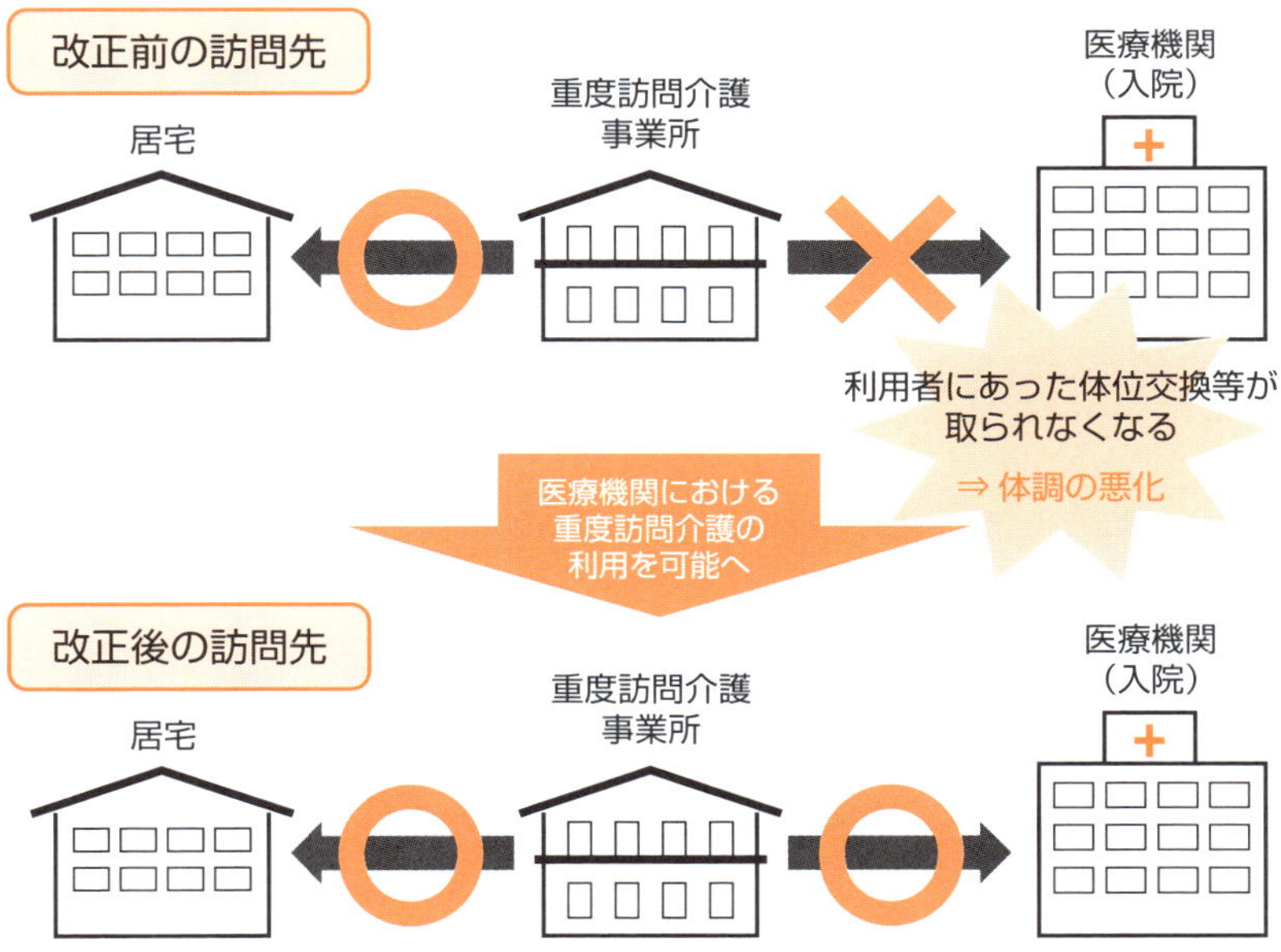

入院することになっても、いつものヘルパーさんに介助をお願いできるようになりました。重度の障害を持つ方にとって、安心感が違いますね。

出典：厚生労働省 社会保障審議会障害者部会資料をもとに著者作成

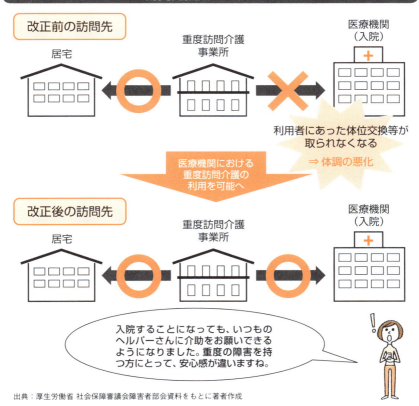

高齢障害者が介護保険サービスをスムーズに利用できるように

利用者負担の軽減や共生型サービスが実施されます。

65歳になったら強制的に介護保険に移行するの？

昔に比べ医療が発達し、統計上で短命だった障害を持つ人も、長生きができるような時代になりました。しかし、そこで問題になってくるのが「それまで障害福祉サービスを利用していた人が、65歳になったとたんに介護保険サービスしか使えなくなる」という問題です。例えば、いわゆるホームヘルプサービスなどは介護保険法にも存在しますので、同じようなサービスを受けられるのではと考えるかもしれません。しかし、制度が違えば実施事業所も異なります。このため、「今まで対応してくれたヘルパーさんに急にお願いできなくなってしまう」ということが起こってきます。また、利用料の仕組みなども異なるために、新たな負担が生じることも問題とされてきました。

共生型サービスとして実施

そのため、高齢になった障害者が障害福祉から介護保険に円滑に移行できるように制度改正がされました。例えば、一定の条件を満たす障害者が「障害福祉サービスに相当する介護保険サービス」を利用する場合に、利用者負担を軽減することにしました。また、障害福祉サービス事業所が介護保険事業所も併設しやすくなるようにし、高齢者や障害児者がともに利用できる「共生型サービス」を創設することになっています。

共生型サービスの対象は、介護保険優先原則が適応されるホームヘルプサービス、デイサービス、ショートステイ等とされていますが、施設の広さや人員配置など、それぞれの制度で施設基準が異なります。そのため、どちらの事業所の基準も満たせる場合や、そうでない場合など、様々なケースで対応ができるよう検討がされています。また、共生型サービスを実施する事業所は、利用する高齢障害者の支援が適切に行われるように、サービスの質の向上に努めることが求められます。

共生型サービスが加わった！

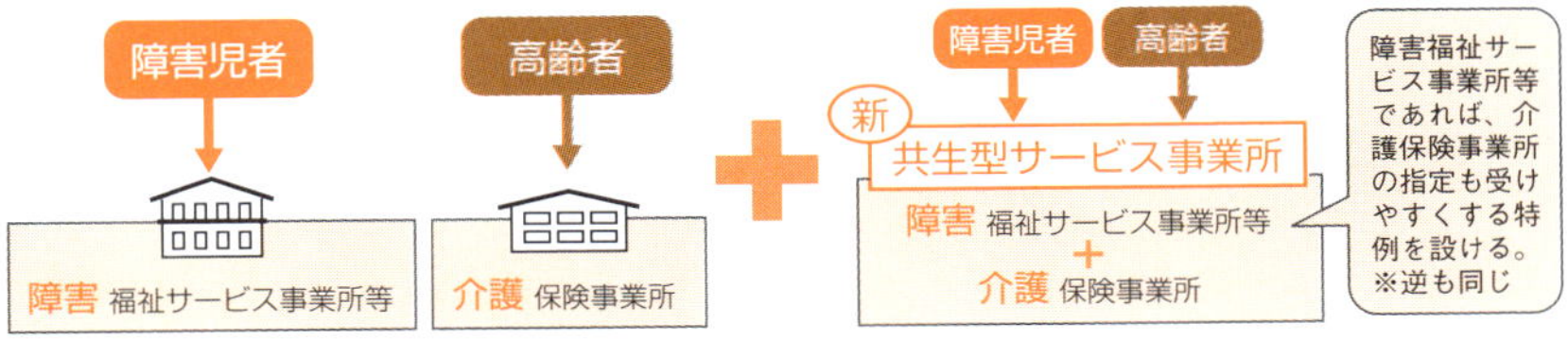

※対象サービスは、①ホームヘルプサービス、②デイサービス、③ショートステイ等を想定

「地域包括ケアシステム強化のための、介護保険法等の一部を改正する法律」によって、高齢者と障害児者が同一の事業所でサービスを受けやすくするため、介護保険と障害福祉両方の制度に新たに「共生型サービス」を位置づけました。

障害福祉サービス事業所を利用していた低所得高齢障害者が介護サービスを利用するとなると…

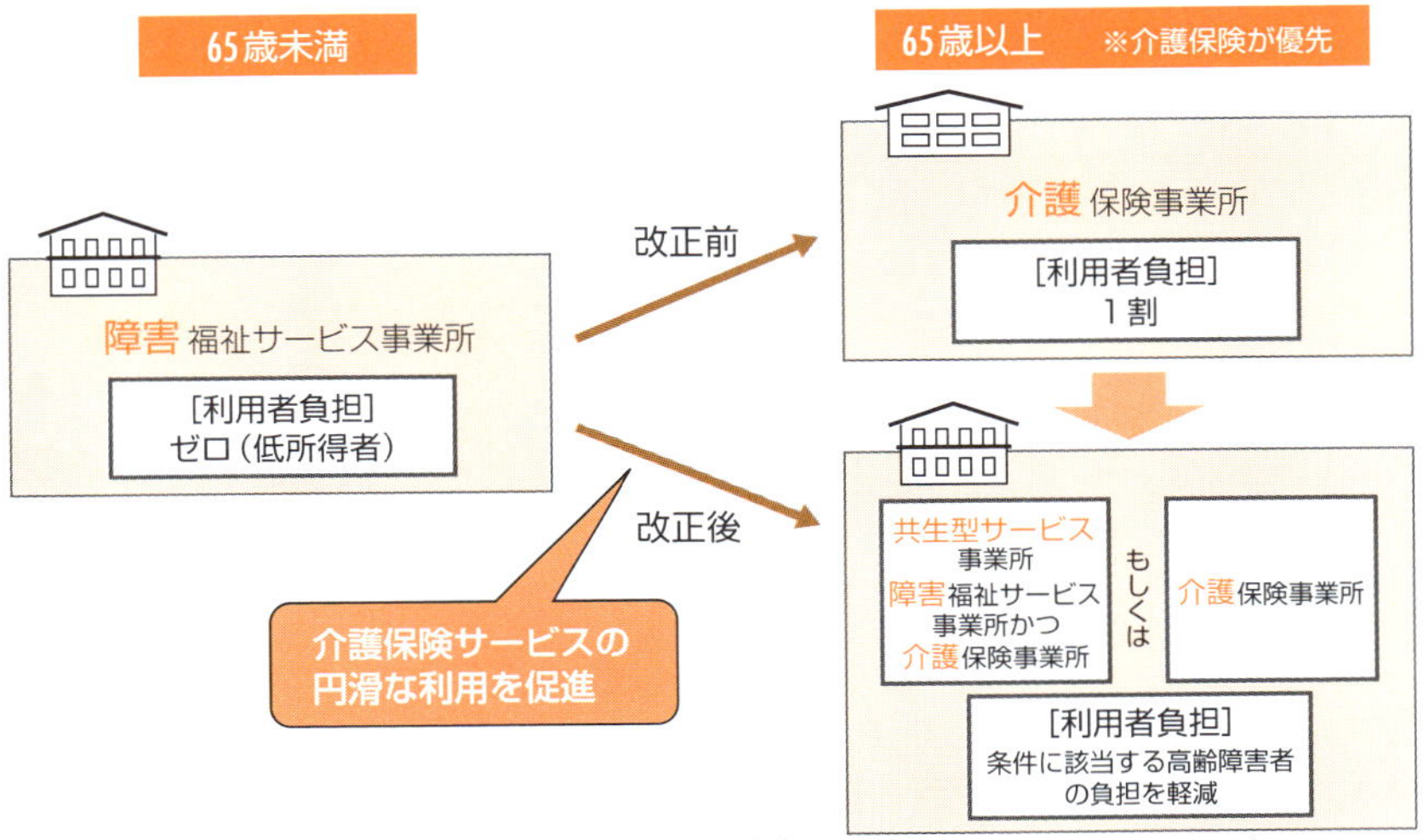

資料：厚生労働省 社会保障審議会障害者部会資料をもとに著者作成

利用者負担の軽減はあくまでも生活保護や低所得の障害者で、かつ条件に該当する人に限られます。

（詳しくは第５章169ページ参照）

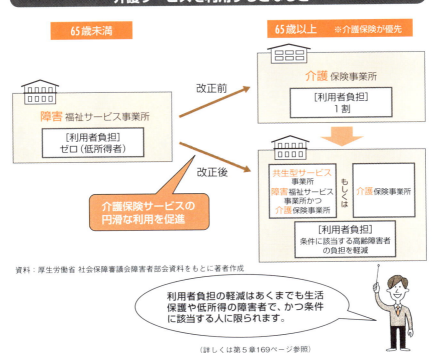

居宅を訪問して児童発達支援を行うサービスが創設された

施設通所が困難な障害児のためのサービスが創設されました。

外出が困難な障害児のためのサービス

障害児の支援として、以前の児童福祉法改正において児童福祉施設の改編が行われ、それまで障害種別ごとに分かれていた支援が一元化されました。通所施設としては、中核的な役割を果たす「児童発達支援センター」と身近に利用できる「児童発達支援」が置かれ、様々な支援活動が行われるようになりました。その他にも、放課後等デイサービス（124ページ参照）などの施設整備も行われました。

しかし、これらはいずれも通所型の施設です。重度の障害を持ち、自宅から外に出ることができない障害児は、居宅介護サービス以外のサービスを受けることが実質できない状態になっていました。そこで、日常生活における基本的な動作の指導、知識技能の付与、生活能力の向上のために必要な訓練など、発達を促すための支援を自宅で受けることができるよう設定されたのが「居宅訪問型児童発達支援」です。

重度障害児の発達支援の機会確保

居宅訪問型児童発達支援は、もともとあった児童発達支援で行われているサービスを自宅でも受けることができるよう設定したサービスです。そのため、実施内容については、児童発達支援施設と同様のものとなっています。

今まで居宅で受けることができていたサービスは、あくまでも生活するうえで必要な介護だけであり、児童それぞれの状態にあった専門的な支援は、ほとんど受けることができない状態にありました。介護はあくまでも介護であり、児童の抱えている課題を克服することを目的にはしていません。

この制度改正によって、重度障害児であっても発達を促す支援を受ける機会を得ることができるようになり、重度障害児が社会参加することができるようになるための支援体制がようやく整ってきたといえるでしょう。

居宅訪問型児童発達支援とは

対象者	① 重度の障害の状態もしくは厚生労働省令で定める状態 かつ ② 児童発達支援等を受けるために外出することが著しく困難な障害児 **（厚生労働省令に定める状態）** A）人工呼吸器を装着している状態など日常生活を営むために医療を要する状態にある場合（= 医療的ケア児） B）重い疾病のため感染症にかかるおそれがある状態にある場合
実施内容	日常生活における基本的な動作の指導、知識技能の付与および生活能力の向上のために必要な訓練の実施

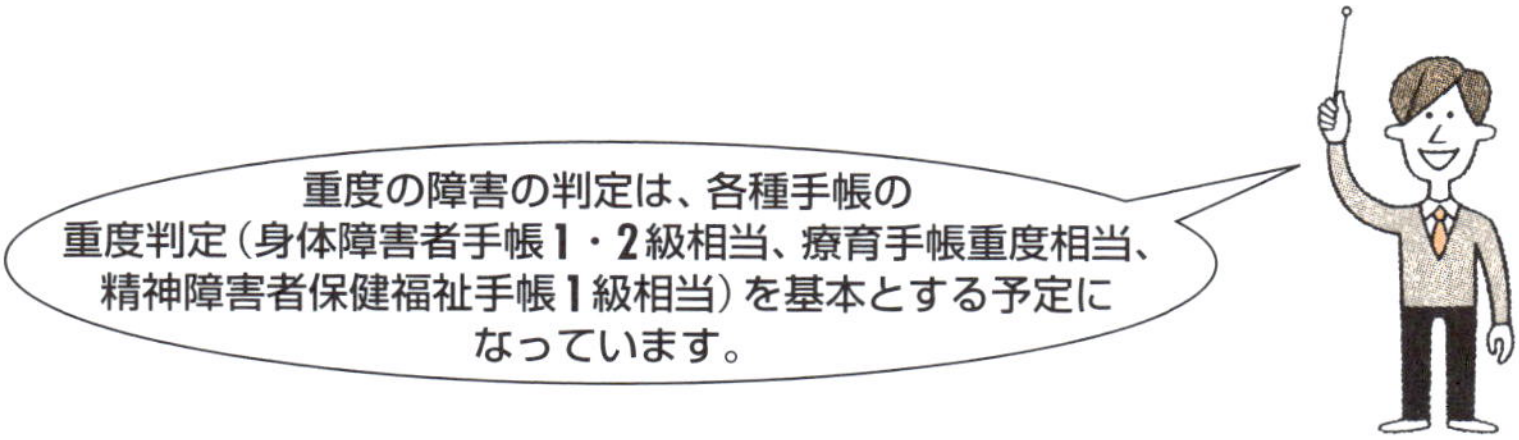
重度の障害の判定は、各種手帳の重度判定（身体障害者手帳1・2級相当、療育手帳重度相当、精神障害者保健福祉手帳1級相当）を基本とする予定になっています。

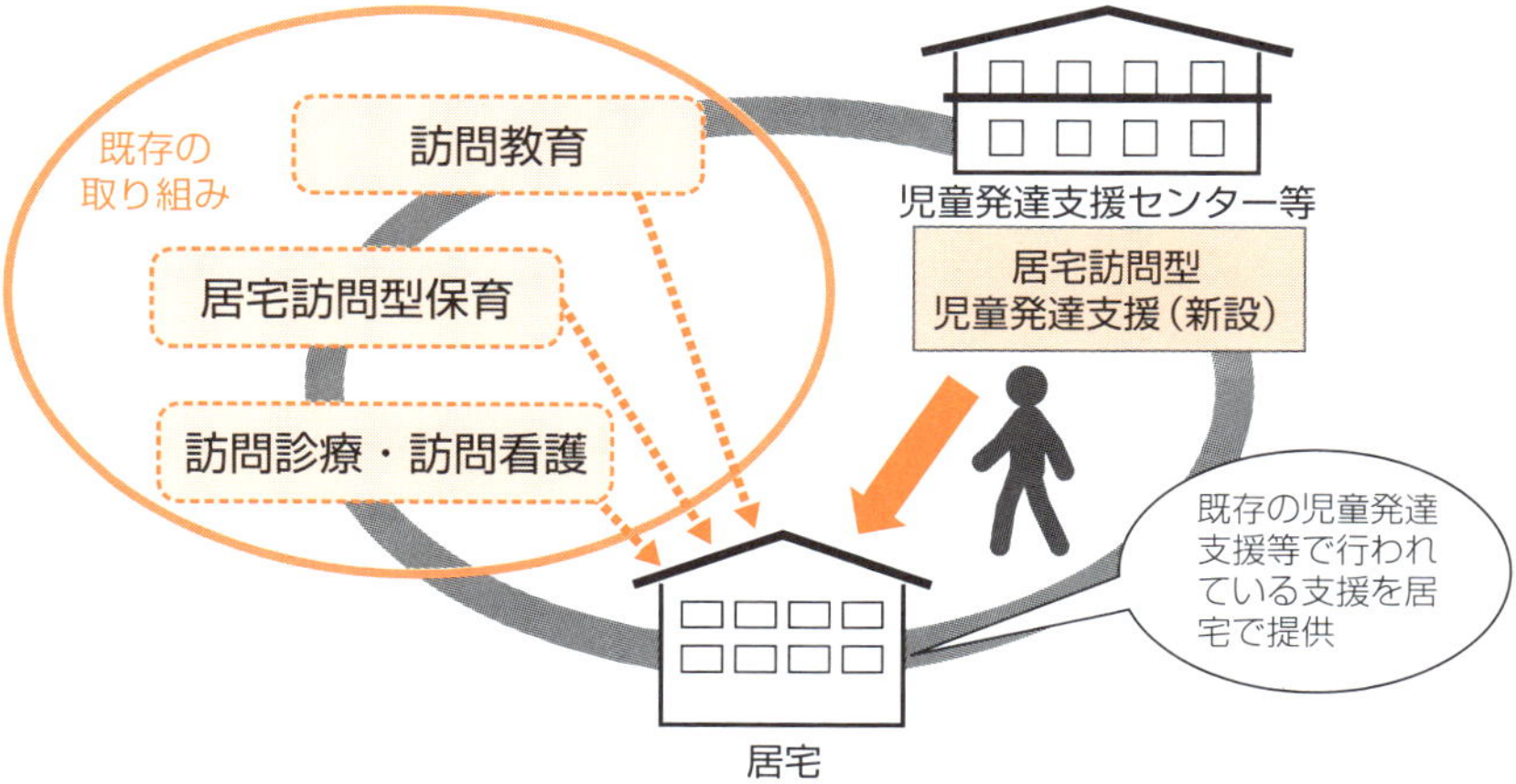
既存の取り組み
訪問教育
居宅訪問型保育
訪問診療・訪問看護
児童発達支援センター等
居宅訪問型児童発達支援（新設）
既存の児童発達支援等で行われている支援を居宅で提供
居宅

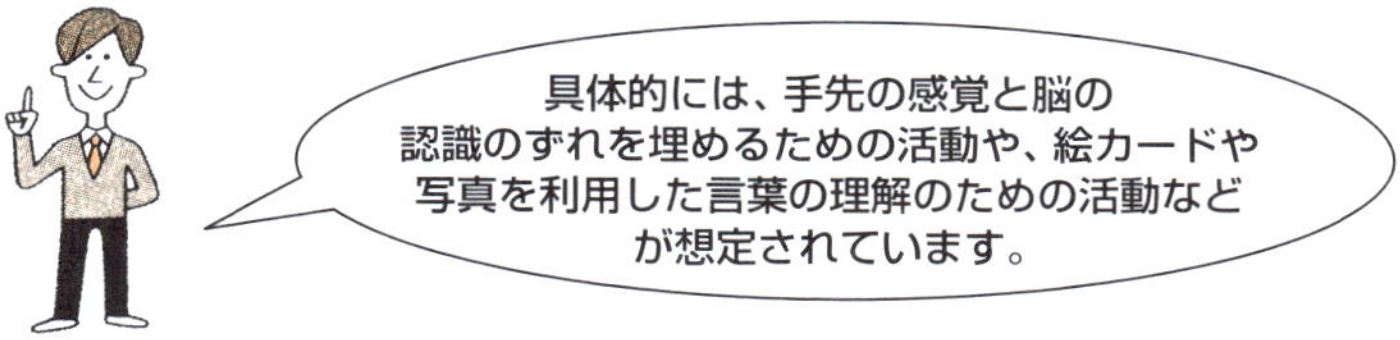
具体的には、手先の感覚と脳の認識のずれを埋めるための活動や、絵カードや写真を利用した言葉の理解のための活動などが想定されています。

出典：厚生労働省社会保障審議会障害者部会資料をもとに著者作成

保育所等訪問支援の対象が拡大された

訪問先として、新たに乳児院や児童養護施設が加えられました。

児童養護施設等に障害児が増加している?!

保育所等訪問支援とは、障害のある子ども本人に集団生活に適応するための指導を行ったり、訪問先施設の職員に支援方法の指導等を行ったりする制度です。

これは総合支援法制定とともに改正された児童福祉法に規定されたサービスですが、基本的に家庭から通園・通学する児童を対象にしていたため、対象施設は保育所、幼稚園、小学校などに限定されていました。

しかし、児童福祉施設の入所者に占める障害児の割合は増加傾向にあり、平成24年度では、乳児院（主に1歳未満の乳児を養育する福祉施設）では28・2%、児童養護施設では28・5%と、3割近くに達しています。障害種別では、乳児院では、身体虚弱（16・7%）が最も高く、児童養護施設では知的障害者が最も高い割合を示しています（12・3%）。その他、発達障害やADHD（注意欠陥・多動性障害）なども少なくありません。

しかし、もともと乳児院や児童養護施設などは、あくまでも乳児・児童の「養育」を専門的に行う施設であり、障害児支援に対応するための職員配置基準はなく、どう対応してよいのか苦慮することが増えてきました。

乳児院と児童養護施設を追加

そのため、今回の法改正では、現在規定されている保育所、幼稚園、小学校や地方自治体が認める施設（放課後児童クラブなど）以外に、乳児院と児童養護施設に入所している児童も対象とすることになりました。

これにより、それぞれの施設に入所している障害児に対する支援が、施設のなかで実施できるようになりました。ただし、児童福祉施設でも、母子生活支援施設、児童自立支援施設、児童心理治療施設（旧：情緒障害児短期治療施設）などは対象外となっていることに注意が必要です。

「保育所等訪問支援」の訪問先が増えた

乳児院は、家庭での養育を受けることができない乳児（1歳未満）を対象としていますが、特に必要がある場合は小学校就学前の幼児も入所することができるんですね！

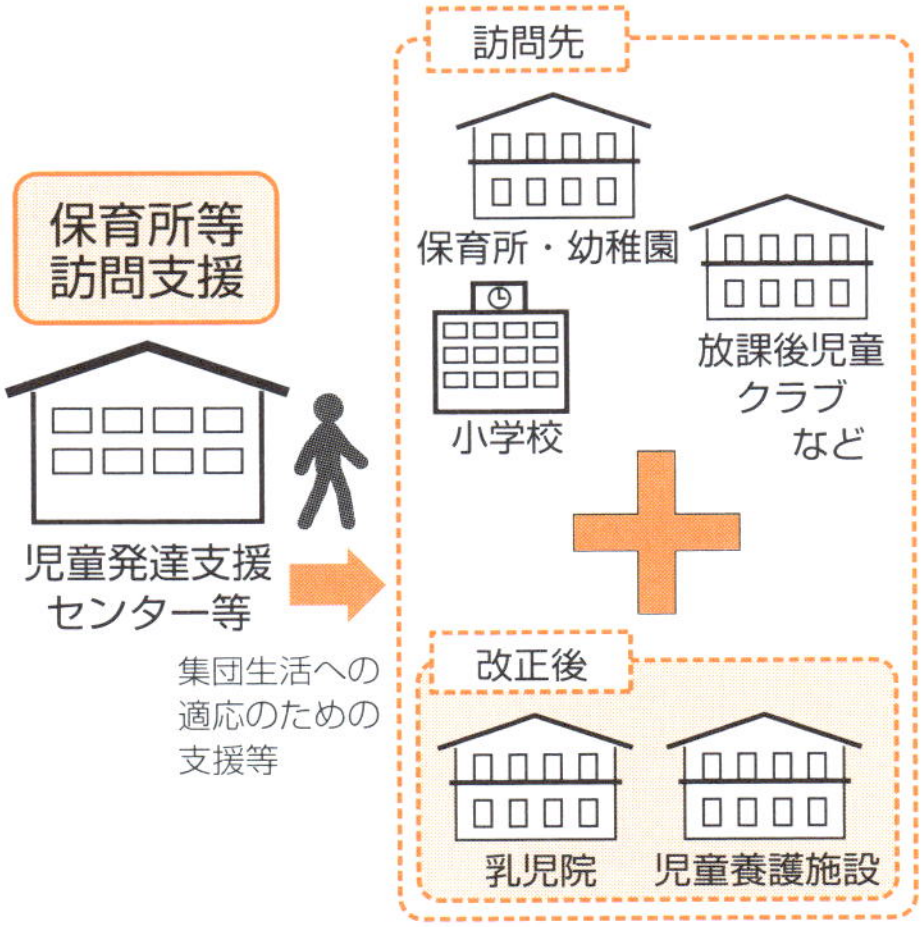
保育所等訪問支援
児童発達支援センター等
集団生活への適応のための支援等
訪問先
保育所・幼稚園
小学校
放課後児童クラブ
など
改正後
乳児院
児童養護施設

児童福祉施設での障害児支援は大きな課題になっている

	総数	障害等あり	障害等あり内訳（重複回答）									
			身体虚弱	肢体不自由	視聴覚障害	言語障害	知的障害	てんかん	ADHD	LD	広汎性発達障害	その他の障害等
養護施設児	29,979 100.0%	**8,558** **28.5%**	584 1.9%	101 0.3%	221 0.7%	298 1.0%	3,685 12.3%	369 1.2%	1,384 4.6%	352 1.2%	1,576 5.3%	2,319 7.7%
情緒障害児	1,235 100.0%	**900** **72.9%**	7 0.6%	3 0.2%	3 0.2%	6 0.5%	173 14.0%	17 1.4%	243 19.7%	23 1.9%	367 29.7%	442 35.8%
自立施設児	1,670 100.0%	**780** **46.7%**	16 1.0%	2 0.1%	4 0.2%	2 0.1%	225 13.5%	12 0.7%	255 15.3%	36 2.2%	246 14.7%	230 13.8%
乳児院児	3,147 100.0%	**889** **28.2%**	526 16.7%	90 2.9%	87 2.8%	83 2.6%	182 5.8%	67 2.1%	5 0.2%	1 0.0%	41 1.3%	235 7.5%
母子施設児	6,006 100.0%	**1,056** **17.6%**	116 1.9%	20 0.3%	24 0.4%	65 1.1%	268 4.5%	38 0.6%	123 2.0%	65 1.1%	225 3.7%	364 6.1%
ファミリーホーム児	829 100.0%	**314** **37.9%**	24 2.9%	7 0.8%	11 1.3%	17 2.1%	114 13.8%	11 1.3%	59 7.1%	34 4.1%	85 10.3%	119 14.4%
援助ホーム児	376 100.0%	**139** **37.0%**	8 2.1%	— —	1 0.3%	— —	37 9.8%	3 0.8%	24 6.4%	5 1.3%	24 6.4%	69 18.4%

注：児童養護施設、情緒障害児短期治療施設（現在は児童心理治療施設に改称）、児童自立支援施設及び乳児院に措置されている児童をそれぞれ「養護施設児」「情緒障害児」「自立施設児」「乳児院児」、母子生活支援施設を利用している母子世帯の児童を「母子施設児」、ファミリーホームに委託されている児童を「ファミリーホーム児」、自立援助ホームに入居している児童を「援助ホーム児」とする

出典：厚生労働省「児童養護施設入所児童等調査（平成25年2月1日現在）」の「表6 心身の状況別児童数」

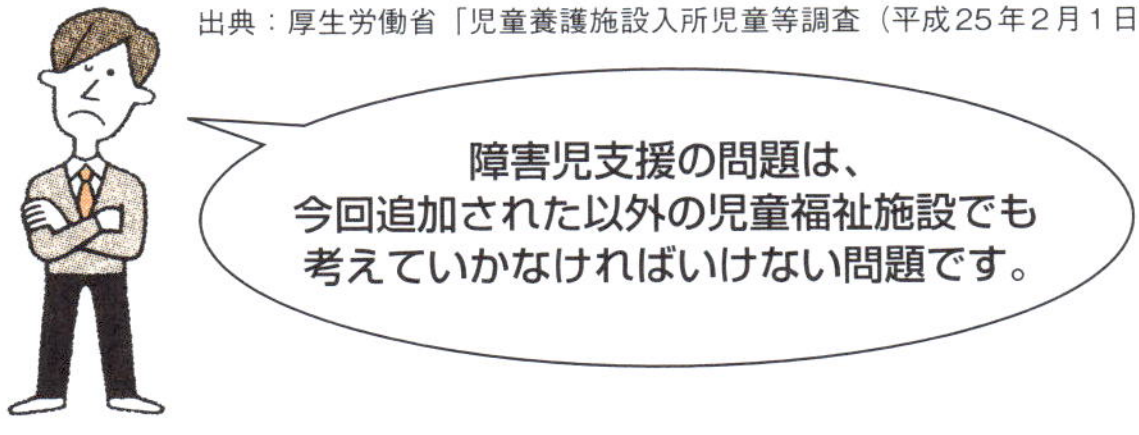
障害児支援の問題は、今回追加された以外の児童福祉施設でも考えていかなければいけない問題です。

医療的ケア児への保健医療福祉連携が求められるように

医療的ケア児やその家族が地域で暮らしていけるための仕組みづくりが求められるようになりました。

医療的ケア児が増えた！

医療技術が進歩することによって、今まであれば助からなかった命が助かるようになり、また昔であれば生命維持のために医療機関に入院し続けるしかなかった患者が、退院して在宅生活ができるようになる、といったケースが増えてきました。反面、今まではなかった支援を現場で求められるようになってきました。例えば人工呼吸器利用児のたんの吸引、胃ろう児の経管栄養の投与などが挙げられます。このような医療的ケアを必要とする児童（医療的ケア児）に対する支援を行うにあたっては、関係行政機関や施設などが緊密に連携して対応することが求められるようになりました。

医療的ケア児は、保健・医療・福祉・保育・教育といった分野で、それぞれ心身の状況に合った適切な支援が必要になります。それを可能とするため、今回の法改正では、地方公共団体に対して、関係機関との連絡調整を行う体制を整えるよう求めています（努力義務）。また、地域における連携の中心となる役割を担い、実効性のある取り組みにつなげていくことが期待されています。

地域で支える仕組みが必要

例えば保健関係では、乳幼児健診などを通して医療的ケア児を把握した際に、適切な支援が受けられるよう必要に応じて保護者等に情報提供を行ったり、関係各所との情報共有を保護者の同意を得て行ったりすることなどが想定されています。また、保育所等を利用する医療的ケア児も少なくなく、医療的ケア児の保育ニーズに対応できるよう看護師等の配置を進めていくことなども必要です。

合わせて、地域で医療的ケア児を支えられるよう、すでに設置されている協議会などの会議の枠組みを活用するなどして、医療的ケア児への支援について、地域で協議できる場を定期的に開催することを求めています。

医療的ケアが必要な子どもが増えている

特別支援学校及び小中学校における医療的ケアが必要な幼児児童生徒数

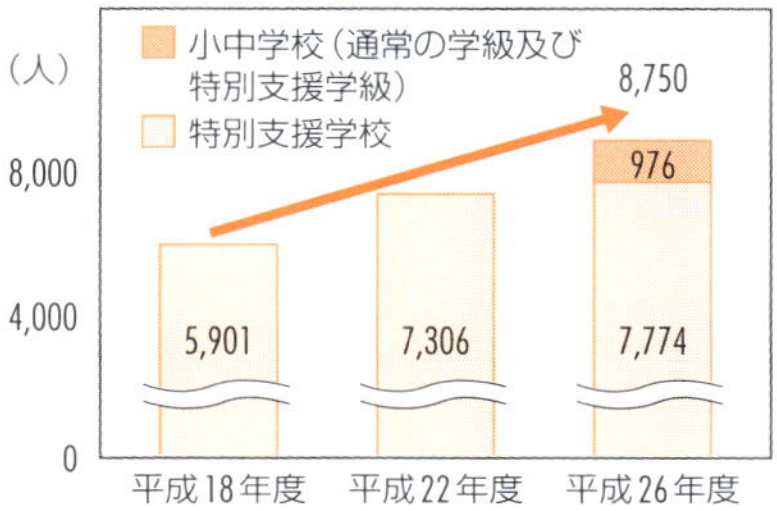

出典：文部科学省「特別支援学校等の医療的ケアに関する調査結果」（小中学校は平成24年度から調査）

在宅人工呼吸指導管理料算定件数（0〜19歳）の推移

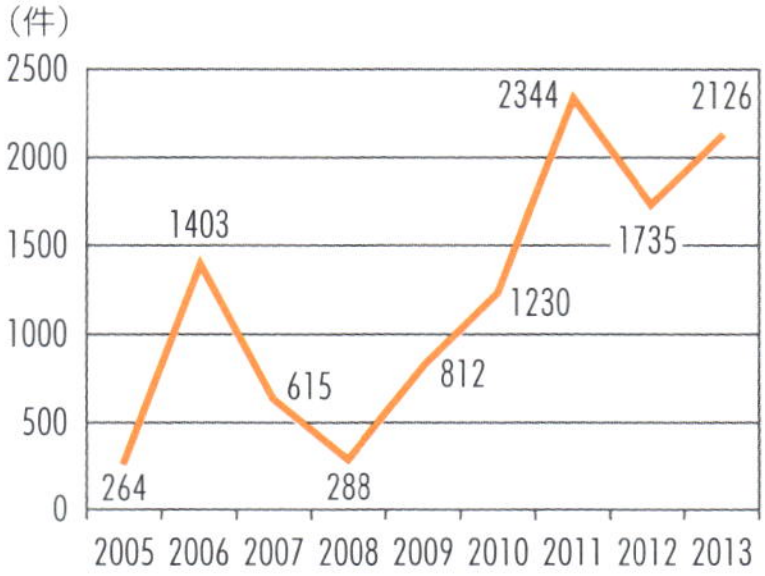

出典：厚生労働省「社会医療診療行為別統計」

地域での保健・医療・福祉・教育における関係機関の連携が必要

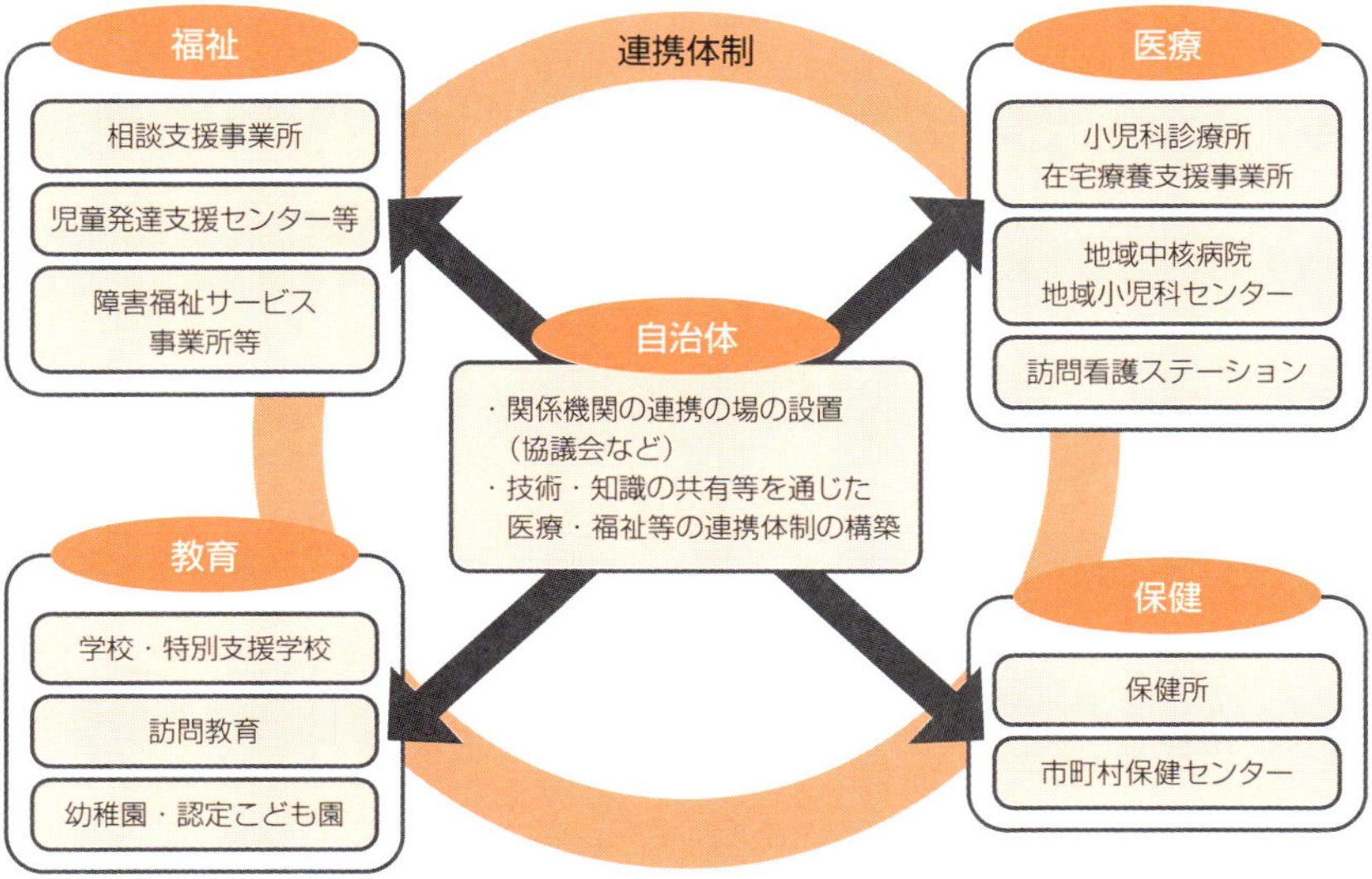

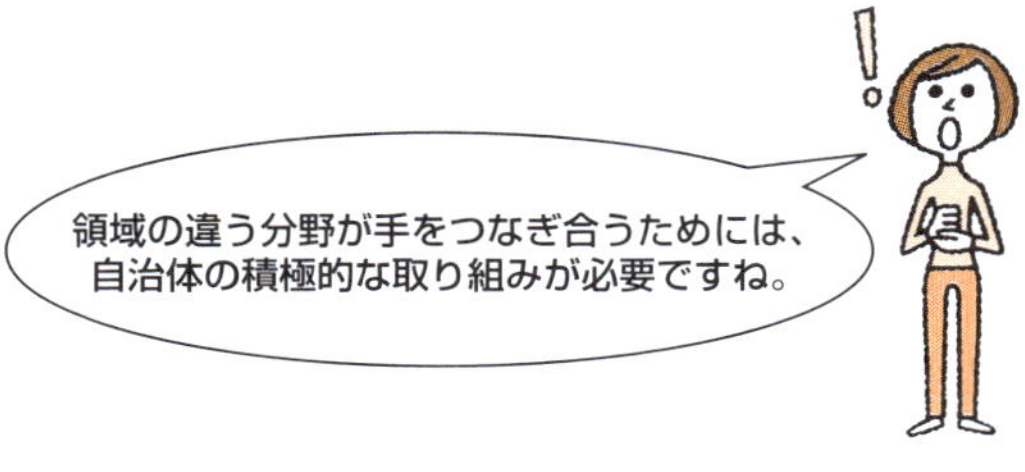

障害児のための福祉計画の策定が求められるようになった

都道府県・市町村は、基本指針に基づき、障害児福祉計画を作成することが必要になりました。

障害児福祉計画ができた

もともと総合支援法では、都道府県・市町村は、基本指針に基づいて障害福祉計画を策定することとなっていました。しかし、障害児については、特に規定されてはいませんでした。

そこで、障害児に対するサービス提供体制の構築を計画的に進めるため、今回の法改正により、児童福祉法上に障害児福祉計画が規定され、都道府県・市町村に計画策定が求められるようになりました。

平成30年度から第1期が始まる

障害児福祉計画は、障害福祉計画と一緒の期間で実施することになっており、平成30年から第1期障害児福祉計画が進められることになります。

今回の第1期障害児福祉計画では、「障害児支援の提供体制の整備」が成果目標として掲げられています。具体的には、保育所等訪問支援の充実、重症心身障害児を主に支援する児童発達支援事業所や放課後等デイサービス事業所の確保、医療的ケア児支援のための関係機関の協議の場の設置が挙がっています。

増やせばいいわけでもない？

市町村と都道府県の障害児福祉計画は、それぞれ、市町村が通所支援や相談支援の提供体制の確保目標や必要量の見込みを、都道府県はそれらに加えて入所施設についても具体的な目標を設定することになっています。

しかし、障害児支援のなかでも、放課後等デイサービスは参入に対するハードルが低く、事業所数は増加し続けているものの、質が十分担保されたところばかりではないのが実情です。それもあってか、放課後等デイサービス等の障害児通所支援や障害児入所支援については、すでに計画上の目標が達成している場合など、都道府県障害児福祉計画の達成に支障を生じるおそれがあると認めるときは、事業所等の指定をしないことができるとしています。

障害児へのサービス提供を計画的に行うための「障害児福祉計画」

市町村障害児福祉計画	・障害児通所支援や障害児相談支援の提供体制の確保にかかる目標に関する事項 ・各年度の自治体が指定する障害児通所支援や障害児相談支援の種類ごとの必要な量の見込み
都道府県障害児福祉計画	・障害児通所・入所支援、障害児相談支援の提供体制の確保にかかる目標に関する事項 ・都道府県が定める区域ごとに、当該区域における各年度の自治体が指定する障害児通所支援や障害児相談支援の種類ごとの必要な量の見込み ・各年度の障害児入所施設の必要入所定員総数

出典：厚生労働省「障害者の日常生活及び社会生活を総合的に支援するための
法律及び児童福祉法の一部を改正する法律（概要）」

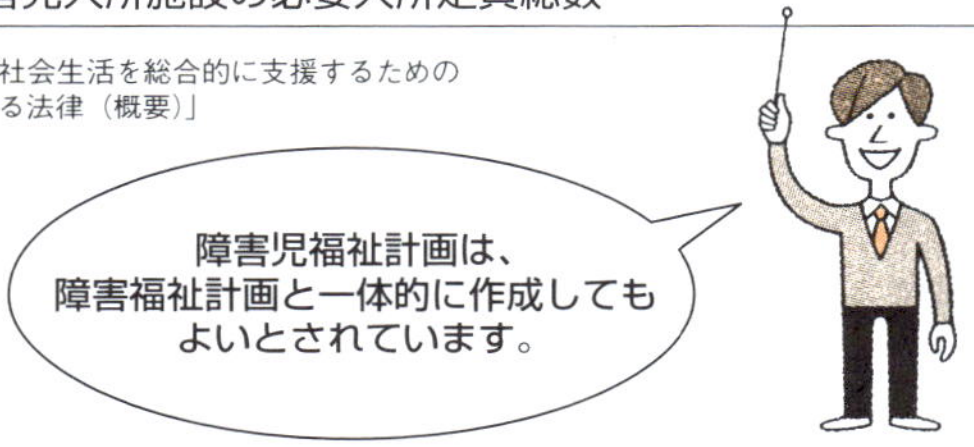
障害児福祉計画は、
障害福祉計画と一体的に作成しても
よいとされています。

障害児通所支援の総量規制

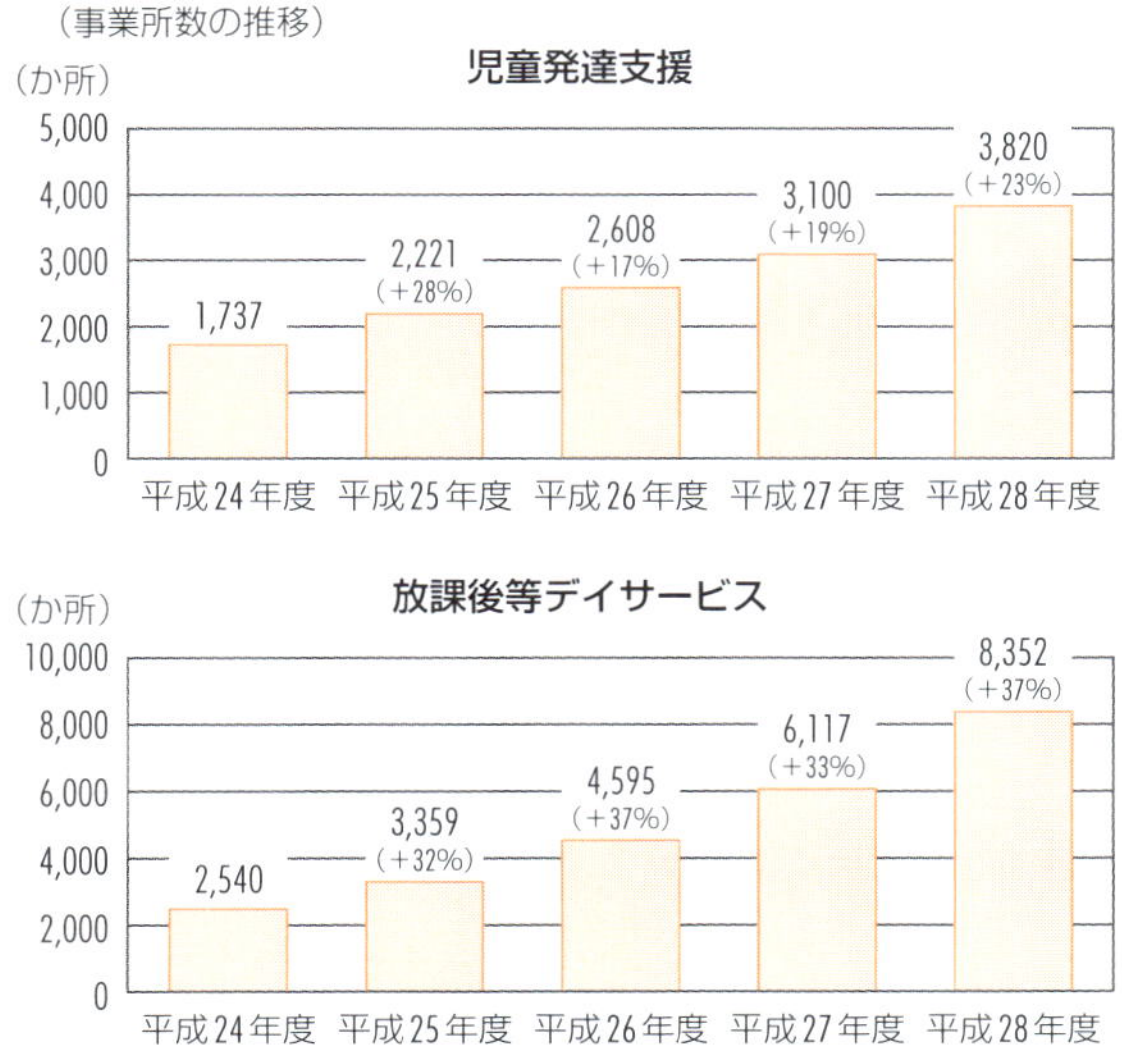
（事業所数の推移）
児童発達支援
（か所）
5,000
4,000
3,000
2,000
1,000
0
1,737
2,221 （＋28%）
2,608 （＋17%）
3,100 （＋19%）
3,820 （＋23%）
平成24年度 平成25年度 平成26年度 平成27年度 平成28年度
放課後等デイサービス
（か所）
10,000
8,000
6,000
4,000
2,000
0
2,540
3,359 （＋32%）
4,595 （＋37%）
6,117 （＋33%）
8,352 （＋37%）
平成24年度 平成25年度 平成26年度 平成27年度 平成28年度

障害児通所施設は
年々増加している
ものの、このままいくと、
支援量がサービス必要量
を上回ることが想定
されることや、また利用
内容についても、遊ばせ
るだけとかテレビを
見せるだけといった
「質の低下」も懸念
されています。

出典：厚生労働省 社会保障審議会障害者部会資料

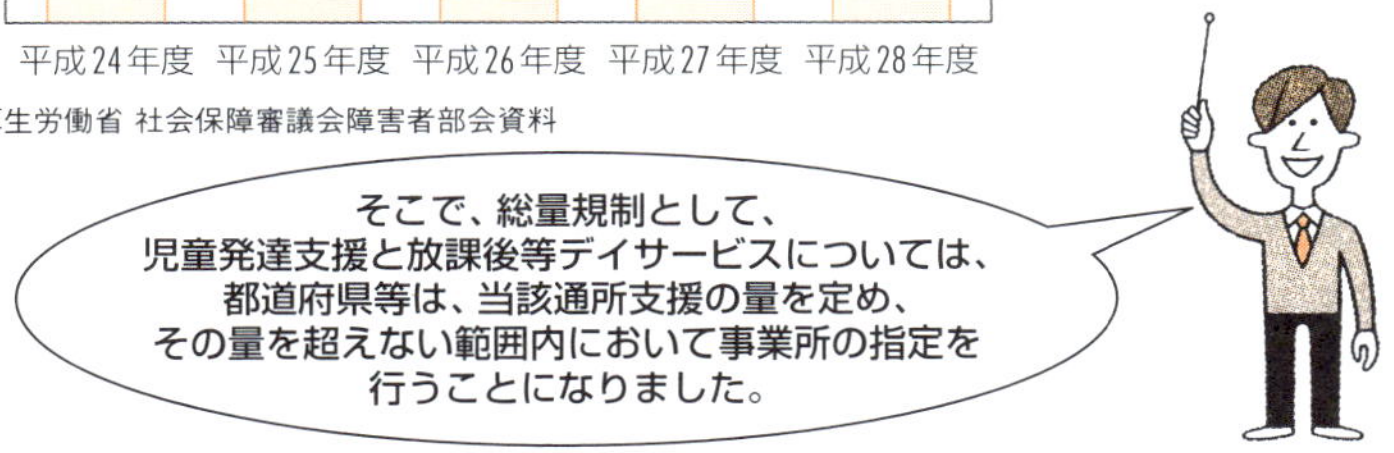
そこで、総量規制として、
児童発達支援と放課後等デイサービスについては、
都道府県等は、当該通所支援の量を定め、
その量を超えない範囲内において事業所の指定を
行うことになりました。

補装具の貸与ができるようになった

「購入」しか選択がなかった補装具の「貸与」が一部認められました。

例えば成長に合わせて補装具の買い替えが必要になるケースも……

今回の法改正では、補装具費の支給範囲が拡大され、購入だけではなく、貸与が認められました。これまでは、補装具費は、基本的に利用する人が「購入」する際に支給されてきました。

しかし、例えば障害児は年を重ねるごとに成長して体が大きくなり、補装具を買って1～2年もしないうちに使えなくなってしまうことが起こります。いくら補助が給付されるとはいえ、補装具自体は安いものではなく、何度も買い替えることは家計にも大きな負担となってきます。

そこで、成長によって短期間での交換が必要になるものや、仮合わせ（義肢の完成前に不具合がないかチェックすること）前の試用などで貸与のほうが適切と思われるものについては、貸与も補装具費の支給対象とすることになりました。

どんな補装具でも借りられるわけではない？

補装具の貸与が認められる種目としては、歩行器や重度障害者用意思伝達装置（本体のみ）など限定されていることに注意が必要です。また、貸与が認められる条件も次のように決まっています。

①身体の成長に伴い、補装具の短期間での交換が必要と認められる場合
②障害の進行により、補装具の短期間の利用が想定される場合
③補装具の購入に先立ち、比較検討が必要であると認められる場合

もちろん、貸与できるからといって次々に借りることは認められておらず、貸与を希望する場合は、身体障害者更生相談所や指定自立支援医療機関等によって、必要性を判断される必要があります。

貸与が認められる補装具は左ページ下図のように数点に限られますが、将来的には対象種目を増やすことを国で検討しています。

補装具の「貸与」も支給の対象に！

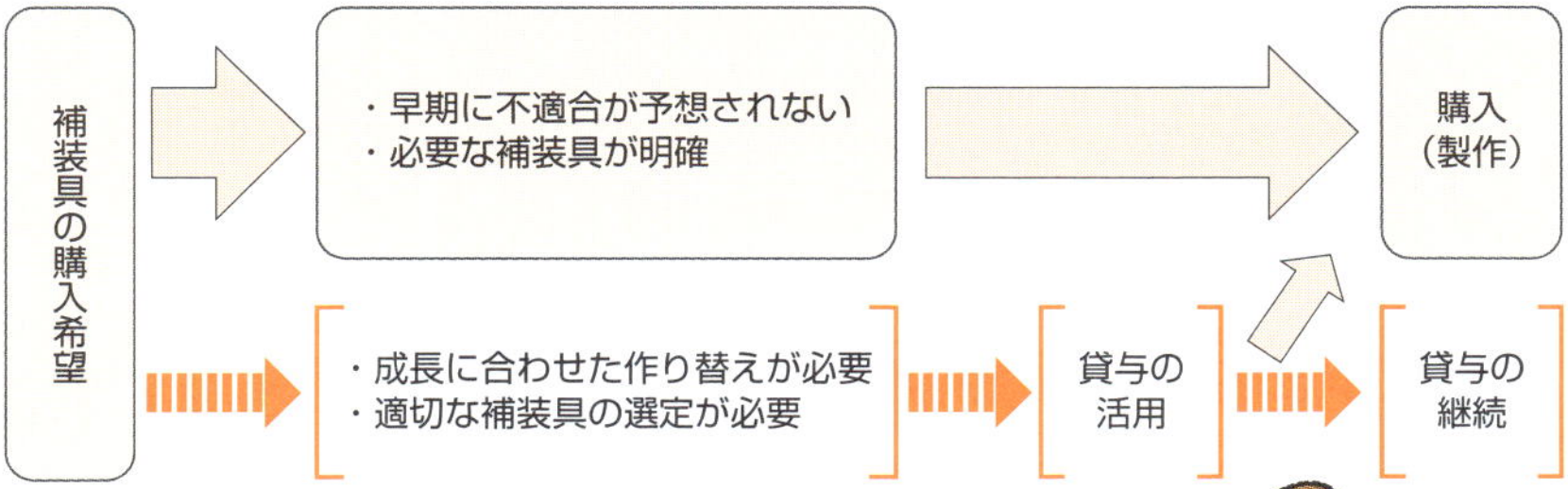

ちなみに、貸与中に補装具が故障した場合は、故意でない限り「修理」として支給されることになっています。

補装具費支給制度における貸与の対象種目

場面	対象種目等
成長への対応	●座位保持装置の完成用部品のうち、「構造フレーム」 座位保持装置…自力で座位姿勢を保持できない方等が安定した座位を保持するための用具 ●歩行器 歩行器…歩行機能を補うため、移動時に体重を支える用具 ●座位保持椅子 座位保持椅子…姿勢を保持することが困難な障害児が日常生活の中で使用する用具
障害の進行への対応	●重度障害者用意思伝達装置（本体のみ） 重度障害者用意思伝達装置…重度の両上下肢及び音声・言語機能障害者が意思の伝達を行うための用具 ※運動機能は低下するが言語の獲得によりスキルが向上する場合があることに留意する。
仮合わせ前の試用	●義肢、装具、座位保持装置の完成用部品 完成用部品…義肢装具および座位保持装置を完成させるのに必要な部品 義肢…上肢又は下肢に欠損のある方の欠損を補完し、又は失われた機能を代替するための用具。義手、義足 装具…上肢若しくは下肢又は体幹の機能に障害のある方の機能を回復させたり低下を抑制したその機能を補完したりするための用具

出典：いずれも厚生労働省 社会保障審議会障害者部会「補装具費支給制度における借受けの導入について」

社会生活を送るうえで、補装具は自分の手足になる大事な器具です。補装具が必要な人にとって、手軽に活用できるよう制度になることが期待されます。

サービスの情報公開制度や自治体事務の委託制度ができた

サービスの事業内容の公表制度や自治体事務の効率化にかかわる制度が設けられます。

サービス内容が公表されるように

障害福祉サービス事業所の数は、平成22年の段階では約4万8000事業所でしたが、平成27年では約9万事業所と、ほぼ倍に増えました。その分、利用者側も多くの施設から自分に合う施設を選ぶことができるようになりました。施設が急激に増えれば、支援がきちんと行われていないところも出てきます。しかし、利用者は外から見える部分だけで判断せざるを得ないのが実情でした。

今回の法改正では、利用者がより自分に合った施設を選べるように、また各施設の質を向上させることを目的として、施設・事業者に対して障害福祉サービスの内容などを都道府県（指定都市・中核市含む）に報告することと、加えて都道府県等がその内容を公表する仕組みが創設されました。介護保険制度などではすでに実施されている制度ですが、障害者分野でもようやく制度が導入されることになります。

自治体事務の効率化も行われた

また、障害福祉サービス等の事業所や利用者の増加に伴い、調査や審査にかかる事務量も大幅に増加しています。そのため、自治体がこれらの事務作業を効率的に実施できるよう、事務の一部を民間に委託することが可能となりました。

調査事務に関して、立入検査にかかわる事務や報告命令などについては、引き続き自治体が実施し、公権力の行使にあたらない質問や文書提出の依頼などを、事務を適切に実施できるものとして都道府県知事が指定する指定事務受託法人に委託できます。

また、審査事務では、障害福祉サービスの給付費の支払いに加えて審査についても、国民健康保険団体連合会に委託できるようになりました。いずれも、あくまでも「委託できる」ということなので、自治体で引き続き実施することも可能です。

障害福祉サービス等の情報公表制度の仕組み

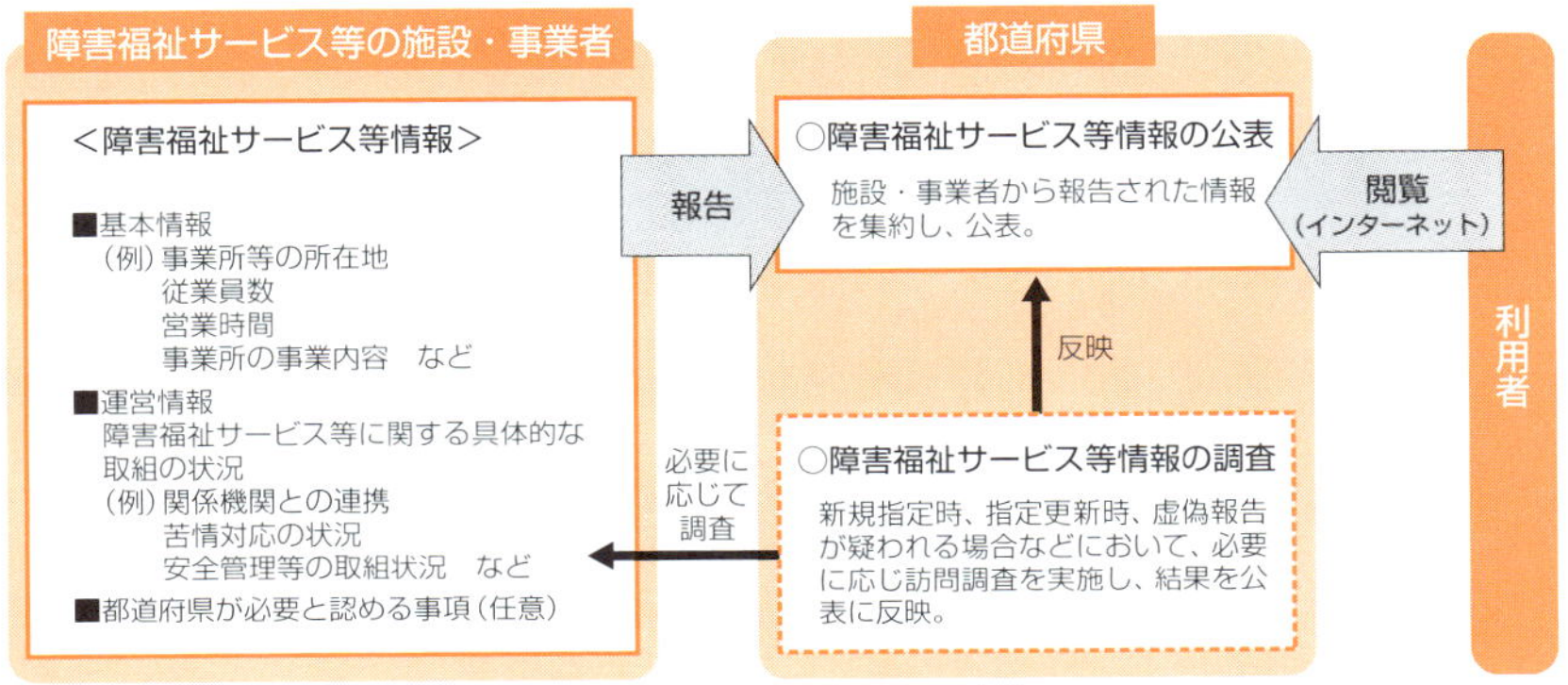

出典：厚生労働省 社会保障審議会障害者部会資料をもとに著者作成

報告や公表は、新たに整備される「障害福祉サービス等情報公開システム（仮称）」によって行われる予定です。

審査事務の効率化（委託した場合の審査の流れ）

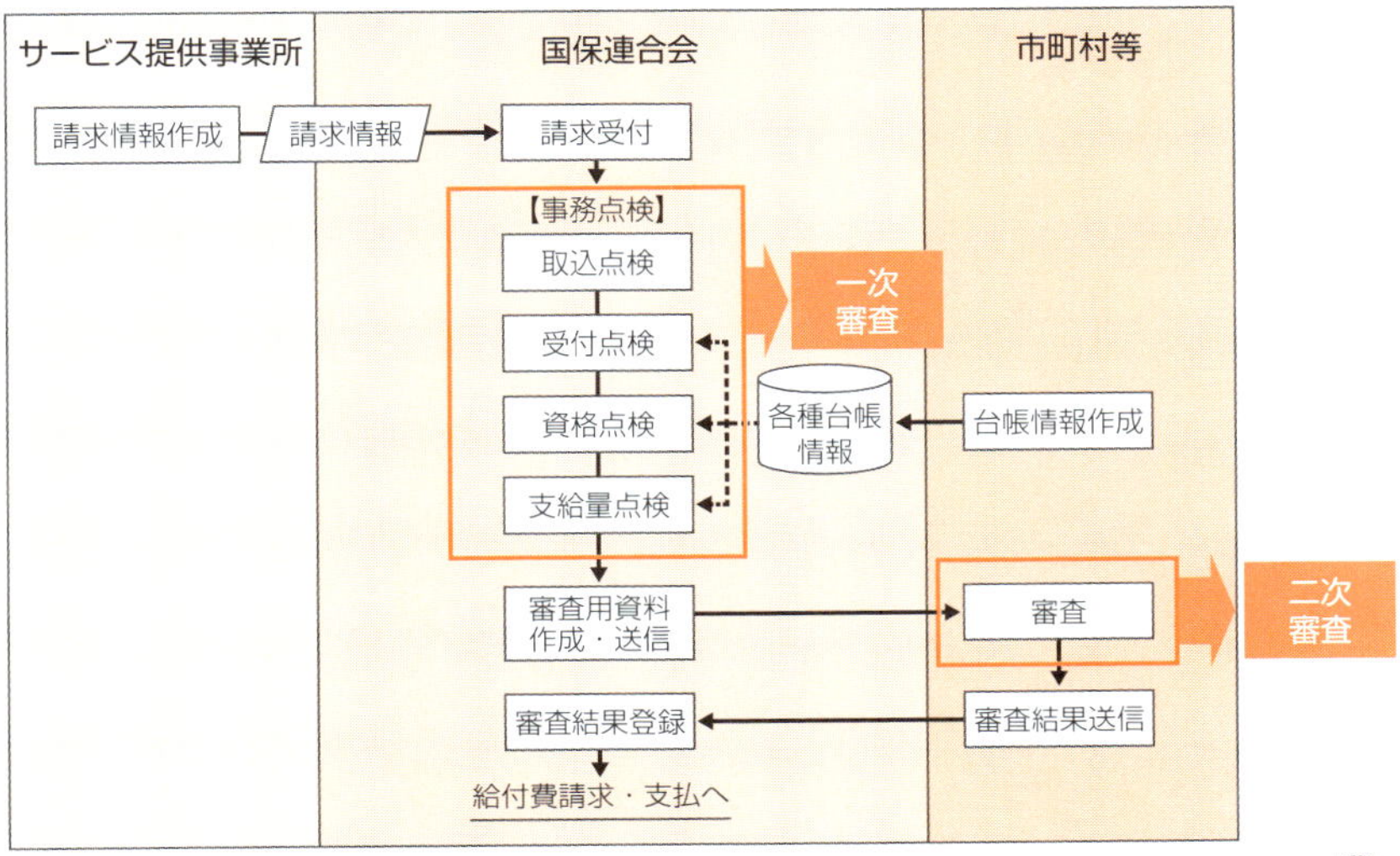

出典：公益社団法人 国民健康保険中央会「障害者総合支援法等審査事務研究会報告書」（平成28年12月28日）

すべてを国保連（国民健康保険団体連合会）が審査するというのではなく、機械的に判断できる部分を国保連が担当し、判断に困るものについては市町村等が２次審査をかける、という形になっているのですね。

Q 退院支援、「言うは易し行うは難し」って？

地域移行支援は、医療機関に入院している障害者や福祉施設や保護施設、矯正施設を退所する障害者などに対して行われる相談支援の一種です。地域移行支援は、元をたどると、精神障害者に対する「地域移行・地域定着支援」が出発点となっています。これは、平成16年に出された「精神保健医療福祉の改革ビジョン」における「受け入れ条件が整えば、退院可能な入院患者約7万人を、10年間で解消させる」という方針のもと、実施されてきたものです（地域移行支援を担当する事業所を一般相談支援事業所と呼ぶのは、このような経緯があるからです）。

しかし、長い間入院・入所してきた人たちを地域で生活できるようにするには、本人にとっても周りにとっても大変なことで、本人は自分が地域で生活していた時代とのギャップや障害からくる様々な問題に苦慮し、支援者はそうした本人の苦悩に寄り添いながら周囲の住民の理解を深めていく。地域移行というのは「言うは易し行うは難し」な事業といえるでしょう。

私が10年以上前に、PSW（精神科ソーシャルワーカー）として精神科デイケアで働いていた時代、年に1回、忘年会と称して、港の近くにある寿司屋に食べに行っていました。なんてことはない握りの「並」を皆で食べるだけなのですが、そのときの皆の表情はとても幸せそうだったのを覚えています。また、退院支援でかかわったある人は、マンションで一人暮らしを始め、そこから近くの河川で行われる花火大会を嬉しそうに眺めていました。いずれも些細なことではありますが、地域で暮らすことの意味を垣間見たように思います。

その頃に比べて、いろいろと制度ができ、施設も増えてきました。しかし、7万人を退院させるという当初の予定は一向に達成される見込みはありません。もちろん制度や施設は大切です。ですが、それだけで地域生活が支えられるわけではありません。入院中には得ることができない、地域のなかにある「その人にとっての幸せ」を探す手伝いをすることが、結果として、地域で暮らし続けることを支えることになるのではないかと思っています。

第3章

障害者総合支援法で使えるサービス

障害者総合支援法で利用することができるサービスは多種多様です。全国一律のサービスである障害福祉サービス事業、相談支援事業、自立支援医療費などの自立支援給付や、各自治体によって実施内容が異なる地域生活支援事業など、それぞれ、どのようなものなのかを見てみましょう。

障害者のためのサービスを俯瞰してみる

地域のなかにある様々な社会資源を活用します。

「普通の生活」を送ることが難しい！

障害者と健常者が同じ地域のなかで、ともに生活をしていく。言ってしまえば簡単ではありますが、実際にそれを実現しようとすれば、そこには多くの社会的障壁があります。

例えば街中。点字ブロックの上に普通に自転車が置かれていませんでしょうか。お店は、車いすでもちゃんと買い物ができるような設備が整っているでしょうか。駅前や大きなお店では大丈夫かも知れませんが、生活範囲は駅前や大きなお店だけではありません。友達の家に遊びに行くのに電車やバスを使う。街のはずれにある雑貨屋さんに買い物に行く。ちょっと遠出して、日帰り旅行に行く。私たちが日頃、何気なく行うことが障害があるためにできないということが、社会のなかにはたくさんあります。

障害を持っているのであれば、その部分を補えるようにすればいい。そのためにあるのが、障害者総合支援法(以下、総合支援法)の「障害福祉サービス」と呼ばれるものです。施設から出て社会のなかで暮らす、好きなものを買いに行く、旅行に出る、働きに行く。そんな当たり前で、なかなかできなかったことを、様々なサービスを使うことでできるようにしていくのです。

社会資源は周りにたくさんある

使うのは障害福祉サービスだけではありません。生活について気軽に相談できる場（地域活動支援センターや相談支援事業など）や、コミュニケーション支援など生活をするうえで必要な支援（地域生活支援事業）を受けることもできます。また制度化されているものばかりでなく、地域のボランティア団体の力を借りたり、隣近所で助け合ったり。私たちが住む地域にある、いろいろな社会資源を使って、ともに生活を「普通に」できるようになることで、初めて同じように、一緒に生活している、といえるのではないでしょうか。

地域の障害者福祉サービス

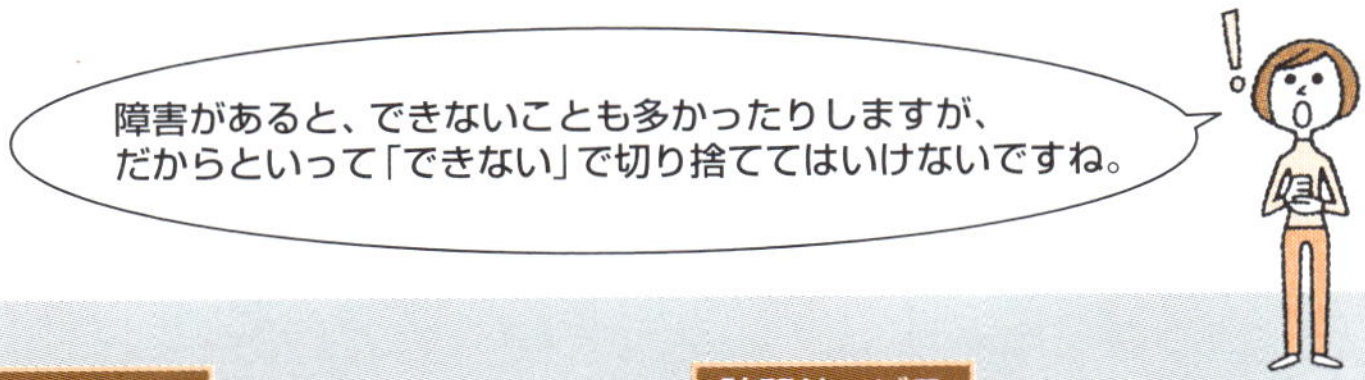

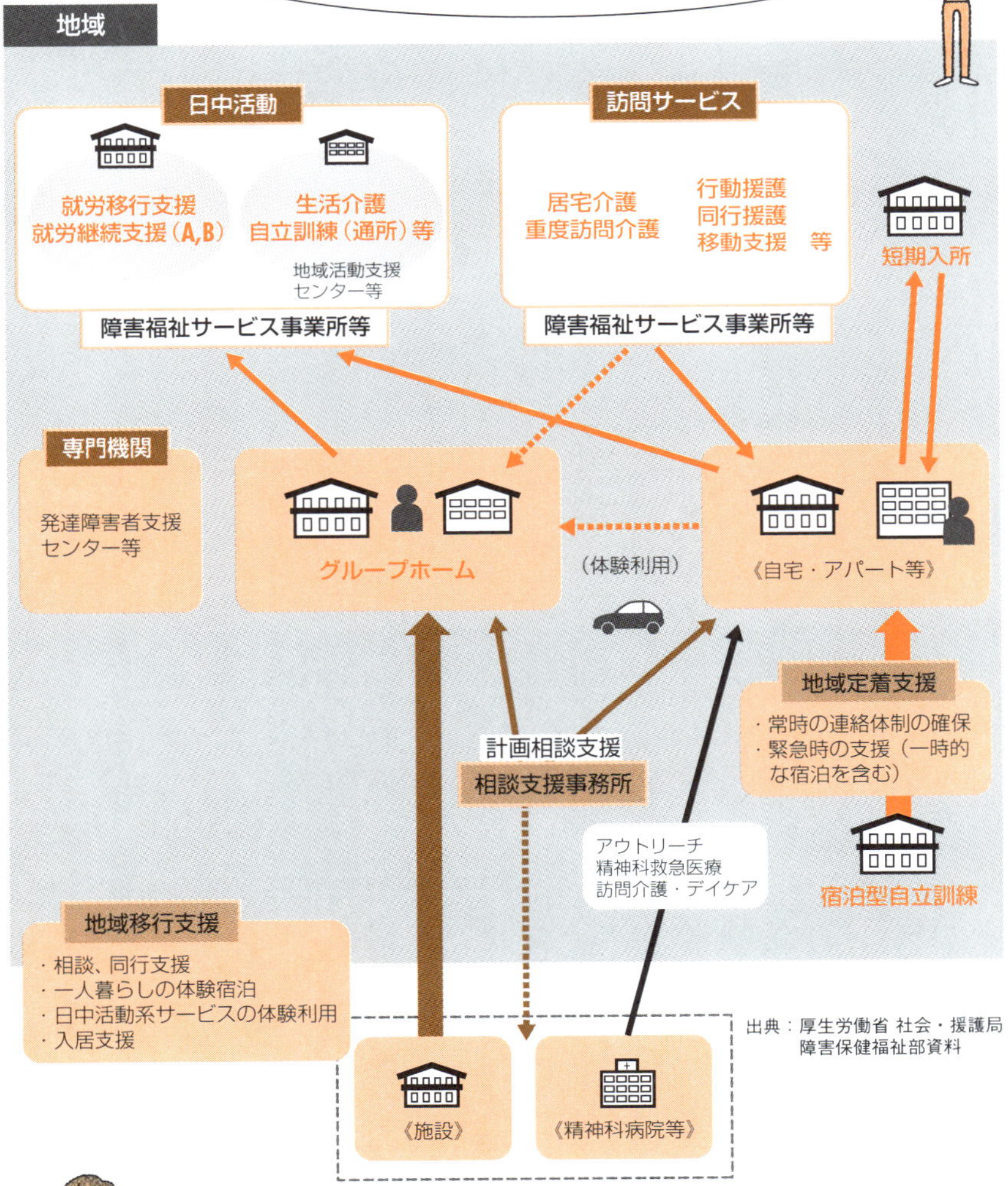

出典：厚生労働省 社会・援護局
障害保健福祉部資料

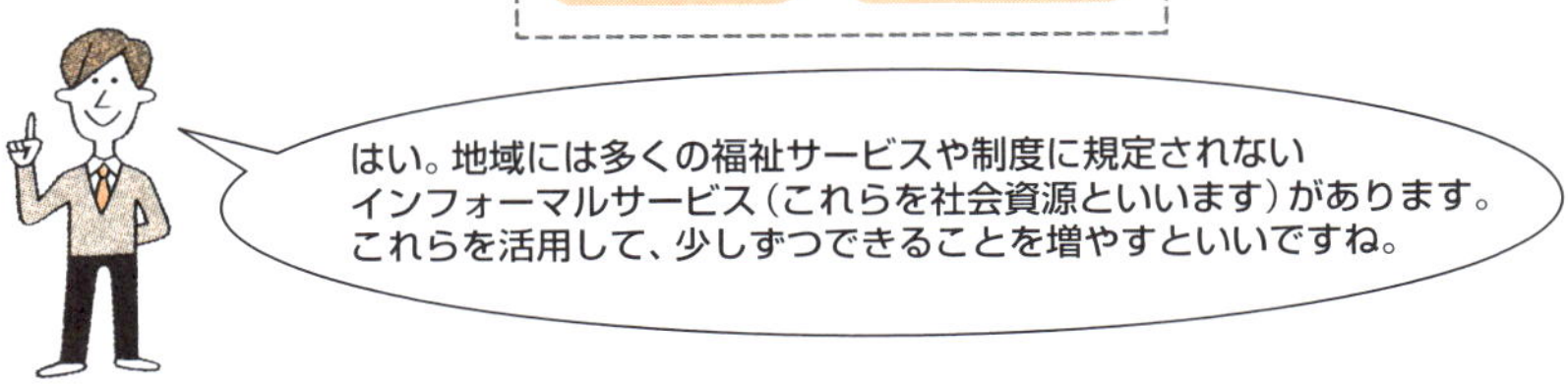

施設サービスにはサービス管理責任者が配置される

サービス管理責任者は、質の高いサービスを提供するための責任者です。

サービス管理責任者とは

総合支援法では、障害者は様々なサービスを組み合わせて、自分に合った支援を受けることができます。どの事業所で受けるかについても、地域によっては数えきれないほどのなかから選ぶこともあるでしょう。当然サービスを提供する側は、自分たちが提供するサービスに責任を持たなければなりません。その責任者として配置されるのが、サービス管理責任者です。

サービス管理責任者はいわゆる入所・通所施設系に配置されており、事業所ごとに専任者を配置しなければなりません。なお、障害児通所施設等には、児童発達支援管理責任者がサービス管理責任者と同様の者として置かれます。

適切なサービスを組み立てる

サービス管理責任者は、利用者のアセスメントや個別支援計画、サービス内容の定期的なモニタリングを行い、本人中心の支援になっていたか、将来目標を目指す支援になっていたか、個別支援計画は適切に作られていたかなど、その人にとって適切なサービスになっているかを管理します。いわゆる施設長のことと思われがちですが、施設そのものを管理するのは管理者と呼ばれます。

実務経験と研修が必要

措置時代と違い、近年は利用者と事業所の間で契約を結んでサービスを実施するため、そこで受けるサービスは評価されるものという認識になっています。そのため、サービス管理責任者の責任は重いものとなっています。

ですので、サービス管理責任者になるためには、一定の実務経験とともに、指定された研修を受ける必要があります。利用者、従業者、管理者・法人、地域・関係機関との間に立って、質の高いサービスが提供されるよう調整する立場が求められているのです。

サービス管理責任者と管理者の関係

サービス提供事業所

管理者

管理者の責務
「従業者及び業務の一元的な管理や規定を遵守させるため必要な指揮命令」

→ 人事管理 指揮命令 → **事務職員** / **その他の職員**

↓ 人事管理 指揮命令（サービス提供部門へ）

↘ 人事管理 指揮命令（サービス提供職員等へ）

サービス提供部門

サービス管理責任者

サービス管理責任者等の責務
「サービス提供プロセスに関して他のサービス提供職員に対する技術的な助言や指導等」

→ サービス内容の管理に関する指示・指導 → **サービス提供職員等 A**

→ サービス内容の管理に関する指示・指導 → **サービス提供職員等 B**

サービス管理責任者は、管理者、生活支援員などと兼務することができるのですね。

サービス管理責任者と児童発達支援管理責任者の要件

実務経験

障害児者の保健・医療・福祉・就労・教育の分野における直接支援・相談支援などの業務における実務経験（3～10年）

＋

研修の修了

「相談支援従事者初任者研修（講義部分）」を修了

＋

「サービス管理責任者研修」「児童発達支援管理責任者研修」を修了

一部の講義と演習は障害福祉サービスごとの分野別に実施

一部を除き、利用者が60人までは、1人以上（児童発達支援事業所などでは事業所ごとに1名）の配置となっています。

出典：厚生労働省 社会保障審議会障害者部会資料（平成29年12月11日）

在宅サービスにはサービス提供責任者が配置される

サービス提供責任者は、適切な介護が提供されるよう調整する役割を担っています。

サービス提供責任者とは

サービス管理責任者は、入所・通所系のサービスに配置されますが、訪問系のサービスには設置されません。代わりに、サービス提供責任者が配置をされることになっています。

サービス提供責任者は、利用者の個別支援計画の策定・評価、サービス提供のプロセス全体を管理する役割を担っています。どのような制度を利用するかを計画するのは、特定相談支援事業所の相談支援専門員(99ページ参照)の役割になりますが、実際の介護スタッフとして入るわけではありません。相談支援専門員が作成したサービス利用計画を理解し、それに合わせて、実際に介護を行うヘルパーの調整や、指導・育成なども行います。いわば現場のヘルパーを統括する役割を担っているといえるでしょう。

配置基準や資格要件は、状況や対象サービスによって様々

サービス提供責任者は、利用者数、サービス提供時間、従業者数の各基準によって配置人数が算出されます。サービス管理責任者の場合は、施設の定員などで配置人員を考えやすいのですが、訪問サービスの場合は、業務にかかる人の数も多くなりがちで、単純に利用者数だけで考えることは難しいからです。

また、サービス提供責任者になれる条件も決まっています。サービス提供責任者は介護に関するエキスパートともいえますので、介護福祉士や養成研修の修了者となっています。ただし、対象となる養成研修はいくつかあり、一部の研修では実務経験が一定以上必要になる場合があります。

サービス提供責任者が配置される障害福祉サービスは訪問系ですが、そのなかでも同行援護は視覚情報の提供を目的としたものであることもあって、平成30年4月以降、同行援護従業者養成研修も修了している必要があることに注意が必要です。

サービス提供責任者の要件

サービス 資格		居宅介護	重度訪問介護	同行援護	行動援護※5
介護福祉士		○	○	※2	※4
養成研修修了者（各研修に担当する研修を含む）	実務者研修	○	○	※2	※4
	介護職員初任者研修 居宅介護職員初任者研修	※1	※1	※1・2	※1・4
	介護職員基礎研修	○	○	※2	※4
	居宅介護従業者養成研修課程（1級）・訪問介護員（1級）	○	○	※2	※4
	居宅介護従業者養成研修課程（2級）・訪問介護員（2級）	※1	※1	※1・2	※1・4
	行動援護従業者養成研修課程または 強度行動障害支援者養成研修（基礎研修及び実践研修）				※3
厚生労働大臣が定める国立障害者リハビリテーションセンター学院視覚障害学科の教科を履修した者またはこれに準ずる者				○	

同行援護は、平成30年4月以降、
同行援護従業者養成研修も修了している必要がある！

○：資格のみで要件を満たす
※：以下の要件も必要となる
※1　実務経験3年かつ540日以上必要
※2　資格要件に加えて加えて同行援護従事者養成研修（一般課程及び応用課程）を修了した者（経過措置は平成30年3月31日で終了）
※3　行動援護従事者養成研修等修了者で、知的障害者または精神障害者の直接支援に3年以上従事した経験がある者
※4　平成30年3月31日までは知的障害者または精神障害者の直接支援に5年以上従事した経験がある者でも可
※5　行動援護については、サービス提供責任者以外の従事者にも従事要件があることに注意

サービス提供責任者の配置基準

- 事業の規模に応じて、1人以上のサービス提供責任者を配置しなければならない
- 管理者が、サービス提供責任者を兼務してもよい

以下のいずれかに該当する員数を置くこと

① 当該事業所の月間の延べサービス提供時間（事業所における待機時間や移動時間を除く）が450時間またはその端数を増すごとに1人以上

② 当該事業所の従業者の数が10人またはその端数を増すごとに1人以上

③ 当該事業所の利用者の数が40人またはその端数を増すごとに1人以上

④ ③の規定にかかわらず、常勤のサービス提供責任者を3人以上配置し、かつサービス提供責任者の業務に主として従事する者を1人以上配置している当該事業所において、サービス提供責任 者が行う業務が効率的に行われている場合にあっては、当該事業所に置くべきサービス提供責任者の員数は、利用者の数が50人またはその端数を増すごとに1人以上とすることができる

月間の延べサービス提供時間が**450**時間を超えていても、
従業者の数が**10**人以下であれば②の基準、
利用者の数が**40**人以下であれば③の基準によって、
サービス提供責任者は**1**人で足りることとなります。

障害福祉サービスには「介護給付」と「訓練等給付」の2種類がある

障害福祉サービスは、利用者の希望や状態に応じて選択されるものです。

自立支援給付と障害福祉サービス

総合支援法で提供されるサービスは様々ありますが、利用者に対して直接行われるサービスのことを、法律上では「自立支援給付」と呼んでいます（個別給付ともいいます）。また、自立支援給付のうち、各事業所で行われている直接的な介護や就労支援などの典型的な福祉サービスのことを「障害福祉サービス」と呼びます。障害福祉サービスには、介護給付と訓練等給付があります。

「介護給付」は、いわゆる介護を行うためのサービスです。具体的には、居宅介護や、施設内で行われる生活介護などが該当します。

また、「訓練等給付」とは、障害者の特性に応じた訓練を実施するもので、生活能力の維持、向上を目指す自立訓練や、就労を目指す就労移行支援などがあたります。

また、各障害福祉サービスの分類の仕方として、法律で規定されているわけではありませんが、サービスの内容に合わせて「訪問系サービス」「日中活動系サービス」「居住系サービス」と、3つの類型で分けることもできます。

ニーズに合った支援ができるように

障害福祉サービスは、障害の種類にかかわらず、全国どこでも同じサービスを受けることができます。事業所では、利用者に合ったサービスが提供できるよう、個別支援計画を作成します。利用者の求めるものは日々変化していきますので、定期的な見直しを実施して、いつでもニーズに合った支援が実施されるようになっています。

身体、知的、精神と3つの分野で分かれていた時代までは、必ずしも障害者1人ひとりのニーズに応えた支援ができているとはいえませんでした。障害種別ではなく、サービスごとに分けることによって、地域生活を進めていくために、より柔軟な利用ができるように変わっていったといえます。

障害者総合支援法に基づく自立支援給付

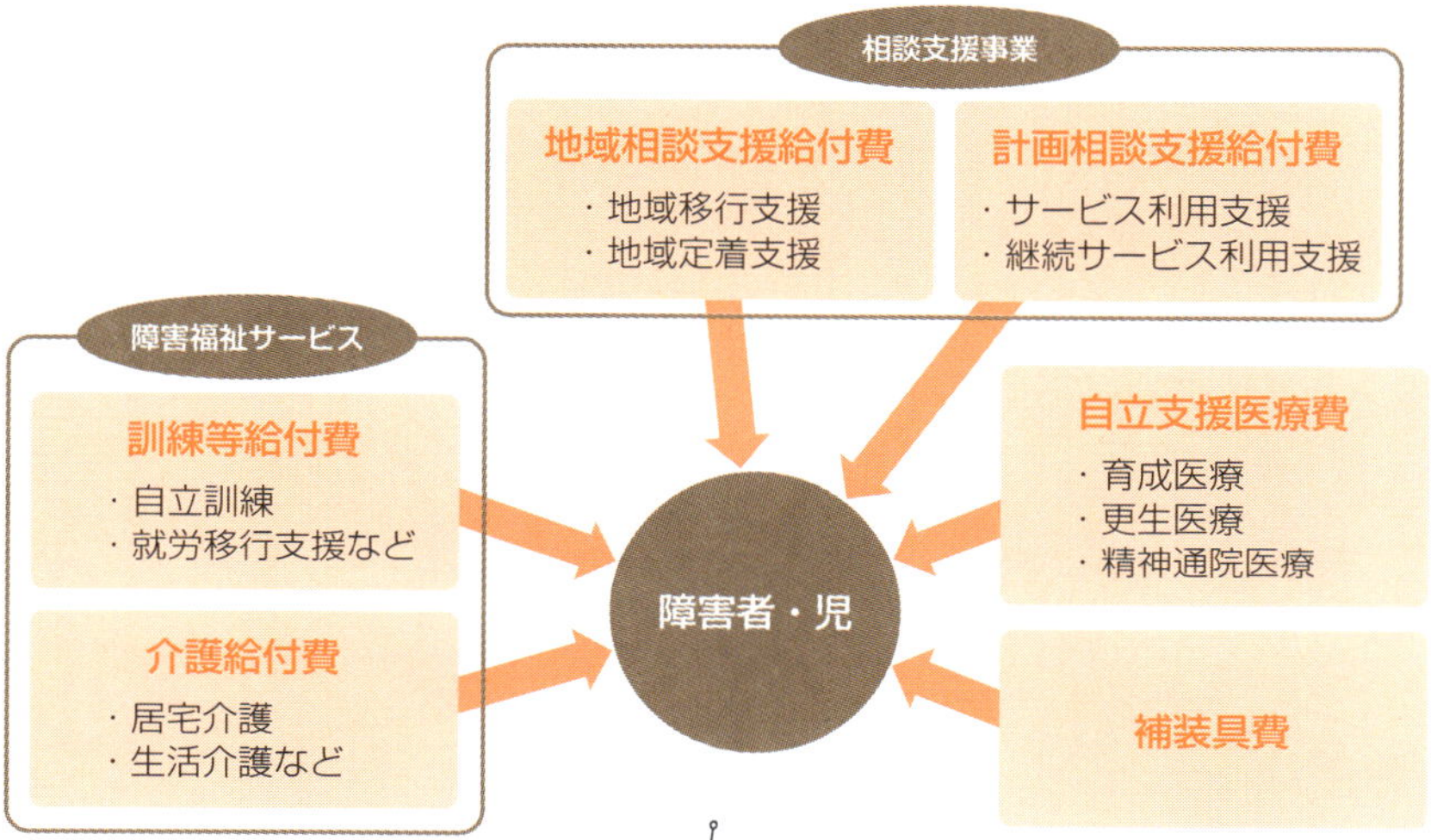

利用者個人に支給されるものは、すべて自立支援給付（個別給付）という扱いです。それ以外は、地域生活支援事業として規定されています。

地域活動支援センターや相談支援事業で実施する基本相談などは、地域生活支援事業です。

障害福祉サービスの体系

訪問系

- 居宅介護（ホームヘルプ）
- 同行援護
- 行動援護
- 重度訪問介護
- 重度障害者等包括支援
- 短期入所（ショートステイ）
- 自立生活援助

日中活動系

- 生活介護
- 療養介護
- 自立訓練
- 就労移行支援
- 就労継続支援
- 就労定着支援

居住系

- 障害者支援施設での夜間ケア（施設入所支援）
- 共同生活援助（グループホーム）

介護給付と訓練等給付の事業を、その性質に合わせて分類する場合もありますね。

在宅での生活をサポートするサービス

居宅介護は、人体でいうところの骨盤のように、地域生活を支える基盤となるものです。

在宅生活を支えるサービス

　障害者の社会参加を進めていくうえで、在宅での生活を守ることはとても大切な要素です。ですが、障害の内容によっては、1人で生活をすることができない人もたくさんいます。そこで入浴や排せつ、食事などの日常的な介護を提供するのが居宅介護です。よくホームヘルプサービスと呼ばれているものが、これにあたります。

　居宅介護は平成15年から始まった支援費制度から規定されていました。そのおかげか、現在でも多くの事業所が居宅介護事業を実施しています。平成27年12月の国民健康保険団体連合会（国保連）実績では、1万9245の事業所があり、16万1783人が居宅介護を利用していることがわかります。どこの町でも、自宅で生活できるような支援を受けることができるといえます。

利用しやすい制度のために

　居宅介護は生活を支えるための制度ということで、その対象も比較的広く設定されており、障害支援区分1以上の身体、知的、精神障害者となっています。居宅介護と聞くと、介護が必要な方だけが受ける、というイメージがありますが、家事援助や通院援助（身体介護がない）などは、知的障害や精神障害があって家事をするのが難しいという場合でも利用することができます。

　また、事業所に対しても、質の高いサービスを提供していたり、サービスが行き届きにくい中山間地域を対象にしたりすると出る加算（報酬がアップすること）などもあります。

　福祉サービスとはいえ、サービスを実施する事業所としても、中山間地域など、運営を続けていくための経営判断として、事業を導入しにくい地域というのは出てきてしまいます。経営判断の結果、サービスが届かない場所が生まれないように、加算という形で障害者の地域生活を守る設計がされているのです。

居宅介護のサービス内容

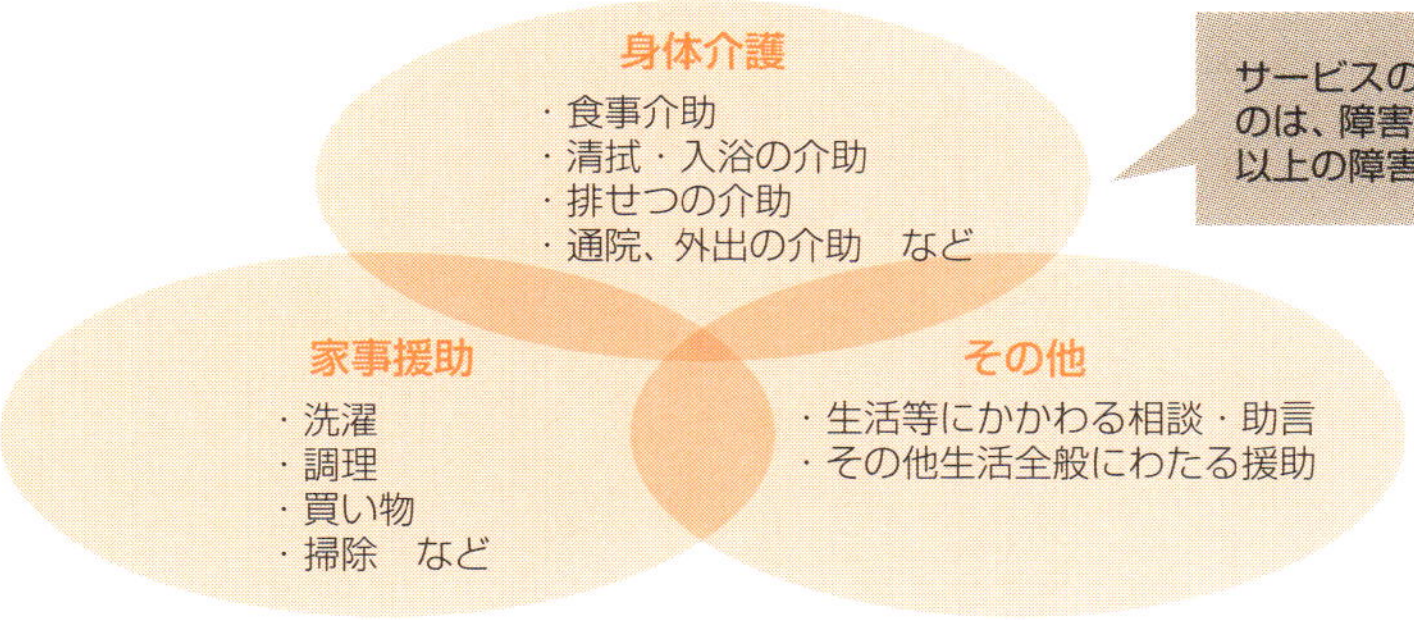

サービスの対象となるのは、障害支援区分1以上の障害者等

居宅介護の主な人員配置

●**サービス提供責任者**
（常勤の者のうち、1名以上）
・介護福祉士、実務者研修終了者等
・居宅介護職員初任者研修修了者等であって3年以上の実務経験がある者

●**ヘルパー**（常勤換算2.5人以上）
・介護福祉士、介護職員基礎研修修了者、居宅介護職員初任者研修修了者等

常勤換算は次の式で求められる

$$常勤換算＝常勤職員の人数＋\frac{非常勤の職員の勤務時間}{常勤の職員が勤務すべき時間}$$

ここでいう常勤とは、フルタイムで働く人のことを指すんですね。正規職員、非正規であることは問われないんですね。

居宅介護の利用状況

		居宅介護サービスの内容				
		身体介護が中心	通院介助が中心：身体介護を伴う	通院介助が中心：身体介護を伴わない	通院等乗降介助が中心	家事援助が中心
障害者	利用実人員（人）	70,212	15,600	6,913	2,412	93,615
	訪問回数合計（回）	1,187,813	56,632	18,457	20,306	938,347
	利用者1人当たり訪問回数（回）	16.9	3.6	2.7	8.4	10.0
障害児	利用実人員（人）	8,465	888	130	41	1,141
	訪問回数合計（回）	90,024	2,429	595	218	11,250
	利用者1人当たり訪問回数（回）	10.6	2.7	4.6	5.3	9.9

出典：厚生労働省 社会福祉施設等調査（平成28年9月）

特に身体介護と家事援助が多い！

注：1）9月中に利用者がいた事業所のうち、利用実人員不詳及び訪問回数不詳の事業所を除いて算出した。
2）居宅介護サービスの利用実人員は、サービスの内容別に利用者を計上している。

例えば、身体障害者や重度知的障害の場合は身体介護が多くなりますが、軽度知的障害や精神障害の場合は家事援助が中心になったりします。

常時介護を必要とする人たちのサービス

重度障害を持っていても地域で生活できるように支援します。

3障害を対象とした制度へ

前項で、居宅介護は地域生活を支える骨盤のようなもの、という話をしましたが、障害の程度によっては、居宅介護のサービス内容では不十分な方も多くいらっしゃいます。特に、1人で行動することがほとんどできない重度肢体不自由者は、ほぼ丸一日介護の必要がある場合もあります。

そのような人たちが地域で生活を送るための制度が「重度訪問介護」です。障害者自立支援法（以下、自立支援法）の時代は、重度訪問介護は一部肢体不自由者のみに限定されていました。しかし、平成26年の法改正では、3障害すべてを対象とした制度に生まれ変わりました。また、平成30年の改正で、訪問先が医療機関まで拡大されたことにより、医療機関に入院した場合でも、利用者の状況がよくわかっているヘルパーを継続的に利用できるようになりました。

重度障害者の手足の代わりに

居宅介護が短時間での支援とすると、重度訪問介護は、長時間の利用を想定した制度となっています。報酬単価も8時間までを基本と考えて、24時間利用できるように制度が組まれています。まさにヘルパーが重度障害者の手足の代わりとして生活を支えるといってもよいでしょう。

障害特性に応じた支援

知的障害や精神障害の場合、肢体不自由者が必要とする介護とは異なり、直接的な介護が必要というよりも、激しい自傷や他害行為、集団行動の困難などの行動障害によって介護が必要という場合が多く考えられます。そのため、行動障害に対する支援方法について新たな研修を設定するなど、障害に応じた対応が取れるように設定されています。また、支援計画を作成する際には、アセスメントで本人の特性や強みなどを把握して、場面や工程ごとに丁寧な計画を作ることが必要です。

重度訪問介護の利用状況

平成28年9月

障害者	重度訪問介護サービス	
		うち移動介護
利用実人員	18,504人	6,122人
訪問回数合計	455,249回	45,460回
利用者1人当たり訪問回数	24.6回	7.4回

※9月中に利用者がいた事業所のうち、利用実人員不詳及び訪問回数不詳の事業所を除いて算出した。
出典：厚生労働省「平成28年　社会福祉施設等調査の概況」

移動介護とは、外出時に移動の支援を行うことです。この図から見ると、月平均**7.4**回の利用となっています。重度の障害を持っている人の、家に閉じこもりになるのではなく、外へ出たいという思いが見えてきますね。

行動障害を有する者に対する支援のあり方

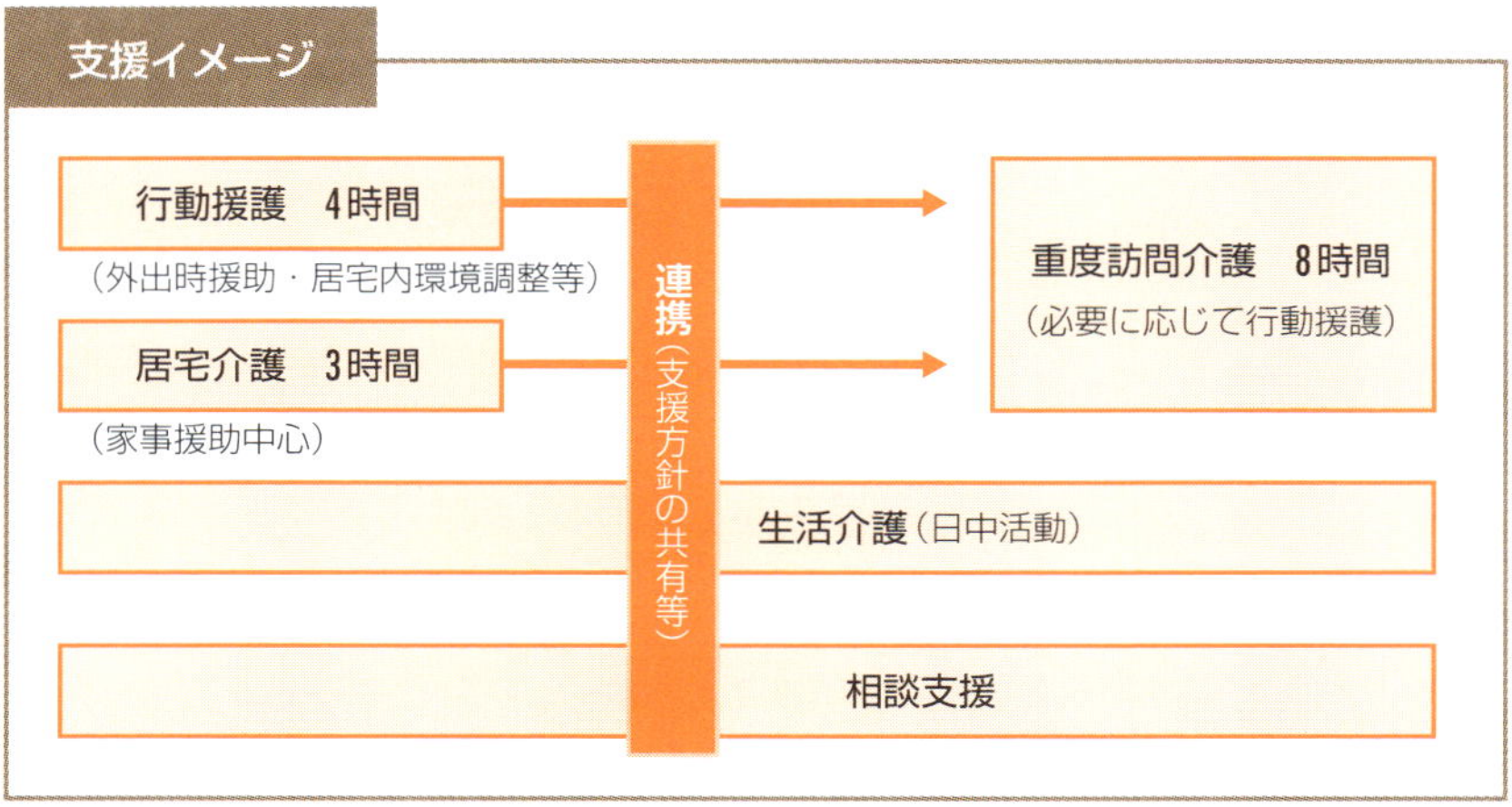

肢体不自由者と知的障害や精神障害では、障害特性が異なります。このため、対応できる障害を明確にするために、「主として肢体不自由者に対応する重度訪問介護」と、「主として行動障害を有する者に対応する重度訪問介護」を標ぼうできることになっています。

外出活動を支援するサービス

視覚障害者が安全に外出できるようにするための支援です。

視覚障害者に対する障壁

視覚障害者の外出支援といえば、身近にある点字ブロックや、音の鳴る信号機などが想像できるかと思います。しかし、点字ブロックの上に自転車が止まっているのを見かけるのもしばしばで、十分に環境が整っているとはいえません。また、慣れた道で問題なく移動はできたとしても、目的地に書かれている文字は、点字併記されていない限り読むことができません。

単なる介護ではない同行援護

もともと視覚障害者の外出支援は、ガイドヘルパー事業として実施されてきました。自立支援法が制定される際、ガイドヘルパー事業は、地域生活支援事業の一事業（移動支援事業）として位置づけられ、その後、平成23年に自立支援給付の1つとして同行援護がスタートしました。単なる介護ではなく「視覚情報の提供」として位置づけられています。

日常生活を支える支援

同行援護は、視覚障害者の外出保障を定めたものですが、ただ目的地まで同行すればいいというものではありません。移動に必要な情報を提供すること、それに目的地での代筆・代読が業務として規定されています。まさに、その人の目となるサービスを提供する制度といえます。

同行援護の範囲は、「通勤・営業活動等の経済活動に係る外出、通年かつ長期にわたる外出及び社会通念上適当でない外出を除き、原則として1日の範囲内で用務を終えるもの」とされています。このため、仕事や学校などは範囲に入りませんが、日常的な買い物、余暇活動などで利用することができます。

今まで視覚障害者が外に出るためには、地域による制度のばらつきや設備の状況等、多くの課題がありました。同行援護によって、その課題の多くを解消できることが期待されています。

移動サービスのイメージ

障害の種類		障害度	自立支援給付	地域生活支援事業
身体障害者	肢体	重度	重度訪問介護 重度包括支援	移動支援事業
		軽度	—	
	視覚	重度	同行援護	
		軽度	—	
	聴覚	重度	—	—
		軽度	—	—
知的障害者		重度	重度訪問介護 行動援護	移動支援事業
		軽度	—	
精神障害者		重度	重度訪問介護 行動援護	
		軽度	—	

移動サービスは、安全を確保したりとか、外出の判断を見極めたりなどと、ただの付き添いとは違うので、支援者にも一定の能力が求められるんですね！

サービス提供者の資格要件

いずれかの資格が必要

- 同行援護従業者養成研修（一般課程）の修了者

  介護福祉士等については、平成30年3月までの間においては、同行援護従業者養成研修（一般課程）の修了者の修了者とみなされる

- 居宅介護従業者の要件を満たす者 ＋ 1年以上の視覚障害に関する実務経験

- 国立障害者リハビリテーションセンター学院視覚障害学科の教科を履修した者（または準ずる者）

特定の宗教の普及活動や、特定の政党を支持する政治活動などは、同行援護では認められていません。ただし、個人の信仰する宗教行事や選挙の投票は認められます。

身体介護が必要な場合・必要ではない場合によって、基本報酬単価は異なります。なお、必要ない場合は、区分認定は必要ありません。

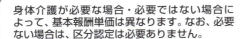

日常生活での危険回避を行うサービス

こちらも外出など知的障害者、精神障害者の行動を支援するサービスです。

重度知的・精神障害者が対象

外出先で、てんかん発作をコントロールできなかったり、自閉症を持つ方がパニックを起こしたりすると、その身に危険が及ぶことがあります。また自傷行為や異食、徘徊など、重度の障害によって引き起こされる状況に対する支援が行動援護です。この制度は、知的障害者と精神障害者を対象として設置されました。

危険回避や予防的対応を行う

行動援護は、いわゆる身体介護も含まれますが、特徴的なのは、行動するときに起こりえる危険を回避するための援護を行うことです。また、初めての場所では不安定になってしまう人も多いことから、不安が出ないように予防的対応を取ること、パニックになってしまったときなどに落ち着かせるための対応を取ることなどが規定されています。この制度を利用することで、レクリエーションで街中に遊びに行く、官公庁に手続きに行く等、普段パニックが起きてしまったらどうしようと、不安で行くことができなかった場所へ行くことができるようになります。

誰でも使えるサービスになるには

とはいえ、パニックになる原因やその対処法などは人それぞれで、支援者も相当の技術を必要とします。このためサービス管理責任者には、養成研修修了後、知的障害者や精神障害者の直接処遇経験を3年以上、ヘルパーにも養成研修の受講が必修化される（平成30年3月までは経過措置あり）など、サービス実施側に厳しい条件を示しています。そのためか、事業所数は平成27年10月において1122と、まだまだ十分な量とはいえません（平成28年社会福祉施設等調査より）。

制度自体は重度障害者の社会参加を支える大変重要なサービスであり、事業所の増加など、使いやすいサービスとなることが求められています。

行動援護のサービス内容

行動する際に起こるかもしれない危険を回避するために必要な援護
外出時における移動中の介護
排せつ・食事等の介護　その他の行動の際に必要な援助

予防的対応	あらかじめ目的地での行動等を理解させる等
制御的対応	起こしてしまった問題行動を、適切に収める等
身体介護的対応	便意の認識ができない者の介助等

ただし行動援護は、同行援護と同様に、経済活動に関係した外出（通勤や営業活動等）や、長期にわたる外出（通学・通所）、また社会通念上適当ではない外出は、対象外とされています。また、報酬単価は30分からとされているので、あんまり短い時間では利用できません。

行動援護の専門性

視点

・障害特性や、利用者が抱える課題について、的確に把握するための視点を持っている。

計画作成

・利用者それぞれのニーズに合わせた計画を立て、安心して外出ができるよう十分な事前準備を行う。単なる移動補助ではなく、利用者の要望に応じて、今まで行ったことがない場所に行くための援助を行う。

支援技術

・外出時に何らかのトラブルが起きた際に、適切に対応することができるよう、十分な研修を受けるなど、支援者の技術が担保されている。

地域生活支援事業で行われる移動支援とは違い、より利用者の希望に沿った支援を受けることができますが、現状としては利用状況はそこまで多いとはいえません。

複数のサービスを包括的に行う

重度障害者等包括支援は、常に介護が必要な方に対する総合的な支援です。

最重度の障害者を支える制度！

総合支援法では、必要なサービスをそれぞれ個別に申し込んで、組み合わせることが基本です。しかしそれだと、急に契約していないサービスが必要になったときに、いちいち契約をし直さなければならないことになり、特に多くの支援が必要となる重度障害者にとっては使いにくいものになります。

そこで、最重度の人たちの地域生活を支えるための仕組みとして、重度障害者等包括支援が設定されています。これにより、緊急のニーズに対しても、臨機応変にサービスを調整することができます。

利用が進まない実態がある

もともと重度障害者等包括支援は、筋ジストロフィーや脊椎損傷、筋萎縮性側索硬化症（ＡＬＳ）の患者さんなどのニーズに対応して生まれた制度です。最重度の障害を持つ人たちにとって、途切れない包括的な支援は、まさに命をつなぐものともいえます。

ですが、実際のところ、重度障害者等包括支援が十分に活用されてきたか、というとそうでもありません。

例えば、この事業を行う事業者は、24時間利用者と連絡が取れるようにし、各種サービスを提供できる環境を整える必要があります。しかし、それを実際にしようと思うと、すべての事業を自前で運営することは難しく、どうしても他機関に協力を求めなければいけません。そのため、利用者の状態に合わせてサービスの調整を各機関等と行うことが必要となります。平成29年4月の実績では実施事業所はわずか10件、利用者数も31名にとどまっており、身近なサービスとはいいがたいです（国保連実績）。

とはいえ、最重度障害者にとって途切れない包括的な支援が必要とされている実情があることには変わりません。実施には様々な課題がありますが、うまく活用ができることが期待されています。

重度障害者等包括支援の対象者

この制度の対象となるのは、常時介護が必要で、その介護の必要程度が著しく高い障害者です。つまり、「障害支援区分が区分6（または心身の状態が区分6に相当する障害児）で、意思疎通を図ることに著しい支障がある者であって、下記のいずれかに該当する」人が対象です。

類型		状態像
重度訪問介護の対象であって、四肢すべてに麻痺等があり、寝たきり状態にある障害者のうち、右のいずれかに該当する者	人工呼吸器による呼吸管理を行っている身体障害者（Ⅰ類型）	筋ジストロフィー 脊椎損傷 ALS 遷延性意識障害　等
	最重度知的障害者（Ⅱ類型）	重症心身障害　等
障害支援区分の認定調査項目のうち行動関連項目等（12項目）の合計が10点以上である者（Ⅲ類型）		強度行動障害　等

運営基準

- 利用者と24時間連絡対応が可能な体制を確保できる
- 2つ以上の障害福祉サービスを提供できる体制を確保できる（第三者への委託も可）
- 専門医のいる医療機関と協力体制がある
- サービス利用計画を週単位で作成すること
- 提供するサービスにより、最低基準や指定基準を満たす

利用者の状況により組み合わせてサービスを提供する制度

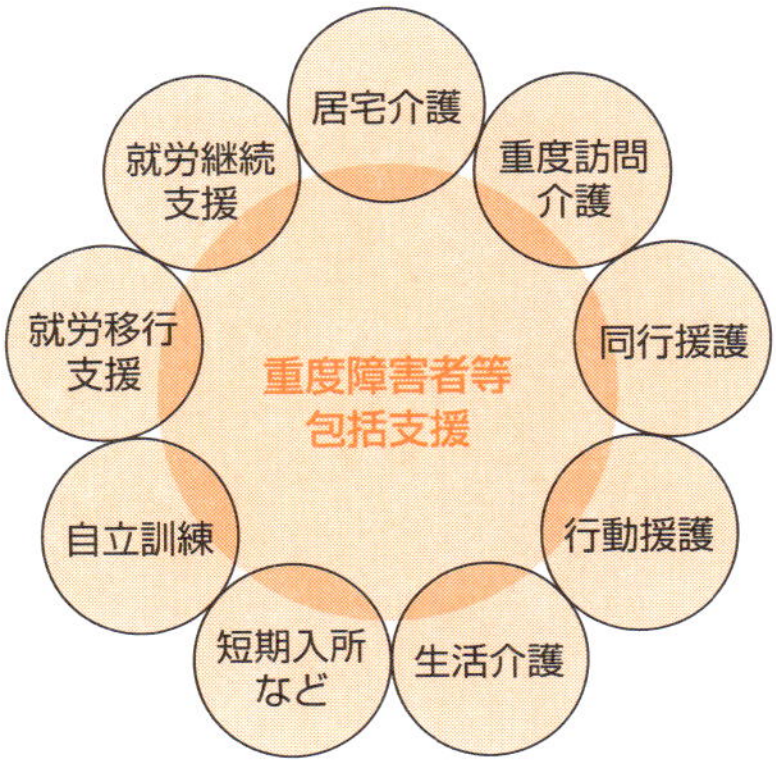

重度障害者等包括支援の制度を進める際の壁として、様々な課題 ── ①コスト面、②人材面、③対象者規定、④サービス内容の認知等の課題があります。国においても、対象者や報酬についての議論がなされています。

短期間の入所支援を行うサービス

家族の支援を一時的に受けることができないときに短期で利用できる支援です。

一時的に入所支援を行う

地域で生活するうえで、家族による支援はとても大きな役割を担っています。しかし家族とはいえ、365日休まず支援できるわけではありません。体調を崩すこともあれば、数日出張で不在にしなければならないこともあるでしょう。お願いできる人が近くにいない、でも居宅介護だけでは生活できるかわからない……。そんなときに利用できるのが短期入所です。

3障害問わず、施設内で入浴、排せつ、食事等の介護や、日常生活上の支援を行うもので、あくまでも、通常は自宅で生活をしている方への一時的な施設サービスになります。

地域生活を進めるための骨盤

短期入所は「ショートステイ」とも呼ばれ、ホームヘルプ、グループホームと並んで、地域生活を支える制度の骨盤ともいえるものです。安心して地域生活を送るうえで、何かあったときの受け皿は必要です。短期入所は困ったときの一時的な受け皿として、なくてはならない存在であるといえます。

レスパイトケアの役割も

短期入所は、家庭内での介護が一時的にできなくなったときに実施するものですが、必ずしも病気などの理由に限定したものではありません。

たとえ家族であったとしても、介護には相当の負担がかかります。介護疲れで家族も休みたい。そうしたときに短期入所を利用することも可能です。家族を癒やすために、外部のサービスを利用してリフレッシュすることを「レスパイトケア」といいます。

日本では「家族ががんばらなきゃいけない」という固定観念があり、家族がケアを休むことの必要性について社会的認識がまだ十分ではないことが課題として挙げられています。地域生活を無理なく続けていくためにも、短期入所をうまく利用できるようにしていくことが必要です。

短期入所の対象者

障害者支援施設等で実施可能	福祉型	●障害支援区分1以上の障害者 ●障害児の障害の程度に応じて、厚生労働大臣が定める区分における区分1以上に該当する障害児
病院、診療所、介護老人保健施設で実施可能	医療型	遷延性意識障害児・者、ALS等の運動ニューロン疾患の分類に属する疾患を持つ者、重症心身障害児・者等

このサービスは、家の介護者が病気などの理由によって、障害者支援施設などへの短期間の入所が必要になったときに利用できます。

自立支援給付として利用できる日数については、市町村の判断によって決定されます。

短期入所の事業所の形態

併設事業所	指定障害者支援施設や児童福祉施設など、入浴・排せつ・食事の介護など必要な支援を適切に行うことができる入所施設（以下、指定障害者支援施設等）に併設されていて、指定短期入所の事業を行う事業所として、指定障害者支援施設等と一体的に運営を行う事業所
空床利用型事業所	利用者に利用されていない指定障害者支援施設等の全部あるいは一部の居室において、指定短期入所の事業を行う事業所
単独型事業所	指定障害者支援施設等以外の施設であって、利用者に利用されていない入浴・排せつ・食事の介護など必要な支援を適切に行うことができる施設の居室において、指定短期入所の事業を行う事業所

併設事業所は、事業に支障が生じない場合で、さらに専用居室をきちんと用意して実施する場合に限って、実施できるんですね。

病院で医療的ケアが受けられるサービス

療養介護は医療的ケアと介護の両方が必要な方のために医療機関が行うサービスです。

医療機関で実施される

ＡＬＳや筋ジストロフィー、重症心身障害など、障害によっては、医療的ケアが常時必要になる方もいます。

そのため、介護とともに医療的ケアを提供できるように設置されたのが療養介護です。医療的ケアが必要になるため、当然医療機関で実施することになります。これは、従来からある筋ジストロフィー病棟や重症心身障害児(者)施設などの機能に合わせたものです。

患者の自己決定を促す制度

療養介護の対象となる疾患の1つ、筋ジストロフィーのための病棟が旧国立療養所（現在の独立行政法人国立病院機構の病院）に開設されたのは昭和39年のことでした。その後医療の進化に伴って、平均余命が延びていくなか、単なる治療にとどまらない、患者の自立に向けた運動が行われるようになります。

現在、筋ジストロフィー患者のなかには自立生活をしている人もいれば、自ら病棟に入院し続けることを決めた人もいます。自立している人は重度障害者等包括支援などを、病棟に残る人は療養介護を利用することになります。

地域に戻るか、そのまま入院を続けるか、どちらにもメリット・デメリットがあります。どちらかがよい、というわけではありません。療養介護は、患者自らが、積極的に自身の療養について決定していくことを促したものといえるでしょう。

望む生活を送れる社会に

療養介護は、療養生活のなかに人生の意味を見出して、創造的な活動や自己実現を図る活動をされている患者さんたちのために、なくてはならない給付です。しかし、一方で退院はできないという気持ちを抱えたまま病棟で過ごす人がいるのも事実です。どのような人でも望む生活が可能となる社会を築いていかなければならないことが、療養介護の現場から垣間見えます。

療養介護の対象者

病院などでの長期入院による医療的ケア、さらに常時の介護をも必要とする身体・知的障害者	①筋萎縮性側索硬化症（ALS）患者など、気管切開を伴う人工呼吸器による呼吸管理を行っている者であって、障害支援区分6の者
	②筋ジストロフィー患者または重症心身障害者であって、障害支援区分5以上の者
平成24年3月31日において、現に重症心身障害児（者）施設または指定医療機関に入院している者であって平成24年4月1日以降に療養介護を利用する①②以外の者	

療養介護では、単純に医療だけ、介護だけという考えではなくて、医療や看護、療育、リハビリテーション、介護、さらに学校教育がチームを組んで、その人に応じたプログラムを立案・実施していますね。

地域移行加算として、退院後の生活について相談援助を実施した場合や、退院後に自宅で相談援助を行った際に加算がつくことになっています（どちらも1回のみです）。地域生活をしたいという方を、加算という形でフォローしているといえます。

重症心身障害児（者）の判定に用いられる「大島の分類」

運動機能＼知能（IQ）	走れる	歩ける	歩行障害	坐れる	寝たきり	IQ	
	21	22	23	24	25	80	境界
	20	13	14	15	16	70	軽度
	19	12	7	8	9	50	中度
	18	11	6	3	4	35	重度
	17	10	5	2	1	20	最重度

※図の1から4までを、通常重症心身障害児（者）としている。

重症心身障害は、重度の肢体不自由と知的障害が重複した障害をいいます。「大島の分類」は、大島一良氏によって考案された判定方式で、身体能力と知能指数の状態から判断をします。

介護と創作活動等を組み合わせたサービス

生活介護は施設に通いながら介護を受けたい人のための支援です。

介護が必要な人の日常生活の場として

支援費制度から自立支援法に移行する際、多くの施設が、今いる利用者にとって自分の施設がどの体系に移行するのがよいのかで悩みました。当時の知的障害や身体障害の施設は介護が必要な人も多く、居場所としての意味合いが強い施設もありました。結果、そのような施設が多く移行したのが、この生活介護です。

生活介護は、食事や排せつなどの介護や日常生活上の支援のほか、創作的活動や生産活動といった機会の提供が定められており、旧法時代から行われている内職や自主製品作成などの授産活動は、これに該当するとして捉え、以前とほとんど変わらない支援体制を取っている施設がほとんどです。また、介護があまり必要ない人たちのために、就労継続支援B型などを併設しているところも多くあります。

日常生活を楽しむために

生活介護は、あくまでも常時介護が必要な人に対する制度ですので、原則障害支援区分が3以上の人を対象としています。居場所としての役割も大きいことから、比較的通所期間が長く、年齢を重ねている人も多くいます。

施設が提供している創作的活動、生産活動は様々で、自主製品の製作から、パンや焼き菓子の製造、企業からの内職など多岐にわたります。地元密着の請負作業をしているところも少なくなく、スーパーなどから出る食品廃棄物を加工して、牛などに与える家畜用の肥料を作っている事業所もあります。

しかし、生活介護で行う活動は、就職のための技能習得や、生活費を稼ぐことが一番の目的ではありません。必要とされる介護のレベルは様々で、比較的難しい作業ができる人もいれば、非常に簡単な作業しかできない人もおり、支援者は作業内容の検討や治具《じぐ》の開発を通じて、1人ひとりの可能性を引き出しています。

生活介護の対象者

地域や入所施設において、安定した生活を営むため、常時介護等の支援が必要な者	①障害支援区分が区分3（障害者支援施設等に入所する場合は区分4）以上の者
	②年齢が50歳以上の場合は、障害支援区分が区分2（障害者支援施設等に入所する場合は区分3）以上の者
	③障害者支援施設に入所する者であって、障害支援区分が区分4（50歳以上の場合は区分3）より低い者のうち、指定特定相談支援事業者によるサービス等利用計画の作成の手続きを経た上で、市区町村が利用の組み合わせの必要性を認めた者

幅広い年齢層が利用することから、高年齢の方に対する枠組みも存在します。

生活介護の主な人員配置

平均障害支援区分	人員配置（利用者：従業者）	従業者の対象職種
4未満	6：1	・看護職員 ・理学療法士または作業療法士 ・生活支援員
4以上5未満	5：1	
5以上	3：1	

※看護職員の数は、生活介護の単位ごとに、1以上とする。

生活介護では、利用者の障害程度に応じて、ふさわしいサービスの提供体制が確保されるよう、利用者の平均障害支援区分に応じた人員配置の基準を設定しています。

生活介護の活動内容

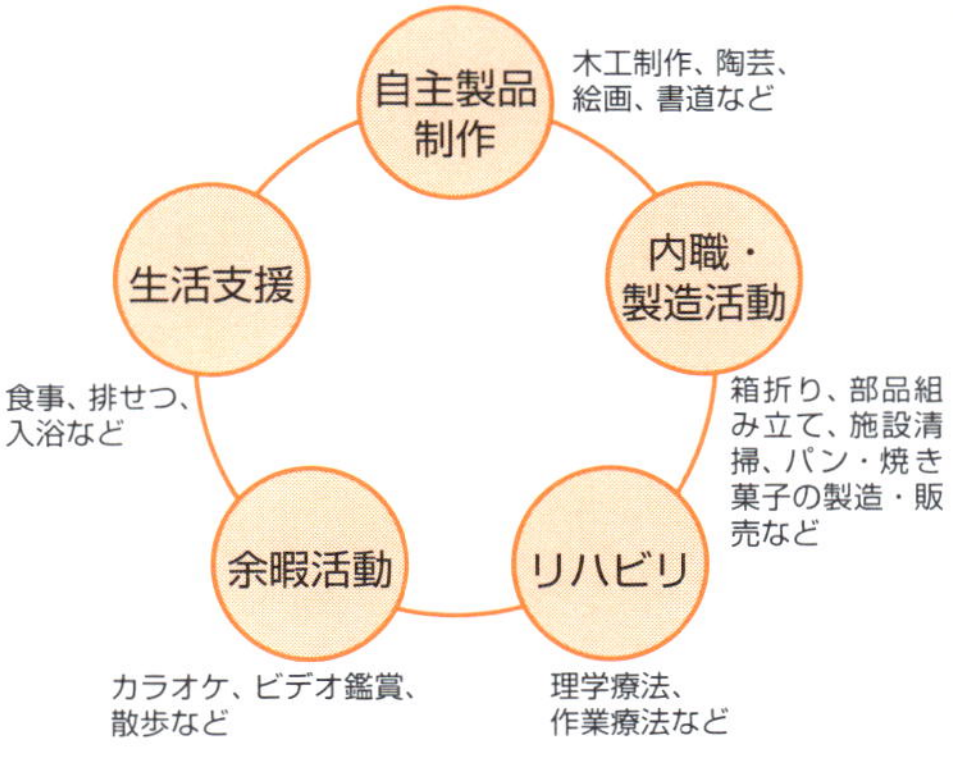

活動内容は、いろいろありますね。施設には利用者の生活をサポートする「生活支援員」がいて、通所している方が日常生活を楽しむことができるよう、状況に合わせて日々工夫しているんですね。

障害者支援施設で夜間ケアが受けられるサービス

日中は通所施設で、そして夜もサービスを受けたい人のための支援です。

サービスの選択がより自由に！

以前あった入所更生施設は、施設内で生活をしながら訓練を受ける、という、生活と訓練が一体となった形で運営されていました。この場合、基本的には施設で提供されている訓練しか受けることができず、必ずしも自分に合った支援を日中受けられるわけではありません。ですが、通所施設は住居機能を持っていませんでしたので、そこにある支援で我慢するしかなかったのです。

施設入所支援（障害者支援施設での夜間ケア等）は、そのジレンマを解消するために設置されたサービスです。日中活動と、暮らすための施設を分けることによって、利用者がより自由にサービスを組み合わせることができるようにしたのです。

日中活動をすることが前提

そのため、この制度は原則として、日中活動の場がある人を対象にしています。また、入所更生施設だった施設は、施設入所支援に加えて、日中のサービスとして生活介護や自立訓練などを行うなど、元からいた人が同じようなサービスを受けることができるように対応しています。なお、このように施設入所支援と一緒に、日中に別の障害福祉サービスを実施している施設のことを、障害者支援施設と規定しています。

地域移行も視野に

施設入所支援は地域移行支援の対象でもあります。入所されている人の状況は様々ですが、外で暮らせる能力があるものの実際に暮らすのは不安、など、様々な理由で社会的入所を続けている人も少なくありません。施設入所支援のスタッフは、入居者それぞれの状態を理解し、その人それぞれが自分らしい生活をするためには、どのような支援が望ましいのかを考えながら、接していくことが必要といえるでしょう。

施設入所支援の対象者

夜間において ・介護が必要な者 ・入所させながら訓練等を実施することが必要かつ効果的であると認められる者 ・通所が困難な、自立訓練または就労移行支援等の利用者	①生活介護利用者のうち、区分4以上の者（50歳以上の場合は、区分3以上）
	②自立訓練または就労移行支援の利用者のうち、入所させながら訓練等を実施することが必要で、かつ効果的であると認められる者または通所によって訓棟を受けることが困難な者
	③特定旧法指定施設に入所していた者であって継続して入所している者、または地域における障害福祉サービスの提供体制の状況その他やむを得ない事情により通所によって介護等を受けることが困難な者のうち、①または②に該当しない者、もしくは就労継続支援A型を利用する者

施設入所支援のサービス内容

- 居住の場の提供
- 入浴、排せつ、食事、着替え等の介助
- 食事の提供
- 生活等に関する相談や助言
- 健康管理

夜間の入浴、排せつといった介護や、日常生活上の 相談支援等を行います。利用期間については、生活介護の利用者は制限がありませんが、自立訓練や就労移行支援の利用者は、当該サービスの利用期間に限定されます。

サービスのイメージ

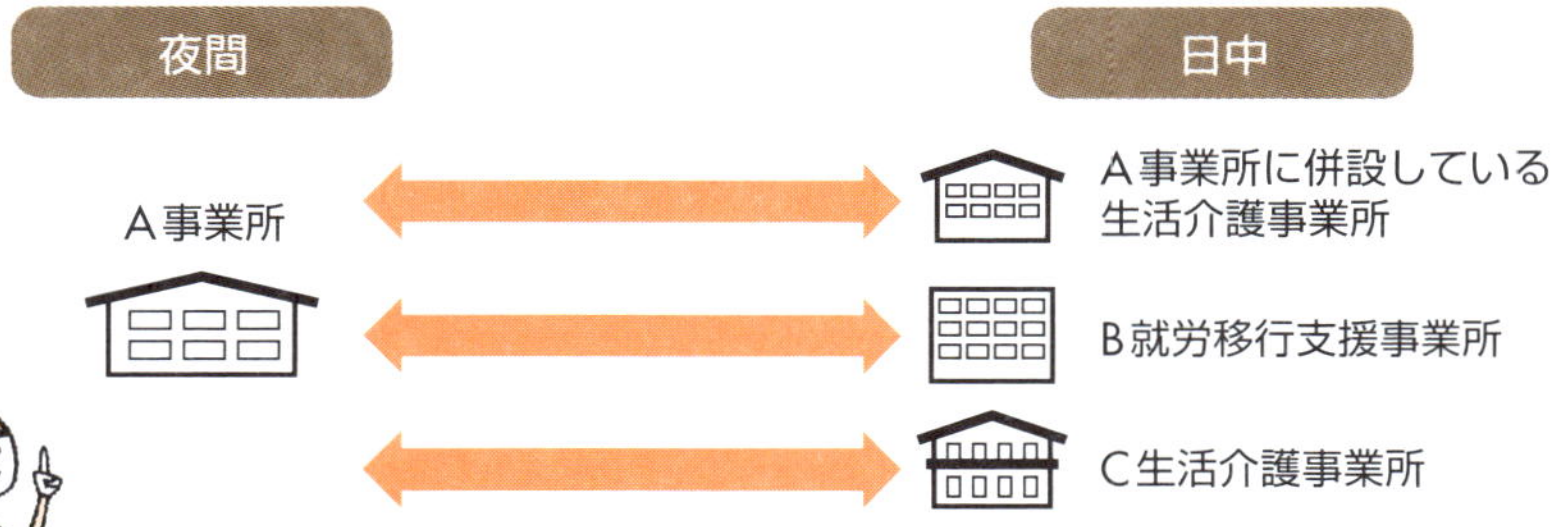

日中は他の施設で就労支援といったサービスを受け、夜には戻ってきて暮らしのためのサービスを受けることができるんですね。

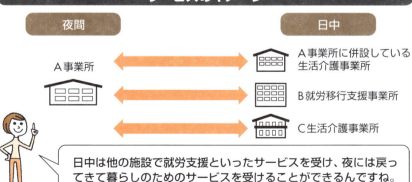

複数の人が生活をともにするサービス

グループホームは、外で暮らしたいけど、1人で暮らすのはまだ不安な人のための支援です。

地域生活を支える要の1つ

グループホーム（共同生活援助）は、居宅介護、短期入所と並んで、障害者の地域生活を支えるための中心ともいえる制度の1つです。障害を持った人たちが共同生活を送り、職員はその手助けをする、という形は、特に親亡き後の支援の要として注目されていました。

入所には日中活動する場があることが求められています。また職員体制は、1施設に世話人1人配置される程度で、主に生活のフォローをする役割を担います。そのため利用者は、ある程度の自活能力がある人に限られます。

様々なニーズに合わせた運用

障害者の高齢化が進むなか、グループホームは親亡き後の役割を担うことがますます求められますが、同時に高齢化に伴うケアも必要になってきました。以前は、介護が必要な場合にはケアホーム（共同生活介護）が適用されてきましたが、平成26年度よりグループホームに一体化することとなりました。ケアホームはなくなってしまいましたが、その代わりに外部の居宅介護事業所と連携することで、入居者の状況に合わせた介護の提供ができるようになっています。

また総合支援法では、1人で暮らしたいというニーズに応えるため、本体住居との連携を前提にした「サテライト型住居」が創設されています。サテライト型住宅は、民間のアパートなどで生活し、余暇活動や食事などは本体となる住居を利用するもので、本体住居につき原則2か所が上限とされています。

家賃の補助もある

また、利用促進のために、グループホーム入居者に対する助成もあります。生活保護や低所得の世帯に限られますが、家賃を対象に特定障害者特別給付費として上限1万円の助成が下りることになっています。

共同生活援助の類型ごとのサービス内容

	外部サービス利用型	介護サービス包括型
基本的性格	・障害支援区分にかかわらず利用可能 ・介護の提供については、外部の居宅介護事業所等に委託	・障害支援区分にかかわらず利用可能 ・当該事業所の従業者が介護を提供
標準的な支援内容	・日常的に必要な相談・援助 ・食事の提供、健康管理、金銭管理の援助、計画作成、緊急時対応 ・介護サービスの手配（アレンジメント）	・日常的に必要な相談・援助 ・食事の提供、健康管理、金銭管理の援助、計画作成、緊急時対応 ・食事、入浴、排せつ等の介護

グループホームとケアホームが一体化して、
グループホームで介護が受けられるようになったんですよね。

グループホームのイメージ

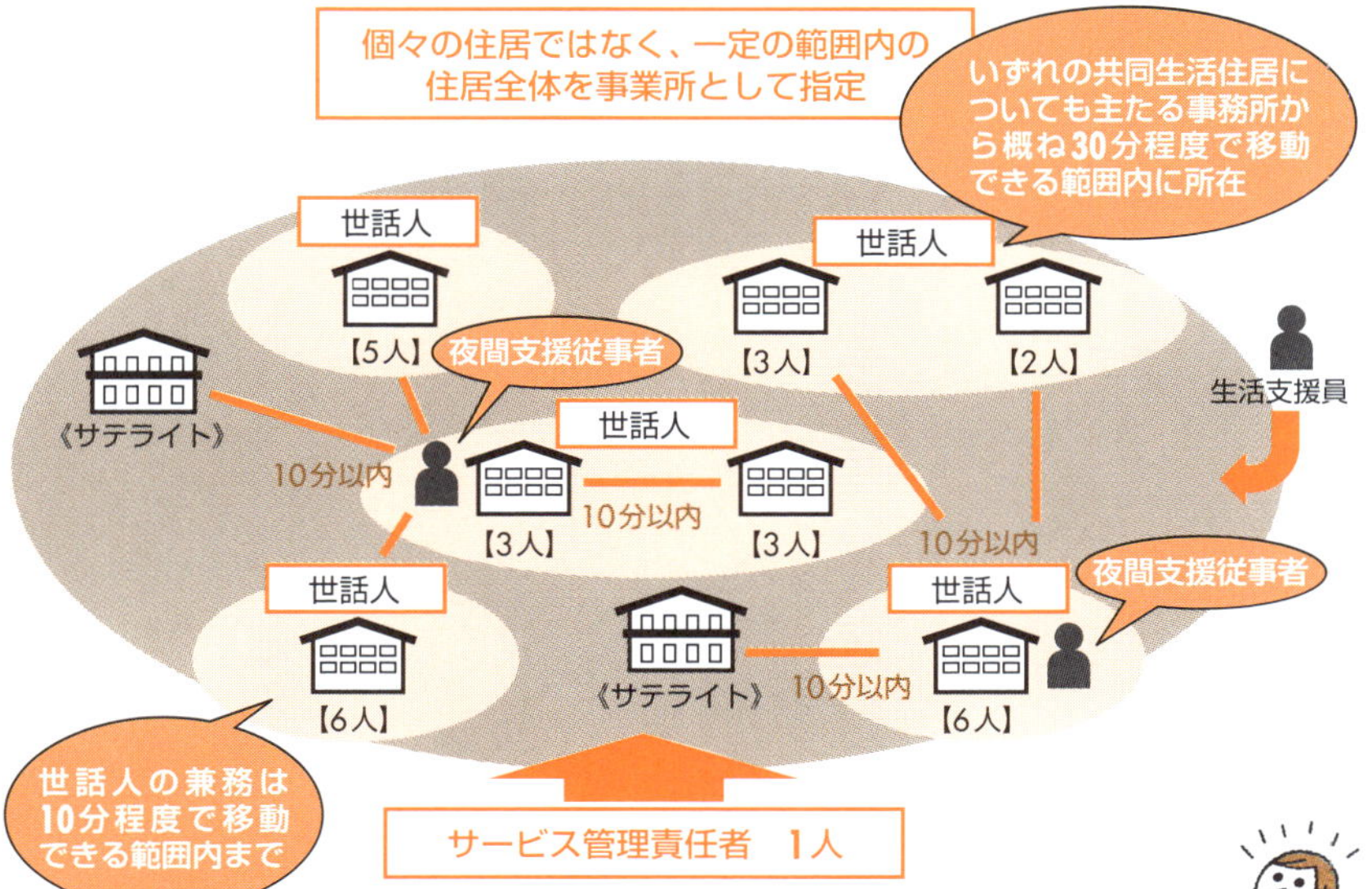

サービス管理責任者は、全体の調整をする人のこと、
世話人は、グループホームに通いや住み込みで生活の支援
（食事の支度や生活費の管理など様々）をする人のことですね。

一人暮らしをサポートするサービス

賃貸住宅などで一人暮らしをするのが不安な方を、巡回訪問や臨時対応を通してサポートします。

一人暮らしを始めたものの……

自立生活援助は、今回の法改正で新たに開始されるサービスです。種類としては、訓練等給付に該当します。

一人暮らしに向けた支援自体は、従来も入所施設や医療機関内などで行われていましたが、いざ実際に一人暮らしを始めてしまうと、日々の様子を確認することはできません。ホームヘルプサービスなどを導入していれば、週に何度かは様子を見に行くことができますが、それは決められた日時にしか訪ねることができず、緊急の対応などは行えません。このため、一人暮らしを始めたものの、掃除や洗濯ができずに不潔な状態が続いてしまったり、近所から苦情が来たりと、トラブルを起こしてしまうケースもありました。そこで、一人暮らしを円滑に進めていけるようサポートすることが自立生活援助の役割です。

不安な地域生活を支える

自立生活援助では、定期的に利用者の居宅を訪問して、食事や洗濯、掃除の様子の確認、家賃など生活費の支払状況、地域住民との関係などを確認し、必要に応じたアドバイスや、医療機関等との連絡や調整を行います。また、急に困ったことが起きたときなど、利用者からの相談要請に対しては、訪問や電話、メールなどで随時対応を取ることになっています。

もちろん一人暮らしを始めたら、ある程度の生活力を身につける必要があるので、このサービスの利用期間は原則1年間となっています。期間限定サービスではありますが、これまで自信がなくて一人暮らしに踏み出せなかった人が「1年間のサポートがつくのであれば地域での生活を希望する」というケースは少なくないと思われます。

地域で生活するという、当事者からすれば「不安との闘い」ともいえる状況のなかで、一緒になって考えてくれる人の存在は、とても大きなものといえるのではないでしょうか。

自立生活援助の具体的内容は？

対象者	**AとBを両方満たす人** **A**：定期的な巡回訪問によって、あるいは随時通報によって、必要な情報の提供や助言などの援助が必要な障害者 **B**：居宅において単身（あるいは家族と同居している場合でも家族等が障害、疾病等）で暮らしているため、自立した日常生活を営む上で、様々な問題に対する支援が見込めない状況にある障害者 **※具体的な対象者** ① 障害者支援施設等の退所者、グループホームの退居者、精神科病院等の医療機関を退院した者であって、障害に起因する疾病等により入院していた者（退院等から3か月以内の者に限る） ② 現に「障害、疾病等を有する家族と同居」している者であって、単身生活をしようとする者 ③ 自立生活援助を利用することにより、自立した日常生活や社会生活を営むことが可能と判断される者 ※②・③は現に地域生活をしている障害者
利用期間	1年間 ※利用期間終了後について、市町村審査会における個別審査を経てその必要性を判断した上で適当と認められる場合には更新を可能とする
サービス内容	・定期的に巡回する、あるいは随時通報を受けて訪問する ・相談に対応するなどして、障害者の状況を把握する ・必要な情報を提供・助言したり、相談に対応する ・関係機関（計画相談支援事業所や障害福祉サービス事業所、医療機関など）との連絡調整を行う ・障害者が自立した日常生活を送るための環境整備に必要な援助を行う

このサービスの目的は、一人暮らしを始めるにあたり、自立に必要な「理解力や生活力」を補うということですね。そのための支援を行う、と。

そうです。それをふまえて、定期訪問や随時対応などを行い、生活状況をモニタリングしたり助言したりします。ほかにも、計画相談支援事業所や医療機関等との連携や、近隣住民などインフォーマルな関係構築を含めた生活環境の整備を行います。地域生活を続けるための支援では、暮らしやすい環境づくりはとても大切です。

自立生活を送る訓練をしたい人のためのサービス

自立訓練は、生活能力の維持・向上のための支援です。

地域生活を送るうえでの能力を育てる

地域生活を送るうえで、様々なサポートが用意されているとはいえ、一定程度の能力があったほうが、より自分自身の望む生活を送れることは間違いありません。

そこで、地域生活を送るために必要な、身体能力や生活能力の維持・向上を目的として行われるのが自立訓練です。この自立訓練は、身体障害者を対象とした「機能訓練」と、知的障害者・精神障害者を対象とした「生活訓練」に分けられます。

身体障害者のための機能訓練

機能訓練は、身体障害者を対象としていますので、理学療法や作業療法を活用して支援を行います。

対象者は、入所していた施設や学校を退院した人で、「身体的なリハビリテーションが地域生活を送るうえで必要」と判断されていることが条件になっており、通所や訪問によって必要な訓練を受けることになります。

肢体不自由者を対象にした日常生活動作の訓練や福祉用具を使った訓練のほか、視覚障害者を対象にした移動・コミュニケーション訓練などを行う事業所もあります。

生活能力を高める生活訓練

生活訓練は、知的障害者や精神障害者を対象としていますので、身体的なリハビリテーションというのは原則ありません。代わりに、食事や家事など日常生活をするのに必要になってくる能力を身につけるために行います。なお、生活訓練は宿泊型もあるため、地域に戻っていくための訓練という意味もあります。

もちろん、訓練だけではなく、地域生活を送るための支援が用意されていることが重要です。訓練が終わった後に、施設に戻ることがないようなシステムを作っていくことが大切です。

「機能訓練」と「生活訓練」の違い

項目	機能訓練	生活訓練
対象	身体障害者	知的障害者・精神障害者
支援内容	理学療法や作業療法等の身体的リハビリテーション、日常生活上の相談支援等を実施する	食事や家事等の日常生活能力を向上するための支援や、日常生活上の相談支援等を実施する
標準期間	18か月	24か月（長期入所者は36か月）
宿泊型	なし	あり（標準利用期間は2年間）

どちらも標準利用期間を**6**か月以上超えた場合は、**5**%の報酬単価減算が行われます。

自立訓練（生活訓練）事業の支援プロセス

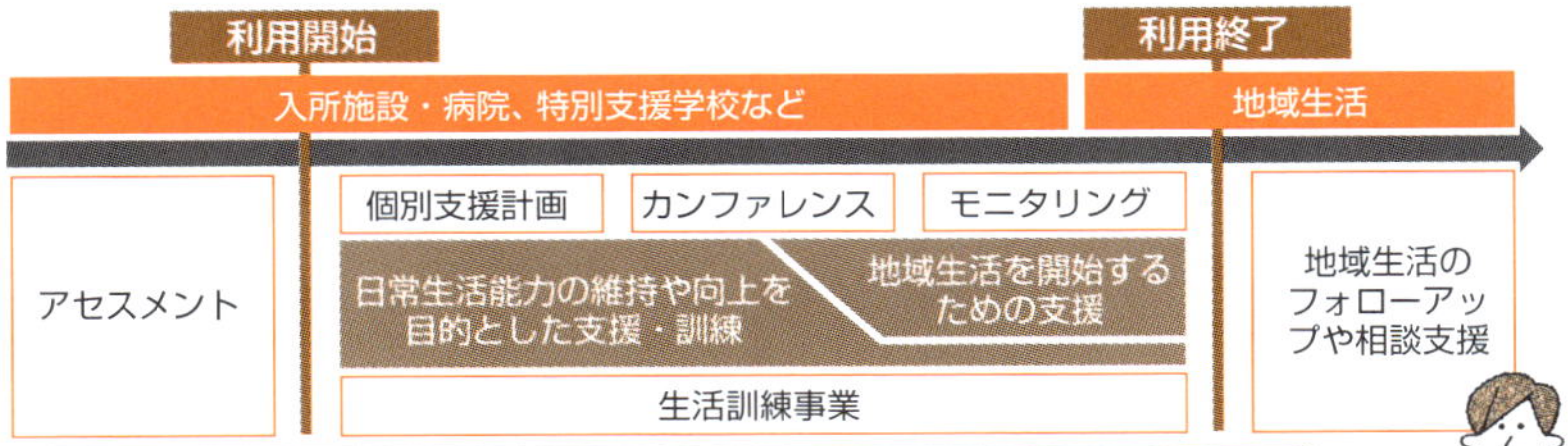

自立訓練（生活訓練）事業の利用者は、入所施設、病院、特別支援学校等が想定されています。社会での生活体験ができなかった、少なかったなどのために、社会生活を送るための能力が十分ではないことが多くあります。施設等で長く生活することで失われた（減らされた）生活するための能力を取り戻すことが目的の1つとなっています。

宿泊型自立訓練の地域移行と地域支援機能の強化

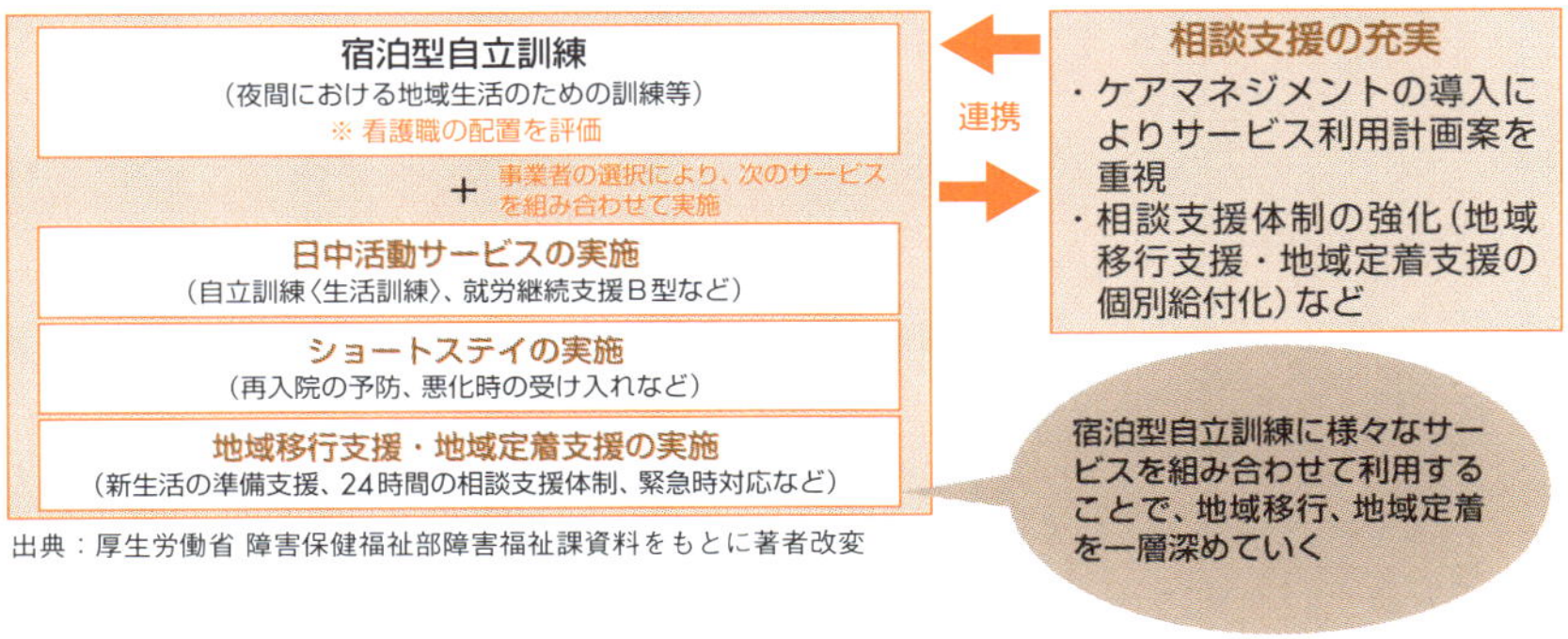

出典：厚生労働省 障害保健福祉部障害福祉課資料をもとに著者改変

一般企業で働きたい人のための支援

就労移行支援は、一般企業での就職を目指すサービスです。

一般就労を目指す支援

地域で自立した生活を送るために"働く"ことは大きなポイントの1つです。人生において、働くことは大きな意味を持ちますが、障害を持つ人もそれは同様です。一方で、社会のほうにも障害者を受け入れる体制が整うように、国も積極的に障害者雇用に取り組んでいます。

「就労移行支援」は、一般企業での就業や、あるいは仕事で独立することを目指す障害者が、本人に見合った職場への就職と定着を目指して行われるサービスです。

就労移行支援は、その特性上、対象が65歳未満に限定されています。また、集中的に支援活動ができるように、原則として利用期間が24か月（必要性があれば、最大12か月間の更新可能）と決められています。

就職活動を支える就労支援員

施設では、就労系施設にもいる職業指導員や、就労支援員も配置されています。就労支援員は、求職活動の支援のほか、職場の開拓や就職後の職場定着への支援などを行う職種として活躍しています。

重要なのは定着

就労移行支援は、ただ一般企業へ就職をさせたらおしまい、というものではありません。大切なのは就職することよりも、その後、安定して働き続けることができるかです。そのため、一般企業のほか、ハローワークや地域障害者職業センター、障害者就業・生活支援センターなど、関連する機関・施設と密に関係を持つことが大切です。

施設からの一般就労は、平成15年から比べて平成27年では約9・3倍にまで高まりました。また、平成27年4月時点での一般就労への移行率が20％以上の就労移行支援事業所の割合は約46％であり、一般就労を目指す障害者にとって大きな役割を担っている機関といえます。

就労移行支援事業と労働施策の連携

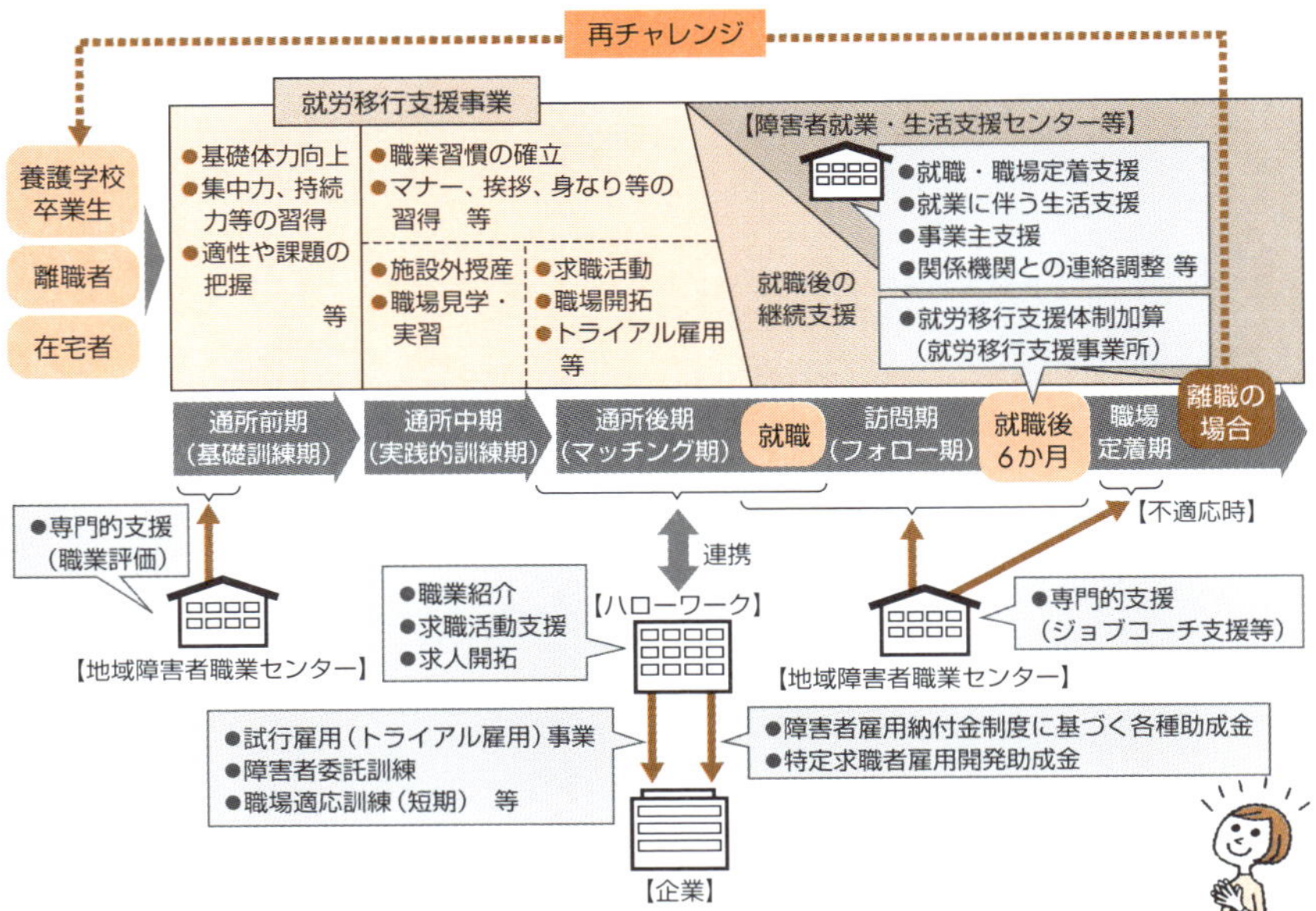

就労移行支援を受けて就職した人たちは、原則**6**か月間は、就労移行支援事業者から継続的な支援（フォローアップ）を受けることになっているんですね。

出典：厚生労働省 社会・援護局障害保健福祉部資料

ハローワークにおける障害者の職業紹介件数

新規求職申込件数（件）

合計	身体障害者	うち重度	知的障害者	うち重度	精神障害者	その他
191,853	60,663	25,773	34,225	4,963	85,926	11,059

就職件数（件）

合計	身体障害者	うち重度	知的障害者	うち重度	精神障害者	その他
93,229	26,940	11,017	20,342	4,442	41,367	4,580

※ハローワークに初めて求職の申込みをした者。ただし、求職申込みの有効期間を経過した後に申込みをした者、雇用保険受給者であって受給公共職業安定所を変更した者等を含む。

現状では、
障害者の就職実績は希望する人の半分以下となっています。

出典：厚生労働省「平成28年度・障害者の職業紹介状況等」

一般企業で働くことが難しい人のための支援

「就労継続支援A型」は保護的な就労を行うサービスです。

雇用契約を結ぶA型

障害者の一般就労が進められてきたとはいえ、ある程度の支援を受けないと働くことができない方は多くいます。そのようななかで、支援を受けながら働くための訓練を受けることができるサービスが、就労継続支援です。就労継続支援には、「A型」（雇用型）と「B型」（非雇用型）と分けられています。このうちA型は、施設と利用者との間で雇用契約を結び、労働基準法に準じた業務を行うことになっています。そのため、一般的に低いといわれる工賃は、原則としてその地域の最低賃金を守ることが義務づけられています。

いろいろな事業所がある

A型は雇用契約が行われるため、ある程度の就業能力が必要となります。そのため、利用者は、就職したいけどなかなかできない人や、ほんのちょっとだけフォローがあれば働けるという人が中心になります。また就労移行支援のように、いつまでに就職しなければならないという制限もないため、まさにその施設に就職した、という表現がぴったりきます。利用定員の規模に応じて一定数、一般の人の就職も認められています。これは業務の内容によっては障害者のみで実施することが困難なケース等に対応するためです。

事業の内容も多種多様で、機械製造業やクリーニング業、配食サービスや飲食店をしているところなどもあります。

まだまだ課題は多いが……

A型事業所の前身である福祉工場は、自立支援法以前である平成17年には100を超える程度でしたが、平成28年にはA型事業所は3415施設（国保連9月実績）と増加しています。反面、正当な理由なく短時間労働にされてしまう、収益の上がらない仕事しか提供されない、自立支援給付費が賃金にあてられるなどの不適切な運営をしている事例もあり、適切なサービス提供が求められています。

就労継続支援A型の対象者

就労機会の提供を通じ、生産活動にかかる知識及び能力の向上を図ることにより、雇用契約に基づく就労が可能な者（利用開始時、65歳未満の者）	①就労移行支援事業を利用したが、企業等の雇用に結びつかなかった者
	②特別支援学校を卒業して就職活動を行ったが、企業等の雇用に結びつかなかった者
	③企業等を離職した者等就労経験のある者で、現に雇用関係がない者

就労継続支援**A**型とは、一般企業への就職が困難な「**65**歳未満の人」に、働く場と機会を提供して、就労の訓練を行うサービスです。ポイントは、きちんと雇用契約を結ぶ点です。

各就労支援事業を比べてみると…

	A型事業	B型事業	移行支援
職業指導員・生活支援員の人員基準	10：1以上	10：1以上	6：1以上
就労支援員の人員基準	定めなし	定めなし	15：1以上
雇用契約	原則必要	必要なし	必要なし
利用期間	定めなし	定めなし	原則2年間

職業指導員は、主に就労するために必要な技能を身につけるための訓練を、生活支援員は、日常生活における支援を、就労支援員は、就労するにあたって必要となる支援を行います。これらになるために必要な条件は特にありません。

職業準備性のピラミッド

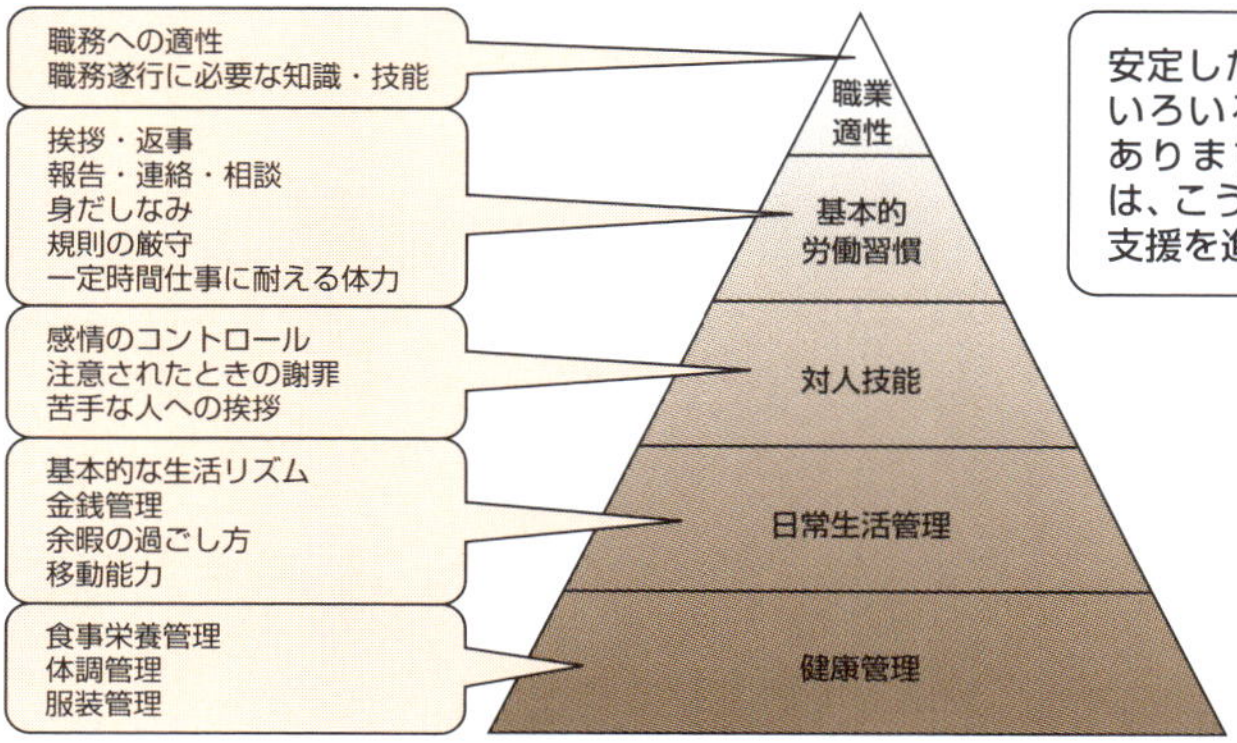

安定した就労をするためには、いろいろな段階を経る必要があります。就労支援の現場では、こういった準備の段階から支援を進めています。

出典：独立行政法人高齢・障害・求職者雇用支援機構「新版就業支援ハンドブック　障害者の就業支援に取り組む方のために」

働く場所や居場所を求めている人のための支援

就労継続支援B型では、生産性にこだわらない、自分のペースで働ける場を提供します。

働く場所と居場所を合わせた施設

就労継続支援A型は働くことを中心にした施設ですが、就労継続支援B型は、働くだけではなく、働く場と居場所が同居しているという性質を持っています。A型と同様に、就労や生産活動の機会の提供、また就労意欲が高まった人については、一般就労に向けた支援を行います。ただし、A型とは違って雇用契約は結びません。

作業内容は千差万別

B型事業所は様々な事業を行っており、内職作業中心の施設や、自主製品の作成、パン屋や喫茶店などの飲食店のほか、変わったところではレストランウエディングを展開しているところもあります。最近は、パッと見では障害者の施設とわからない、おしゃれなお店も増えてきました。

利用者の障害の程度も比較的バラバラですから、その人ができることをする、という形で作業を行うことがほとんどです。

様々なニーズを支えることも

状態に合わせて作業内容を調整することができるため、就職となるとハードルが高い人でも通いやすい反面、工賃は低いところがほとんどです。能力に応じて、または一律同じ金額など、算定の仕方は様々ですが、おおむね時給で１００～１５０円程度となっており、１日も休まず働いても月２～３万円と、生活する金額を稼ぐというわけにはいきません。ですので、B型事業所はお金を稼ぐという目的よりも、施設を居場所として活用し、社会的孤立を防ぐという役割が強いといえます。

また、都会ならば、その人に応じたサービスを選ぶことができるほど施設がありますが、郊外では、通える範囲で利用できる施設がB型しかない、なんてこともあります。様々なニーズを持つ障害者を、地域でしっかり支えている施設ともいえるでしょう。

就労継続支援B型の対象者

就労移行支援事業等を利用したが、一般企業等の雇用に結びつかない者や、一定年齢に達している者などであって、就労の機会等を通じ、生産活動にかかる知識及び能力の向上や維持が期待される者	①企業等や就労継続支援事業（A型）での就労経験がある者であって、年齢や体力の面で一般企業に雇用されることが困難となった者
	②50歳に達している者、または障害基礎年金1級受給者
	③①、②に該当しない者で、就労移行支援事業者等によるアセスメントにより、就労面にかかる課題等の把握が行われている者

利用期間の縛りはありません。ただし、平均工賃の目標水準を設定し、実績と併せて都道府県知事へ報告、公表することは必要です。

就労継続支援B型は、年齢やその他の事情によって、他の就労支援サービスを利用しても就労できない人に働く場を提供するサービスです。

障害者の就労の状況

一般企業や障害者就労施設で就労している障害者の数

一般企業において雇用	97.4万人	(※1)
就労継続支援A型事業所を利用	6.8万人	(※2)
就労継続支援B型事業所を利用	25.3万人	(※2)
就労移行支援事業所を利用	3.1万人	(※2)

(※1) 障害者雇用状況の集計結果（厚生労働省）平成28年6月時点。
(※2) 社会福祉施設等調査（厚生労働省）平成28年9月時点。

障害者就労施設における工賃の状況

	(平成18年度)		(平成23年度)		(平成27年度)
1人当たり月額	12,222円	→	13,586円	→	15,033円

(注) 平成23年までは就労継続支援B型事業所、授産施設、小規模通所授産施設の平均工賃

B型施設の工賃倍増計画が平成**18**年から始まっていますが、そこから**21.4**%上昇しています。少しずつ成果が出てきていますね。

出典：厚生労働省 社会・援護局障害保健福祉部資料

第3章 障害者総合支援法で使えるサービス

就労定着に向けた支援を行うサービス

一般就労に伴って出てくる生活上の支援を行うサービスです。

就労による生活スタイルの変化

就労定着支援とは、就労移行支援等の利用を経て一般就労へ移行した障害者を対象として行うサービスです。就労定着支援という名称ですが、就労そのものに対する支援を行うのではなく、主に一般就労をすることによって生じる「生活上の問題」に対して支援を行うサービスです。こちらも自立生活援助と同じく訓練等給付となっています。

「一般就労できた」。そのこと自体は喜ばしいのですが、その一方で、今までの生活スタイルが大きく変わることも意味しています。これは障害者に限ったことではありません。教育機関を卒業して、普通に就職をした人も、学生時代の生活スタイルが、就職後大きく変わることはよくあることです。結果として、新しい環境に適応できず気分が落ち込むといった五月病の症状に陥る人は少なくありません。

特に障害者にとって、新しいことへの挑戦や、生活スタイルの変化は大きなストレスになりやすく、結果として退職につながりがちです。その対応をするための専門機関ができたといってもよいでしょう。

就労を続けるための土台づくり

就労定着支援事業所は、障害者からの相談に基づいて抱えている課題を把握し、勤務先の企業や出身の就労移行支援事業所や、障害者就業・生活支援センターなどと連絡調整を行いながら、抱えている課題について支援を行います。企業側も業務に必要な能力以外の、配慮すべき点などについて就労定着支援事業所から助言を得ることができ、以降の障害者雇用の参考にもなると思われます。サービスの利用期間は3年間ですが、1年ごとに支給決定期間を更新することになっています。

あくまでも就労先で働き続けるための土台づくりのサービスですので、長々と続けるものではなく、その人の課題を克服するための効率的な支援が求められるといえるでしょう。

就労定着援助の具体的内容は？

	内容
対象者	生活介護 自立訓練 就労移行支援 就労継続支援 を利用して一般就労した障害者
利用期間	3年間 （1年ごとに支給決定期間を更新）
サービス内容	障害者が新たに雇用された事業所での就労の継続を図るため…… ①事業所の事業主、障害福祉サービス事業者、医療機関や、その他関係者などとの連絡調整（法定事項） ②雇用に伴って生じる、日常生活や社会生活を営む上でのさまざまな問題に関する相談、指導、助言などの必要な支援

障害者の就業状況

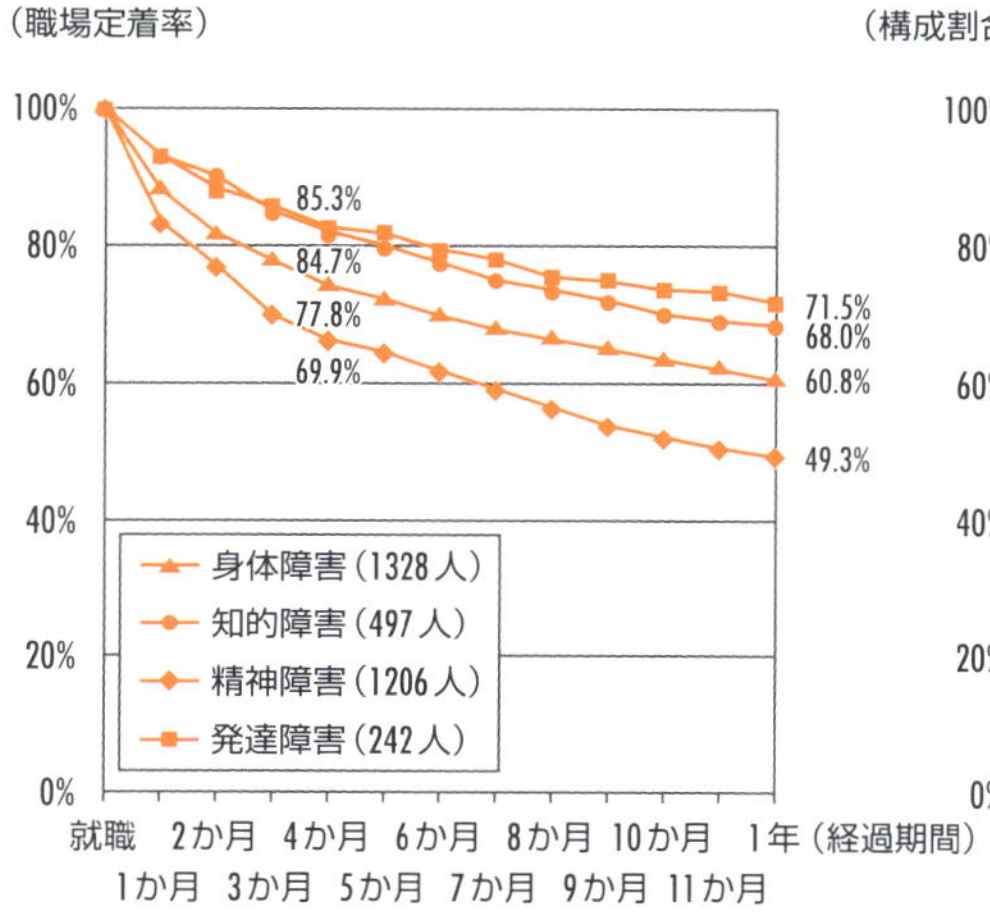

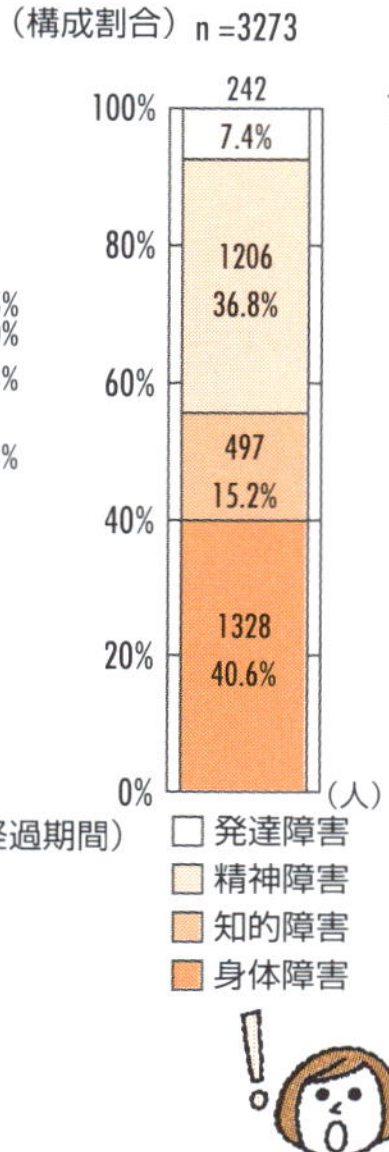

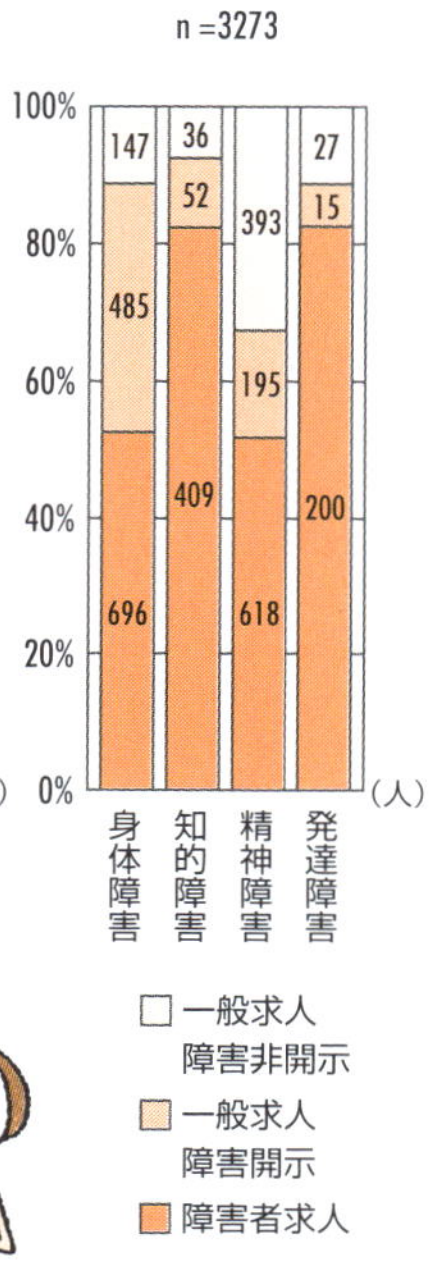

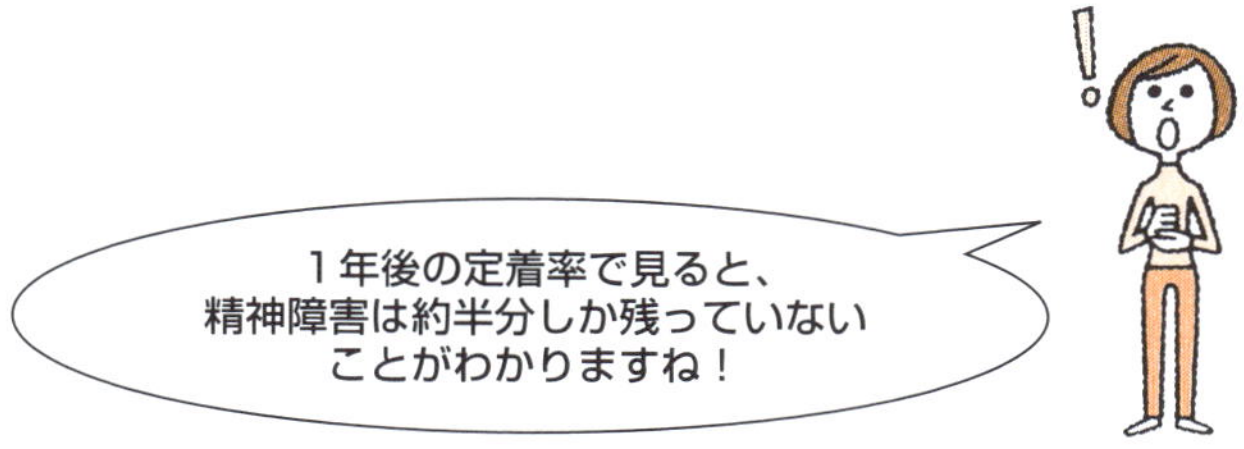

出典：障害者職業総合センター「障害者の就業状況等に関する調査研究」（2017年4月）

地域の状況に応じた事業を行う

地域生活支援事業は、全国一律ではなく、都道府県・市町村ごとに行う事業です。

地域の実情に合わせた事業を行う

今まで紹介してきたのは、地域によってサービスの量は異なりますが、全国どこにいても受けることができるサービスです。しかし、例えば北海道と東京では当然環境も違いますし、地域が持っている社会資源も異なります。全国サービスだけでは対応できない、その土地に合った支援を作る必要があります。

それを行うのが、「地域生活支援事業」です。地域生活支援事業には、市町村が行う市町村地域生活支援事業と、都道府県が行う都道府県地域生活支援事業に分かれています。

都道府県は人材育成や広域事業を行う

都道府県は、人材育成に関する事業や、専門性の高い事業、広域的に行う必要がある事業を行うなど、市町村をサポートする事業を中心に行っています。前線で動く市町村、後方支援をする都道府県と、役割分担をして、その地域にあった支援が行えるようにしています。

特に専門性の高い意思疎通支援者の人材確保については医療や法律の場など、自分の意思を正確に伝えることが必要な場面でも重要であり、その養成・派遣を行う都道府県の役割は大きいといえます。

市町村は身近なサービスを実施

市町村で行う地域生活支援事業は、相談支援や成年後見制度、移動支援、地域活動支援センターなど、生活に直結するサービスを展開しています。上に挙げた必ず行わなければならない事業のほかに、訪問入浴サービスや芸術文化活動振興、点字・声の広報等発行など、任意に行う事業があり、地域の実情に合わせた、障害者が地域で暮らすために必要な「かゆいところに手が届く」サービスの実施が求められているといえます。

市町村が行う事業（一部）

必須事業	任意事業
理解促進研修・啓発事業 自発的活動支援事業 相談支援事業	【日常生活支援】 ①福祉ホームの運営 ②訪問入浴サービス ③生活訓練等 ④日中一時支援 ⑤地域移行のための安心生活支援　等
成年後見制度利用支援事業 成年後見制度法人後見支援事業 意思疎通支援事業 日常生活用具給付等事業 手話奉仕員養成研修事業	【社会参加支援】 ①スポーツ・レクリエーション教室開催等 ②芸術文化活動振興 ③奉仕員養成研修 ④点字・声の広報等発行　等
移動支援事業 地域活動支援センター機能強化事業	【就業・就労支援】 ①盲人ホームの運営 ②知的障害者職親委託　等

必須事業は行うことが義務づけられている中核的な事業です。対して任意事業は、市町村が現在の状況などを考慮し、実施されることになります。

これらのほかに、「障害支援区分認定等事務」等が市町村事業に入っています。

都道府県が行う事業（一部）

必須事業	任意事業
専門性の高い相談支援事業 専門性の高い意思疎通支援を行う者の養成研修事業 専門性の高い意思疎通支援を行う者の派遣事業	【日常生活支援】 ①福祉ホームの運営 ②オストメイト（人工肛門、人工膀胱造設者）社会適応訓練 ③音声機能障害者発声訓練 ④児童発達支援センター等の機能強化等　等
意思疎通支援を行う者の派遣に係る市町村相互間の連絡調整事業 広域的な支援事業 ①都道府県相談支援体制整備事業 ②精神障害者地域生活支援広域調整等事業（保健所設置市・特別区を含む） ③発達障害者支援地域協議会による体制整備事業	【社会参加支援】 ①手話通訳者設置等 ②字幕入り映像ライブラリーの提供 ③点字・声の広報等発行 ④点字による即時情報ネットワーク ⑤障害者ITサポートセンター運営　等 【就業・就労支援】 ①盲人ホームの運営 ②重度障害者在宅就労促進　等

これらの他に「サービス・相談支援者、指導者育成事業」があります。この事業では、障害支援区分認定調査員研修やサービス管理責任者研修のほか、強度行動障害支援者養成研修（基礎・実践）や、精神障害関係従事者養成研修が行われています。

国が地方自治体に特に進めてほしい事業に補助金を確保

地域活動支援事業として行っていた事業を含め、国が特に「促進」すべきとする事業を新たに予算化しました

就労による生活スタイルの変化

従来の地域生活支援事業では、市町村と都道府県が、事業を必須と任意に分けて各種事業を展開していました。そのため、自治体によって、やっていることとやってないことの差が出てきています。そこで、平成29年度より、一部の事業を地域生活支援促進事業（促進という言葉が追加されています）として地域生活支援事業から分割し、さらに新たな事業を加えて制度化することになりました。

地域生活支援促進事業では、地域生活支援事業と同様、市町村と都道府県で分け、発達障害者支援、障害者虐待防止対策、障害者就労支援、障害者の芸術文化活動の促進等についての事業が行われることになります。

地域生活支援事業と何が違うの？

地域生活支援事業は、各自治体が地域の実情や利用者の状況に応じて柔軟な形態により実施する事業であり、また、交付された補助金は各自治体の裁量で個々の事業に柔軟に配分することができる「統合補助金」としています。

一方、地域生活支援促進事業については、地域生活支援事業に含まれる事業やその他補助事業のうち、国として「促進すべき事業」として特別枠に位置づけています。このため、5割等の補助率を確保し、質の高い事業実施を図ることとしており、事業ごとに補助金を交付し、それぞれ実施することとしています。ですので、地域生活支援事業と地域生活支援促進事業としてそれぞれ交付された補助金は混ぜて取り扱うことができません。

事業内容としては、発達障害者支援体制整備事業などが地域生活支援事業から移行するほか、工賃向上計画支援事業などの、その他補助事業からの移行、障害福祉従事者の専門性向上のための研修受講促進事業やアルコール関連問題に取り組む民間団体支援事業などが新規事業として登録されています。

地域生活支援促進事業の事業名

	事業名
市町村地域生活支援促進事業	発達障害児者地域生活支援モデル事業
	障害者虐待防止対策支援事業
	成年後見制度普及啓発事業
都道府県地域生活支援促進事業	発達障害児者地域生活支援モデル事業
	かかりつけ医等発達障害対応力向上研修事業
	発達障害者支援体制整備事業
	障害者虐待防止対策支援事業
	障害者就業・生活支援センター事業
	工賃向上計画支援事業
	就労移行等連携調整事業
	障害者芸術・文化祭開催事業
	障害者芸術・文化祭のサテライト開催事業
	医療的ケア児等コーディネーター養成研修等事業
	強度行動障害支援者養成研修事業（基礎研修・実践研修）
	障害福祉従事者の専門性向上のための研修受講促進事業
	成年後見制度普及啓発事業
	アルコール関連問題に取り組む民間団体支援事業
	薬物依存症問題に取り組む民間団体支援事業
	ギャンブル等依存症問題に取り組む民間団体支援事業
	「心のバリアフリー」推進事業

市町村の３つの事業は、都道府県においても
行われることになっています。

そのほかに、障害者が地域で自立しながら
暮らしていくことができるよう、都道府県や市町村がそれぞれの
判断で取り組む「特別促進事業」が用意されています。これは、
地域が抱える様々な問題を解決するために
自治体独自で行う事業を支援するためのものです。

どんなサービスを使ったらいいかわからないときは？

相談支援事業は、いろいろな悩みを解決してくれたり、今後の計画を一緒に考えてくれたりする事業です。

様々な不安に対応する相談支援

総合支援法のサービスは多岐にわたっていて、それらを組み合わせて自分用の支援プランを作っていくことができます。

しかし、利用する側からすると、どのようなサービスがあるのかわからない、自分や家族の状態だと、どんなサービスを受けられるだろう、など、よくわからないと思うことも多いでしょう。今ではインターネットなども含め、情報がたくさん手に入るのはよいのですが、その情報をうまく活かす、ということはとても難しいものです。

そこで、様々な疑問や不安に対応する事業として、相談支援事業が市町村の地域生活支援事業として行われています。

相談の種類はいくつもある

相談支援事業で行われる相談には、障害福祉サービスを実際に利用するにあたって、本人や家族の状態を判断し、その人に合うサービス計画を作成する「サービス等利用計画」、施設や病院から地域に出たいという人たちのための「地域移行支援」、地域生活を始めた人をフォローする「地域定着支援」、そして障害者福祉に関する様々な問題について、障害者本人や家族等からの相談に応じて、必要な情報の提供、障害福祉サービスの利用支援等を行うほか、権利擁護のために必要な援助を行う「基本相談支援」などがあります。

こうした相談支援事業を効果的に実施するために、各地方公共団体に協議会が設置されています。協議会では相談支援事業所によって差が生まれないようにしたり、地域の関係機関が連携していろいろな問題に対応したりできるように検討が行われています。

他にも、保証人がいないなど賃貸住宅に住むのが困難な人のための住宅入居等支援事業、障害福祉サービスの利用契約の締結などが適切に行われるようにするための成年後見制度利用支援事業なども実施されています。

相談支援事業

計画相談支援

●サービス利用支援

障害福祉サービス等の申請にかかわる支給決定前に、サービス等利用計画案を作成し、支給決定後に、サービス事業者等との連絡調整等を行うとともに、サービス等利用計画の作成を行います。

●継続サービス利用支援

支給決定されたサービス等の利用状況の検証（モニタリング）を行い、サービス事業者等との連絡調整を行います。

地域相談支援

●地域移行支援

障害者支援施設、精神科病院、児童福祉施設を利用する18歳以上の者等を対象として、地域移行支援計画の作成、相談による不安解消、外出への同行支援、住居確保、関係機関との調整等を行います。

●地域定着支援

居宅において単身で生活している障害者等を対象に常時の連絡体制を確保し、緊急時には必要な支援を行います。

基本相談支援

障害のある人の福祉に関する様々な問題について、障害のある人や、その保護者などからの相談に対応し、必要な情報の提供、障害福祉サービスの利用支援等を行うほか、権利擁護のために必要な援助も行います。

障害者の相談支援事業者には、大きく分けると、計画相談支援と基本相談支援を受け持つ「特定相談支援事業者」と、地域相談支援と基本相談支援を受け持つ「一般相談支援事業者」の2種類があります。このうち、基本相談支援は、市町村が各事業者に委託しているものです。

相談支援専門員の要件

指定された業務における一定の実務経験 ＋ 相談支援従事者初任者研修 ＝ 相談支援専門員

相談支援事業では、障害特性や障害者の生活実態に関する知識や経験が必要であるため、相談支援専門員という有資格者を配置しなければなりません。相談支援専門員になるには、5～10年の実務経験と、6日間程度の研修を受ける必要があり、その後も定期的な研修が義務づけられています。

サービス計画を立てたい・地域生活をしたいと思ったときは？

事業所によって行える相談内容が異なることに注意が必要です。

特定と一般って？

相談支援のなかでも、事業所によって行っている相談内容は異なります。大きく分けて「特定相談支援事業所」と「一般相談支援事業所」があります。特定では、障害福祉サービスを利用するためのサービス計画の作成を行います。一般はというと、施設や病院から出て、地域で暮らすための地域移行支援・地域定着支援を担当しています。ちなみになぜ「一般」なのかといえば、法制度を作る際、精神障害者の地域移行支援が先に実施されていたため、そちらを「一般」、それ以外を「特定」と定義したためです。

その人に合った支援プランを考える

特定相談支援事業所は、障害福祉サービスを利用したいという人たちのために、具体的にどのような支援を受けたいかを聞き、それに合わせたプラン作成を行います。また、実際に利用してみて、その人に本当に合っているのか、今の状況に合った支援になるように調整を行ったりします。

安心して地域で暮らし続けるための支援

施設で生活している人や、精神科病院に入院をしている人は、地域で生活できるだけの力を持っていても、長年の生活のなかで、多くの不安を抱えてしまっています。私たちでいうなら、急に言葉の通じない異国の地で暮らしなさい、といわれるような状態といえるでしょう。ですから、一般相談支援事業者は彼らが安心して地域で暮らしていくための支援として、地域に出てくるまでの支援（地域移行支援）と、地域に出てきてから再入所、再入院をすることなく暮らし続けるための支援（地域定着支援）を行っていきます。

社会的入院などが問題になっているなか、ただ地域に出すだけではなく、その後のフォローを考えた取り組みをすることが大切です。

支給決定にいたるプロセス

受付・申請 → 障害支援区分の認定 → サービス等利用計画案の作成 → 支給決定 → 支給決定時のサービス等利用計画 → サービス利用 → 支給決定時のサービス等利用計画

支給決定時からケアマネジメントを実施

一定期間ごとのモニタリング

プランは、本人や家族など、特定相談支援事業者以外の人でも作ることができます。これをセルフプランといいます。ただし、その場合、その後のモニタリングは行われません。

地域移行支援・地域定着支援

施設・病院内	地域

退所・退院を希望する者

地域移行・地域生活のためのコーディネート機能

サービス利用計画
（退所・退院に向けたケアマネジメントを行い、地域生活への移行、定着を計画的に支援）

地域移行・地域生活のための支援

地域移行支援
（地域生活の準備や福祉サービスの見学・体験のための外出への同行支援・入居支援等）

地域定着支援
（24時間の相談支援体制等）

対象は、社会福祉施設、精神科病院のほか、矯正施設（刑事施設、少年院）や保護施設（救護施設、更生施設）に入所・入院している障害者です。

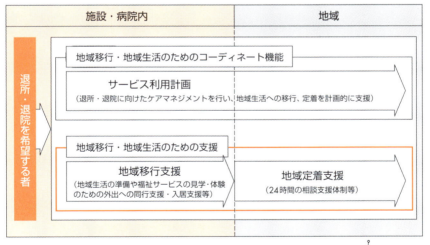

「どこに相談に行けばいいかわからない」ときに利用する

基幹相談支援センターでは、ワンストップの相談支援を展開してくれます。

総合的な相談業務を行う

地域のなかには、相談支援事業所がたくさんあるところもあります。それぞれ運営母体によって、得意とする領域が異なりますし、先にも出た相談支援事業所の種別も異なります。このため、結局どこに相談に行っていいのかわからない、ということも出てくるでしょう。また、相談支援事業所としては、相談を受けたけど、難しいケースでどうしたらいいか悩んでしまうこともあると思います。

そのようなとき、地域のなかの相談支援の中核を担う施設として、基幹相談支援センターがあります。

地域の相談支援事業所の中核的存在

基幹相談支援センターは、地域における相談支援の中核的な存在です。業務内容としては、障害の種別に関係なく対応することができる相談支援事業所として機能し、相談の内容に応じて対応できる相談支援事業所を紹介したり、逆に地域の相談支援事業所では対応しきれない専門的なケースを担当したりなどします。

また地域にある相談支援事業所のレベルアップを図るために、訪問指導や、研修会・事例検討会などを開いたりして人材育成を進めていくことも行います。そのため、基幹相談支援センターは、市町村が設置するか、市町村が委託をした相談支援事業所となっています。また人材についても、相談支援専門員、社会福祉士、精神保健福祉士、保健師など、中核的な機関として必要な優れた人材を配置しなければなりません。

地域によっては、1つの市町村だけで基幹相談支援センターを持つことは難しい場合に、複数の市町村で設置をすることも認められています。

求められる役割も大きいため、すべての市町村に設置されているわけでもありませんが、今後ますます必要性は高まってくるでしょう。

基幹相談支援センターの役割イメージ

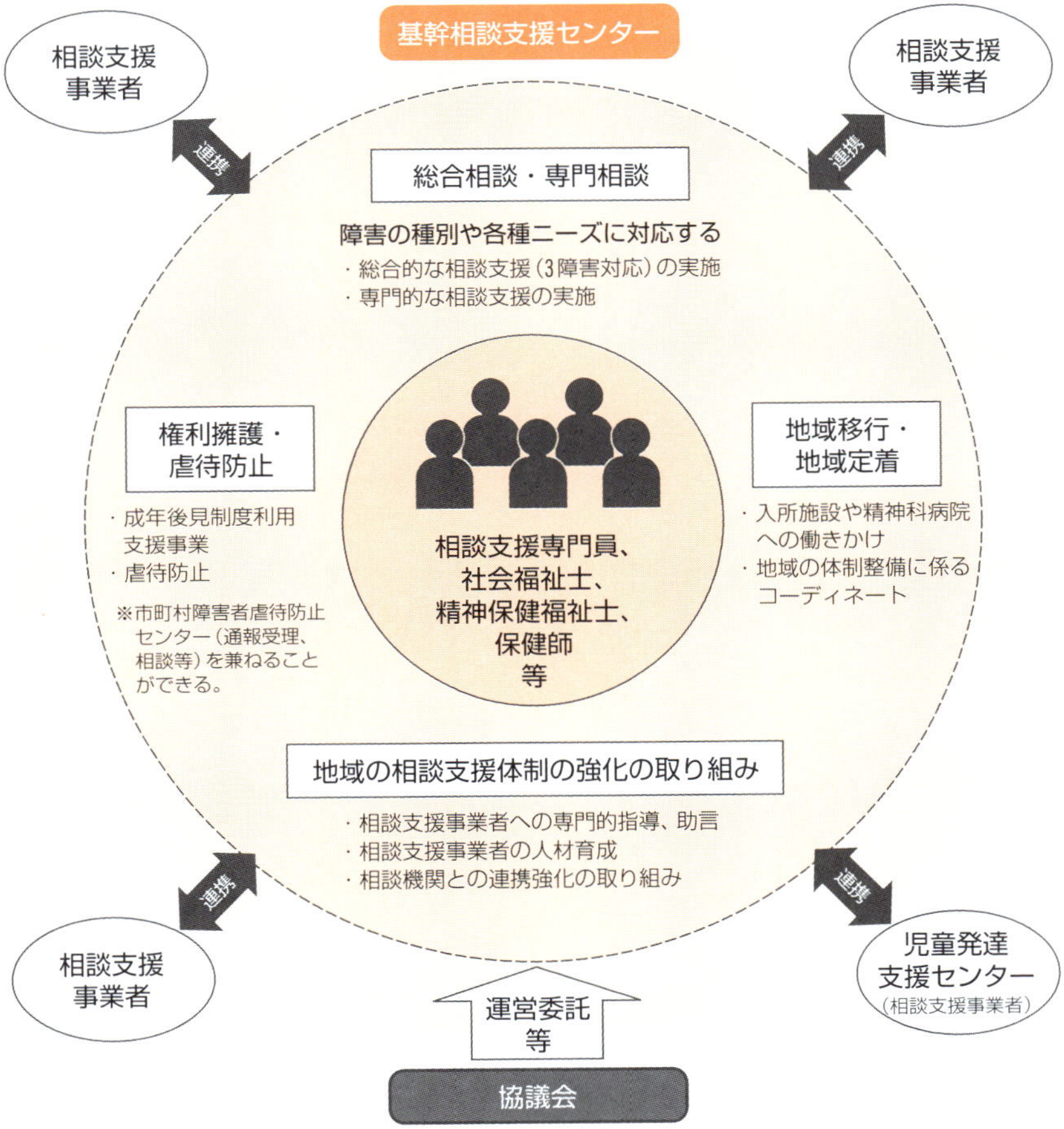

出典：厚生労働省 社会・援護局障害保健福祉部資料

基幹相談支援センターは、相談場所がわからない一般からの相談も受けつけますし、また、特殊なケースといった場合には相談支援事業所からの相談も受けつける、地域の中核的な存在です。

協議会は、地域の関係者が集まり、地域の課題を共有して、地域の基盤の整備を進めていく重要な組織ですよね。その運営を基幹相談支援センターが担っている場合があるんですね。

住むところが見つからない人のために

居住サポート事業は、入居にかかわる調整・支援を行うサービスです。

住む場所が見つからない！

「地域で暮らす」と決めた後に必ず出てくる問題は、〝では、どこで生活するか〟です。自宅がある人や家族の家で生活をする、という人はよいのですが、一人暮らしをするとなった場合、様々な問題が出てきます。保証人が見つからないことで部屋を借りることができなかったり、障害の内容によっては、家主から拒否されたりすることもあります。これでは、せっかく本人が地域で暮らすと心に決めても、スタート地点でくじかれることになってしまうのです。そこで生まれたのが住宅入居等支援事業（居住サポート支援）です。

家主が安心して受け入れてくれるために

住宅入居等支援事業は、賃貸契約による一般住宅への入居を希望しているが、保証人がいない等の理由により入居が困難な障害者に対して、入居に必要な調整等に係る支援を行うとともに、家主等への相談・助言を通じて障害者の地域生活を支援します。

特に障害者を受け入れたことがない家主としては、障害のことをよく知らない、いろいろと問題が起こったときに対応できない、という不安がついてきます。そのため、入居に二の足を踏んでしまうことも、仕方がないといえるでしょう。入居を希望している人のことをきちんと知り、フォローがあることを理解してもらうことが、入居支援ではとても大切になってきます。

あんしん賃貸支援事業との連携

また、国土交通省が行っている、障害者のほか、高齢者や外国人、子育て世帯を対象とした入居支援事業である、あんしん賃貸支援事業と連携して、より受け入れがスムーズになるように支援が行われています。

様々なサービスを活用して、安心して住むことができる場を確保することが、地域生活を送るうえで、最初の大事な一歩です。

居住サポート事業とあんしん賃貸支援事業の連携

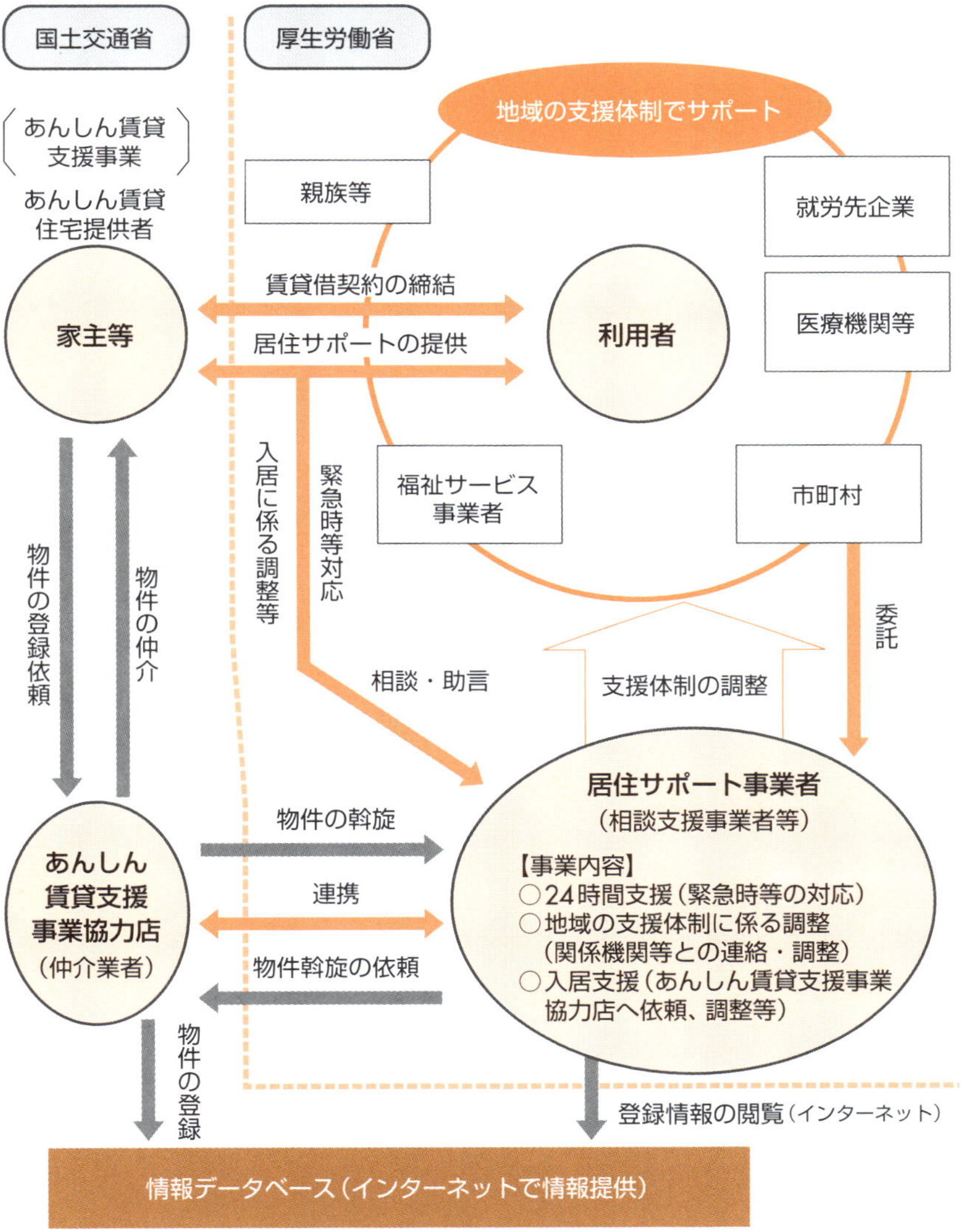

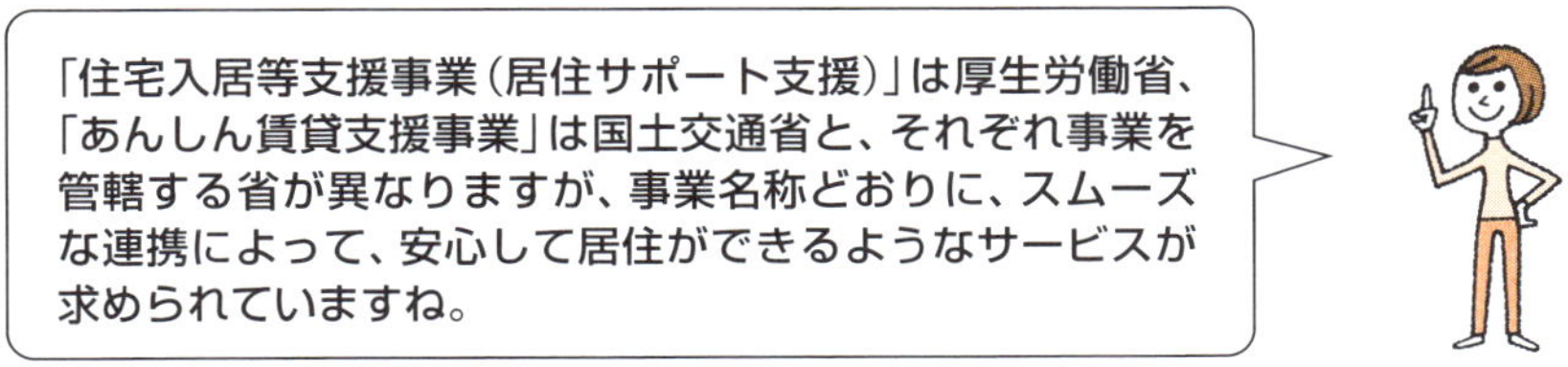

出典：厚生労働省 社会・援護局障害保健福祉部資料

障害に関係なく外に出る手助けをしてほしい人のために

移動支援は市町村ごとで行われるサービスで、障害者の種類に関係なく利用できます。

必須事業として行われている

移動支援は、1人では外出困難な障害者（児）が、社会生活上必要不可欠な外出や、余暇活動、社会参加のための外出をする際に、ガイドヘルパーを派遣して、外出時の移動の介助や、外出に伴って必要となる身の回りの介護を行います。同行援護と違い、対象は視覚障害者に限定をされません。

市町村によって行われる事業ですので、実施している市町村で提供されるサービスの内容は異なります。その代わり、市町村で必ず実施されなければならない事業ですので、同行援護のように、事業所が近くにないから移動のための支援を受けられない、ということはあまりありません。

大きく分けて3形態

実施内容は、市町村の判断で定められますが、方法としては①個別支援型、②グループ支援型、③車両移送型の3つの利用形態が想定されています。

①個別支援型は、1人ひとり違うニーズに対応するために、マンツーマンで対応することを想定しています。利用者にとっては一番よい形と思えますが、その分市町村が抱える負担が大きいともいえます。

②グループ支援型は、例えば外でレクリエーションをするときなど、複数の人を同時に支援することを想定しているものです。当然細かなサービスは難しいですが、市町村の負担は少なめに事業を行うことができます。

③車両移送型は、コミュニティバスのようなものを想像してもらうとよいでしょう。大きなショッピングセンターに行くなど、決まった場所に行くことはできますが、個人個人の行きたいところに行ける、というわけでは必ずしもありません。

自分の住んでいる町がどの形態で行っているかは、担当課に確認してみましょう。それぞれに利点と課題はありますので、障害福祉サービスとうまく組み合わせて利用するとよいでしょう。

都道府県別の移動支援事業を実施している市町村の割合

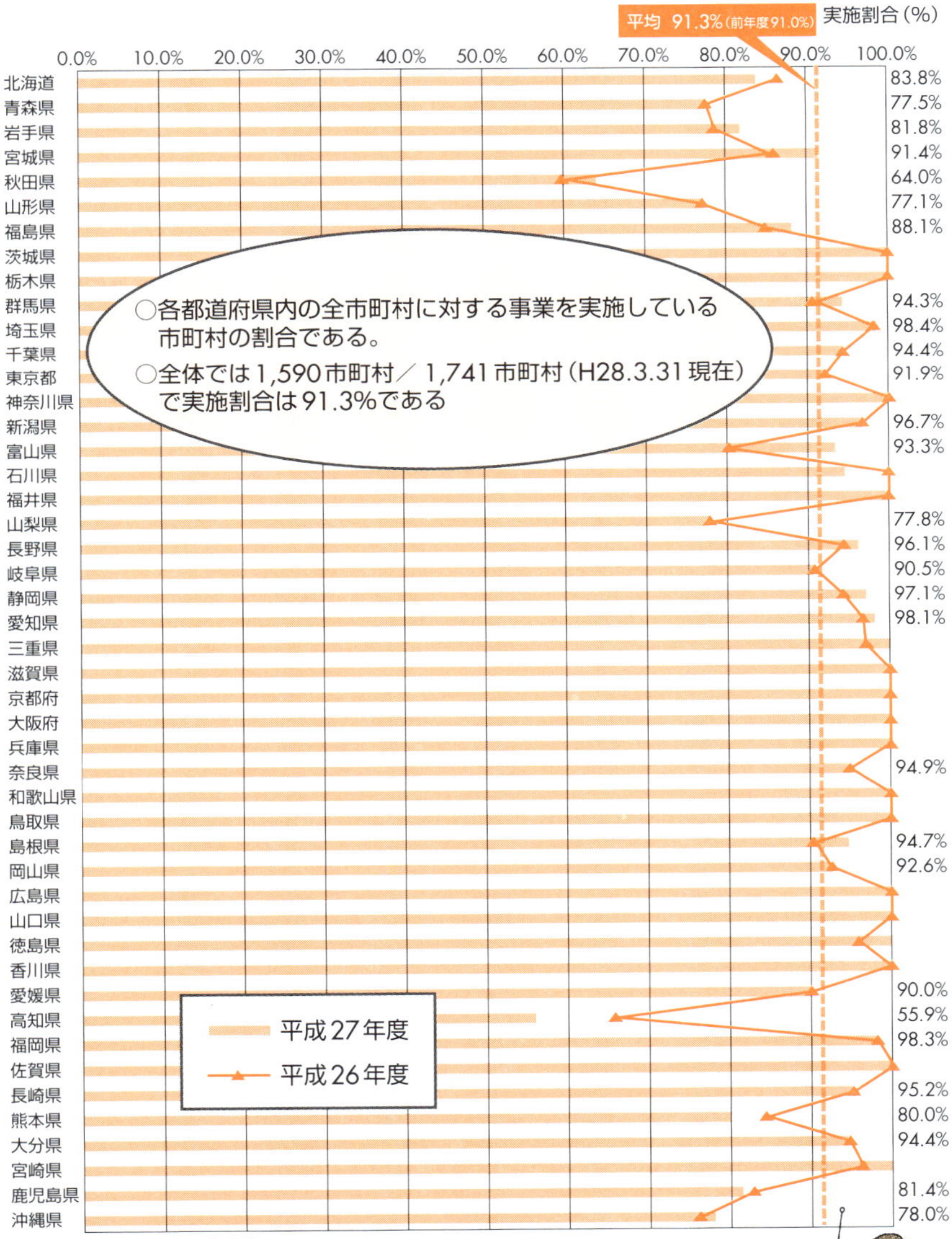

※数値は平成27年度値。
※各自治体からの実績報告に基づき自立支援振興室において集計したもの。
出典：厚生労働省 社会・援護局障害保健福祉部 企画課自立支援振興室「移動支援事業の実施状況【都道府県別】」(平成29年3月)

移動支援事業を含め、地域生活支援事業の一部は必須事業とされています。しかしながら、様々な事情で実施されていない市町村もあり、厚生労働省からもサービス提供者の育成・確保に向けた取り組みや、都道府県による支援を求めています。

地域で生活する拠点として利用する

地域活動支援センターは3つの類型に分かれています。

多様なニーズに応えてくれる

居場所としての役割を果たす施設として、生活介護や就労継続支援B型などが障害福祉サービスとしては用意されています。

しかし、例えば一般就労していて休みの日だけ寄りたい、気軽に相談できる場所がほしいという人や、地域との交流を望んでいる人もいるでしょう。また自立支援法以前に、家族会などが行っていた無認可の作業所が地域の居場所として役立っていましたが、自立支援法が始まった際に、こうした無認可の施設に対する自治体の援助が打ち切られるケースが増えてきました。

このような状態に対応するのが、地域活動支援センターです。

大きく分けて3つの類型がある

地域活動支援センターは、2階建てのシステムになっています。

1階部分は共通の内容として、地域の実情に合わせて、創作的活動や生産活動の機会の提供や、また社会との交流促進等を目的としています。

そこに2階部分の事業として、Ⅰ型・Ⅱ型・Ⅲ型と3つの形が用意されています。

Ⅰ型事業所は、障害者が地域で暮らしていくうえで必要となる、障害者に対する理解を進めたり、普及啓発活動を行ったりと、地域内の社会資源がうまく連携できるようにすること、また相談支援事業を実施することとなっています。利用者も居場所として利用したり、相談をしに来たりと様々です。場所によっては夜間も開いていたりします。

Ⅱ型は、Ⅰ型と違い、機能訓練など、社会で生活をするために必要な訓練をしたり、入浴サービスを受けたりします。

Ⅲ型は、昔あった無認可作業所が移行できるよう設定されたものです。授産作業を行うなど就労継続支援に似ていますが、地域生活支援事業で行われているため、財源等も違います。

地域活動支援センターの類型

類型	事業内容	職員配置	実利用人員の想定
Ⅰ型	・相談支援事業 ・医療・福祉及び地域の社会基盤との連携強化のための調整 ・地域住民ボランティア育成 ・障害に対する理解促進を図るための普及啓発等	・専門職員（精神保健福祉士等）を配置。 ・基礎的事業職員数＋1名（2名以上常勤）	1日当たり概ね20名以上
Ⅱ型	機能訓練、社会適応訓練、入浴等のサービスを実施	基礎的事業職員数＋1名（1名以上常勤）	1日当たり概ね15名以上
Ⅲ型	地域の障害者のための援護対策として地域の障害者団体等が実施する通所による援護事業の実績を、概ね5年以上有し、安定的な運営が図られている	基礎的事業職員数（1名以上常勤）	1日当たり概ね10名以上
基礎的事業	創作的活動、生産活動の機会の提供等、地域の実情に応じた支援を行う	2名以上（1名は専従者）	

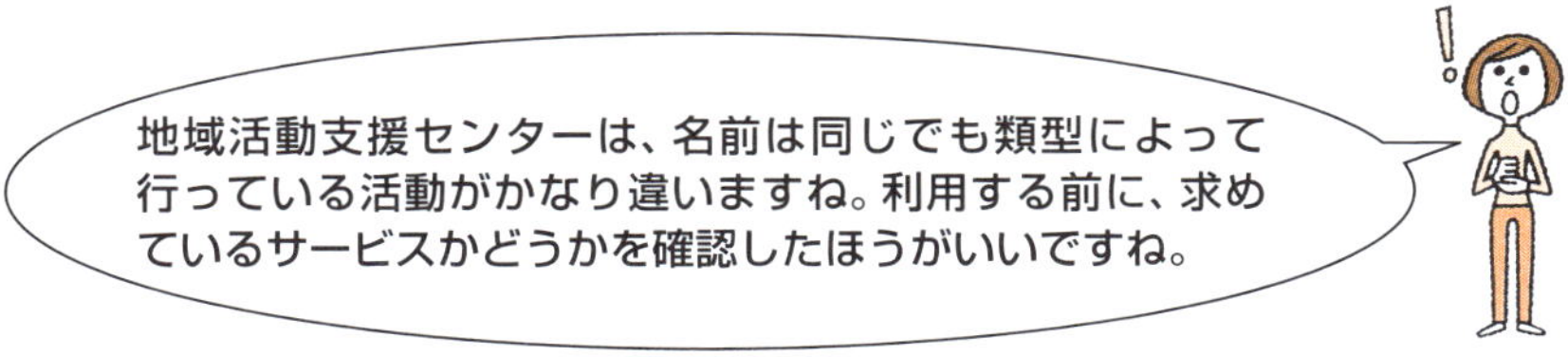
地域活動支援センターは、名前は同じでも類型によって行っている活動がかなり違いますね。利用する前に、求めているサービスかどうかを確認したほうがいいですね。

地域生活支援事業と個別給付との違い

内容	地域活動支援センターなどの地域生活支援事業	障害福祉サービスの個別給付
費用の流れ	自治体が実施	利用者本人に対する給付
利用者	実施主体の裁量	障害支援区分認定、支給決定が必要
利用料	実施主体の裁量	応能負担
事業実施にあたっての基準	実施主体の裁量	指定基準、設備運営基準あり
財源	補助金	負担金

障害が重くなっても自分の権利を守るために

成年後見制度を利用するために必要な費用を補助してくれます。

お金がなくて自分の権利が守れない、ということがないように

物事の判断を自分の意思で行うことは、当たり前に保障された権利です。しかし、そうはいっても認知症の症状が出てきたり、知的障害や精神障害のために、よくわからないまま必要のない商品を買ってしまったり、言われるままハンコを押したら財産を取られてしまったりする事件が後を絶ちません。それを防ぐためにあるのが、「成年後見制度」です。しかし、現状制度利用は進んでいません。理由として、制度そのものがよく理解されていないこともありますが、費用がかかる（鑑定書に5万から10万円ほどかかることや、専門職を後見人にしたときにかかる費用など）点も問題でした。そこで、この費用を市町村が負担することで制度の利用を促そうとしているのが、成年後見制度利用支援です。

社会福祉士などが支えています

成年後見制度を利用した場合は、判断能力の程度により、後見、保佐、補助のそれぞれの類型に分けられ、どこまでを自分で決められ、どこから後見人（成年後見人、保佐人、補助人のこと）に決めてもらうのかが決まります。自分の意思を後見人に託すわけですから、後見人になる人はその人のことを考えた意思決定をしなければなりません。後見人には本人の親族が多いですが、独り身だったり家族内でのトラブルがあったりする場合は、弁護士、司法書士などの法律関係職や、社会福祉士などの社会福祉職の人たちが後見人として支えてくれることになっています。後見人に対しても、当然報酬を支払うことになりますが、この報酬もこの制度の対象となっています。

現在は独立型の社会福祉士などが、積極的に成年後見事業に取り組んでいます。社会福祉士会のホームページなどで情報が公開されていますので、利用したいと思った際は相談をしてみるとよいでしょう。

成年後見制度利用支援事業の仕組み

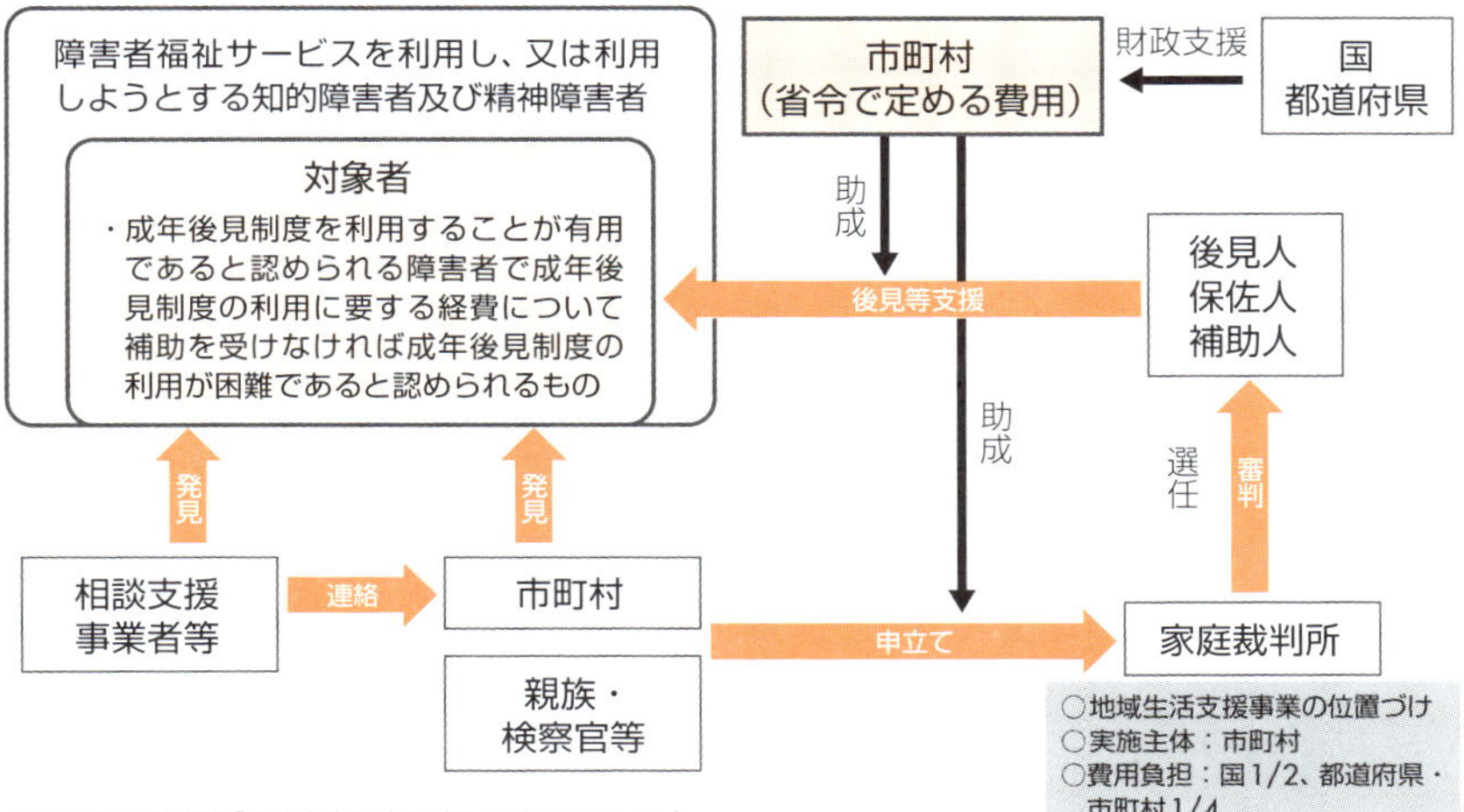

出典：厚生労働省「障害者自立支援法等の改正について」

組織として後見人になれる「法人後見」という制度があります。安心して後見人を任せられる法人を確保できる体制の整備や、法人後見実施の研修など、法人後見の活動を支援する「成年後見制度法人後見支援事業」が必須事業として行われています。

成年後見の3つの類型

	後見	保佐	補助
対象	判断能力が全くない人	判断能力が著しく不十分な人	判断能力が不十分な人
申立てできる人	本人、配偶者、四親等内の親族、検察官、市町村長など		
本人の名称	成年被後見人	被保佐人	被補助人
援助者の名称	成年後見人	保佐人	補助人
成年後見人等の権限	すべての法律行為の代理権と取消権（日常生活に関する行為を除く）	・本人が重要な財産行為等を行う際の同意権 ・本人が保佐人の同意を得ずに重要な財産行為等を行った場合の取消権 ・申立ての範囲内で家庭裁判所が定める特定の法律行為の代理権	申立ての範囲内で家庭裁判所が定める特定の法律行為の同意権、取消権、代理権

障害が重い ← 軽い

日常生活に関する行為というのは、食料品の買い物などの、日常で行われる金銭のやり取りを指します。

意思疎通を円滑に進めたいとき

意思疎通支援事業は、手話通訳者や要約筆記者を派遣してくれる支援です。

コミュニケーションを支える事業

地域のなかで生活するためには、当然地域住民とのコミュニケーションは必須です。しかしながら、コミュニケーションに関して国が定めた障害福祉サービスはありません。そのため、コミュニケーションに関する事業は、地域支援事業のなかでも特に大切といえるでしょう。

障害者のコミュニケーション手段として思いつくのは、手話、要約筆記、点字などですが、地域生活支援事業では、特に手話や要約筆記に関する事業を中心に行っています。

手話は「言語」

特に手話については、障害者権利条約で手話は〝言語〟であると定義され、日本でも平成23年に障害者基本法において言語として認められる記載がされました。また鳥取県では、平成25年10月に都道府県で初めて手話を言語とする条例が成立しました。

しかし、手話でのコミュニケーションを支える手話通訳士の活躍の場はまだまだ少ない状況です。日常的には、ＮＨＫの手話ニュースや、講演会で演壇のわきで手話通訳をしている人をたまに見る程度でしょうか。聴覚障害者が有権者としてかかわる選挙でも、手話通訳がつくものとつかないものがあり、まだまだ体制は不十分だといえるでしょう。

また、手話通訳を行う人の数も不十分です。全国には多くの手話通訳者がいますが、レベルはバラバラで、高度な通訳業務ができる人から日常会話程度まで様々です。手話通訳の資格である手話通訳士の数は、平成29年9月の段階で３５１８名と、医療・法律などの場で高度な通訳が必要となる世のなかで十分な数がいるとはいえません。

市町村は、手話通訳者、要約筆記者の派遣事業を行いますが、都道府県の行う育成事業と合わせて、より一層の展開が望まれます。

意思疎通支援を行う者の養成事業の実施状況

人口区分	手話奉仕員養成事業		手話通訳者養成事業		要約筆記者養成事業		盲ろう者通訳・介助員養成事業	
	実施率(%)	前年度修了者数平均(人)	実施率(%)	前年度修了者数平均(人)	実施率(%)	前年度修了者数平均(人)	実施率(%)	前年度修了者数平均(人)
8万人未満	82.4	13.1	5.9	20*	5.9	6*	0.0	0
8万人～15万人	85.7	19.2	14.3	2.5	14.3	3.5	0.0	0
15万人～30万人	100.0	30.4	27.3	11.0	36.4	5.0	0.0	0
30万人～70万人	90.5	50.9	61.9	34.7	61.9	11.0	29.0	5
80万人以上	100.0	123.6	77.8	25.3	88.9	12.3	77.8	17.2

*1カ所のみ回答あり

養成事業は都市部に集中

意思疎通支援を行う者の設置事業の実施状況

意思疎通支援者を、福祉事務所などに配置する事業のこと

人口区分	手話通訳者設置事業		要約筆記者設置事業		盲ろう者向け通訳介助員設置事業	
	実施率(%)	設置人数平均(人)	実施率(%)	設置人数平均(人)	実施率(%)	設置人数平均(人)
8万人未満	76.5	1.4	0.0	0	0.0	0
8万人～15万人	85.7	1.8	0.0	0	0.0	0
15万人～30万人	100	2	0.0	0	0.0	0
30万人～70万人	100	2.7	9.5	1*	0.0	0
80万人以上	100	10.3	0.0	0	0.0	0

*1カ所のみ回答あり

手話通訳に関する事業の実施率は、他に比べて悪くはありませんが、聴覚障害者が全員手話ができるわけではありません。

病気などである日突然耳が聞こえなくなったなど、手話ができない聴覚障害者も少なくなく、手話以外の意思疎通支援対策の拡充も望まれますね。

意思疎通支援事業の登録試験・登録者の状況

人口区分	手話奉仕員登録事業				手話通訳者登録事業			
	登録事業の実施率(%)	登録者数平均(人)	2005年度との比較(%)	登録試験の実施率(%)	登録事業の実施率(%)	登録者数平均(人)	2005年度との比較(%)	登録試験の実施率(%)
8万人未満	46.7	15.3*1	400	0	23.5	4.3	—	17.6
8万人～15万人	28.6	41.6	119.5	14.3	71.4	23.6	127.5	57.1
15万人～30万人	40	31.5	202.4	40	81.8	25.7	145.8	63.6
30万人～70万人	23.5	21.4	42.9	—	94.1	35	141.3	90.5
80万人以上	44.4	97	—	33.3	77.8	75.5	123.2	88.9

*―は数値が無く比較できず　*1 B市1491・C市185のぞく

出典：いずれも一般財団法人全日本ろうあ連盟「厚生労働省 平成28年度 障害者総合福祉推進事業 意思疎通支援者養成研究事業 報告書」

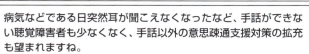

日常生活を送る上で必要な補装具がほしいとき

補装具費用の一部を補助する制度です。

生活になくてはならない補装具

町を歩くと、白杖《はくじょう》を持った方や、電動車いすを使っている人を見かけることがあるでしょう。また、事故などで足を失ってしまった人などは、義肢などを装着していることもあります。特に身体障害者にとって、補装具は自分の生活を支える大切な道具といえます。

しかし、補装具は決して安いものではありません。補装具には、義肢装具や車いす、補聴器、意思伝達装置などがあります。そのうち、電動車いすだと、厚生労働省による基準額が大体30万円以上、ものによっては１００万円近くかかります。義肢も約35万円と安いものではありません。さらに当然生活に直結するもののため、必要に応じて買い替えなければいけないときも出てきます。

その補装具を購入するための費用を負担してくれるのが、補装具費支給制度です。

なんでもいいわけではありません

単純に補装具というと、整形外科などで処方されるサポーターなども該当します。ですが、総合支援法は補装具だったらなんでも対応しているかというとそうではなく、以下の定義に合うことが必要です。

①身体の欠損または失われた身体機能を補完・代替するもので、障害個別に対応して設計・加工されたもの。
②身体に装着（装用）して日常生活や就学・就労に用いるもので、同一製品を継続して使用するもの。
③給付に際して専門的な知見（医師の判定書や意見書）を要するもの。

つまり、治療が終わっても、日常生活を送るうえで補装具が必要とされることが必要になります。

特に子どもの頃から補装具が必要になる場合、体の成長に伴って、補装具も調整・新調する必要があります。長い人生をともに歩くからこそ、補装具に対する支援は必要不可欠なのです。

補装具の種類

身体障害者・身体障害児共通	義肢・装具・座位保持装置・盲人安全つえ・義眼・眼鏡・補聴器・車いす・電動車いす・歩行器・歩行補助つえ（T字状・棒状のものを除く）・重度障害者用意思伝達装置
身体障害児のみ	座位保持椅子・起立保持具・頭部保持具・排便補助具

成長への対応や障害進行への対応、仮合わせ前の試用を理由に一部については貸与が認められます。

費用の利用者負担

所得区分		負担上限月額
生活保護	生活保護世帯に属する者	0円
低所得	市町村民税非課税世帯	0円
一般	市町村民税課税世帯	37,200円

利用者負担は原則1割となっていますが、世帯の所得に応じて、負担の上限金額が決められています。ただし、障害者本人や世帯員に一定以上の所得がある場合は対象外です。

補装具費の支給の仕組み

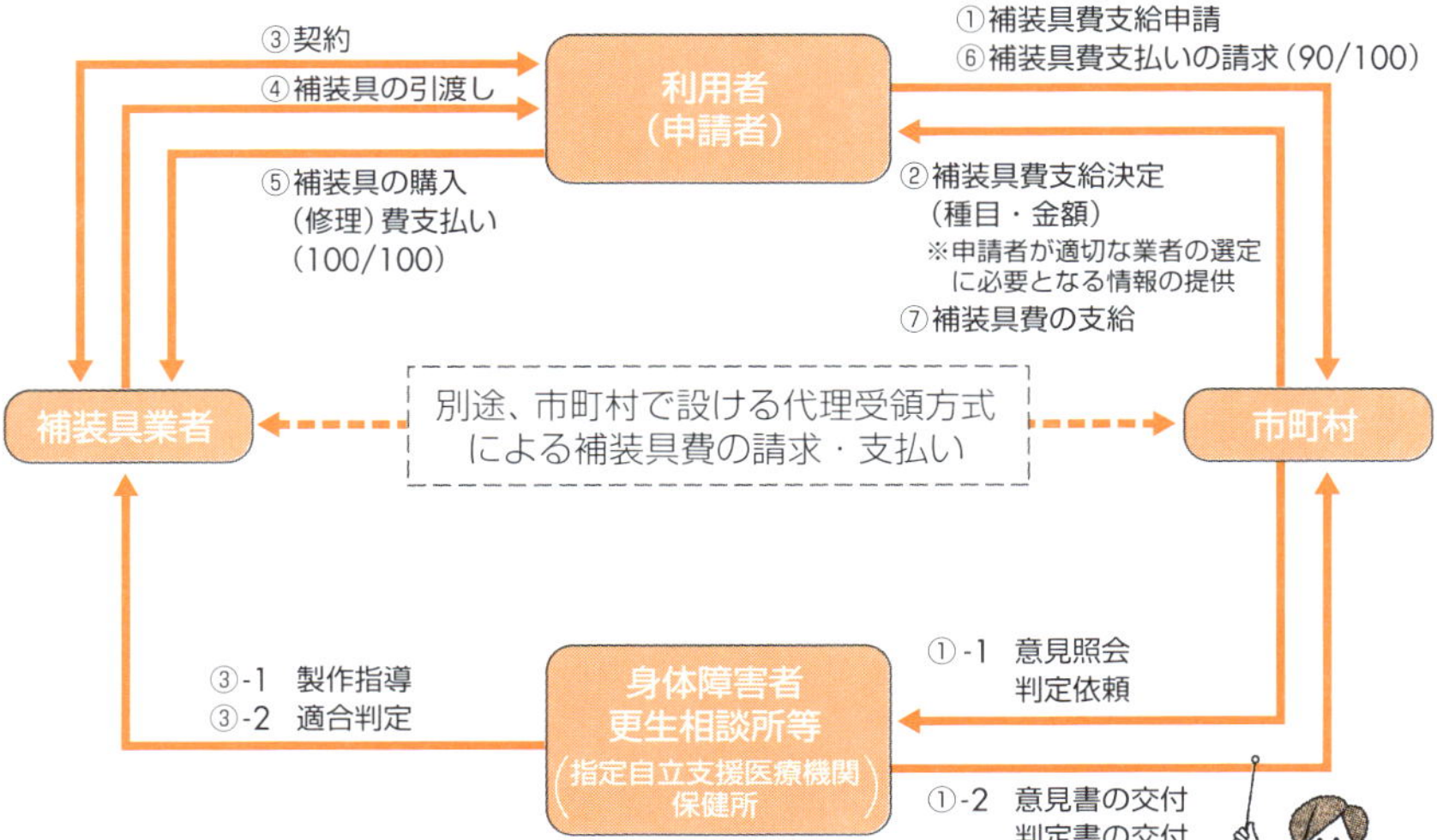

補装具の支給方法は2通りあります。先に全額を支払って、後から支給金額分を返してもらう「償還払い」と、先に利用者が負担額だけ支払い、残りは市町村と補装具作成業者とが直接やり取りする「代理受領方式」があります。

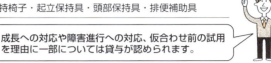

COLUMN

Q 難病患者が抱える問題は疾患によるものだけではない？

筆者の住む自治体にはJリーグのクラブがあり、元サッカー少年だった自身としては、その勝敗で一喜一憂しているのですが、そのクラブの社長を務めていた方が筋萎縮性側索硬化症（ALS）を発症したことが当時ニュースになりました。ALSは進行が早く、根本的な治療法は確立されていない難病で、進行すると気管切開が必要になるなど、生涯にわたる医療が必要になってきます。

生活にどう気をつけていても、病は突然訪れます。ALSのように治療法がいまだ見つからない病である場合もあるでしょう。今までは、そのような病気の治療法の研究を進めるために、特定疾患治療研究事業として医療費が助成されてきました。この制度による対象疾患は56疾患のみでしたが、難病法が成立したことにより、医療費が助成される疾患の数は飛躍的に増え、長期治療を必要とする多くの人の医療費負担が軽減されることになりました。

しかし、ALSなど、社会的にも認知度が高い疾患もあれば、そうでない疾患もあります。例えばスモン（亜急性脊髄視神経症）は1955年頃から発生した疾患で、視力障害や両下肢障害のほか、様々な合併症を引き起こしました。当時は原因がわからず、奇病として恐れられていましたが、実際は整腸剤キノホルムを原因とした薬害であり、訴訟の結果、国は責任を認め、医療費負担の全額免除などの各種対策が約束されました。しかし、時代は過ぎ、患者も高齢化し、現在の患者数も少なくなり、スモンを知らない行政・医療職員も増えてきました。スモンとは関係ないからと医療費を請求され、スモン患者がその度に説明をするというケースも少なくありません。その他にもHIV／AIDSのように、誤った知識に基づき、施設入所を断られたり、過度に恐れられたりしてしまうようなケースも出てきています。

知らないことを恐れるのは、人間の本能として仕方がないことかもしれません。しかし、人間は知ることにより恐れを克服してきた種族でもあります。多くの人が、難病が遠い世界のものではなく身近にある存在として関心を持ち、正しい知識を持ってともに暮らせる社会を作るために、国、自治体等による難病に対する積極的な啓蒙活動が求められます。

第4章

障害児のためのサービス

障害者総合支援法では、障害児に対するサービスは、在宅のものしか設定されていません。通所による支援を受けたいときや、入所施設を利用したい場合は、児童福祉法によって規定されているサービスを利用することになります。この章では、そうした障害児のためのサービスを紹介します。

障害児のための施設はどんなものがある？

障害児のためのサービスが再編され、大きく分けて「通所」と「入所」の2種類のサービスがあります。

障害児のサービスは児童福祉法に基づく

障害児の施設サービスは、本来障害者総合支援法（以下、総合支援法）に基づく制度ではありません。しかし大変かかわりが深いことから、ここで整理していきます。

次ページの図に示した通り、障害者自立支援法（以下、自立支援法）時代、同法に基づく障害児の施設サービスに「児童デイサービス」がありました。他の施設サービスはすべて児童福祉法に基づいたものであり、障害の種別によって施設が分かれていました。つまり、施設によって、自立支援法と児童福祉法という2つの法律によって運営されるという、わかりにくい状況になっていました。これが平成24年から、障害児に向けたすべての施設サービスは、児童福祉法に基づいて実施されるようになりました。

サービスは大きく通所・入所の2つに分けられる

成人の障害者の施設は、障害の種別ではなく、サービスの内容で分けられていますが、対象が障害児の場合にも同様に、サービスの内容ごと、すなわち通所サービスである障害児通所支援と、入所施設である障害児入所支援の大きく2つに分けることになりました。

なぜこのように施設を整理したかといえば、身近な地域で支援が受けられるようにしようとしたからです。障害児施設は数が少なく、障害の種別でも分かれていたため、自分の状況に合った支援を受けることができるかどうかは、住んでいるところに大きく影響されました。それを統合させることで、どこに住んでいても支援を受けられ、より地域生活をしやすくしたのです。

もちろん、ただサービスを受けられるようにしただけでは意味がありません。障害特性に応じた専門的な支援を受けられるよう、支援者の質が担保されるよう考えられ、制度設計が行われています。

障害児施設・事業が再編された

＜＜障害者自立支援法＞＞ 【市町村】

- 児童デイサービス

＜＜児童福祉法＞＞ 【都道府県】

通所サービス
- 知的障害児通園施設
- 難聴幼児通園施設
- 肢体不自由児通園施設（医）
- 重症心身障害児（者）通園事業（補助事業）

→ ＜＜児童福祉法＞＞ 【市町村】

障害児通所支援
- ・児童発達支援
- ・医療型児童発達支援
- ・居宅訪問型児童発達支援
- ・放課後等デイサービス
- ・保育所等訪問支援

入所サービス
- 知的障害児施設
  第一種自閉症児施設（医）
  第二種自閉症児施設
- 盲児施設
  ろうあ児施設
- 肢体不自由児施設（医）
  肢体不自由児療護施設
- 重症心身障害児施設（医）

→ 【都道府県】

障害児入所支援
- ・福祉型障害児入所施設
- ・医療型障害児入所施設

（医）とあるのは医療の提供を行っているもの

以前は、知的・身体と障害の種別で施設が分かれていましたが、平成**24**年からは、通所か入所かの**2**つに分かれたんですね。

障害児施設・事業一元化の基本的な考え方

身近な地域で支援が受けられるよう、どの障害にも対応できるようにするとともに、引き続き、障害特性に応じた専門的な支援が提供されるよう質の確保を図る。

出典：厚生労働省「障害児支援の強化について」（平成24年4月）

通所サービスの実施主体は、市町村です。以前は、通園施設の実施主体は都道府県でしたが、平成**24**年に市町村に変わっています。通所施設は数も多く必要になるため、身近な地域で、より細かく対応できるようにしたためです。

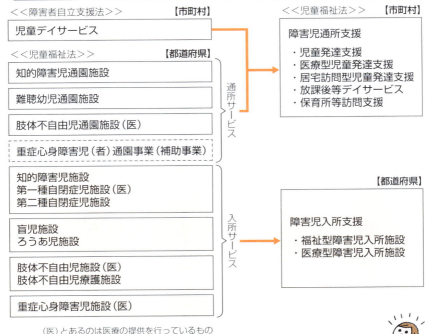

療育が必要な子どもに身近な地域で支援を行う

通常は児童発達支援センターに、医療が必要な障害児の場合は医療型児童発達支援センターに相談します。

障害児通所支援の4つの機能

今まで障害児のサービスは、知的障害児や肢体不自由児など、障害の種別ごとに施設が分かれていました。それらが統合し、大きなくくりとしてできたうちの1つが、「障害児通所支援」です。これは、地域で生活している障害児のための、通所による各種サービスを指します。

障害児通所支援は、①児童発達支援、②医療型児童発達支援、③居宅訪問型児童発達支援、④放課後等デイサービス、⑤保育所等訪問支援の5つのサービスで構成されています。これらから、自分に合ったサービスを利用します。

身近な療育の場と基幹センターとしての役割を担う「児童発達支援」

児童発達支援を行う施設には、児童福祉施設として定義されている児童発達支援センターと、それ以外の児童発達支援事業があります。

もともと児童福祉の施設は、ニーズに対して十分といえるほど数はなく、近くに施設があっても、障害の内容が違えば利用することはできませんでした。児童発達支援は、そのような利用しにくい制度を変え、地域における身近な障害児支援を担う場所として設計されています。もちろん、原則として3障害（身体・知的・精神）に対応することとなっていますが、知的障害や発達障害など専門機能に特化したサービス提供も認められています。

医療が必要な場合は「医療型児童発達支援」

障害児のなかには、肢体不自由など医療を必要とする障害を抱えている場合もあります。その場合は、医療型児童発達支援として、医療機能を兼ね備えた、医療型児童発達支援センターや指定医療機関（国立病院機構などが設置している医療機関であって、厚生労働大臣が指定するもの）が対応することになっています。

地域における児童発達支援センターを中心とした支援体制

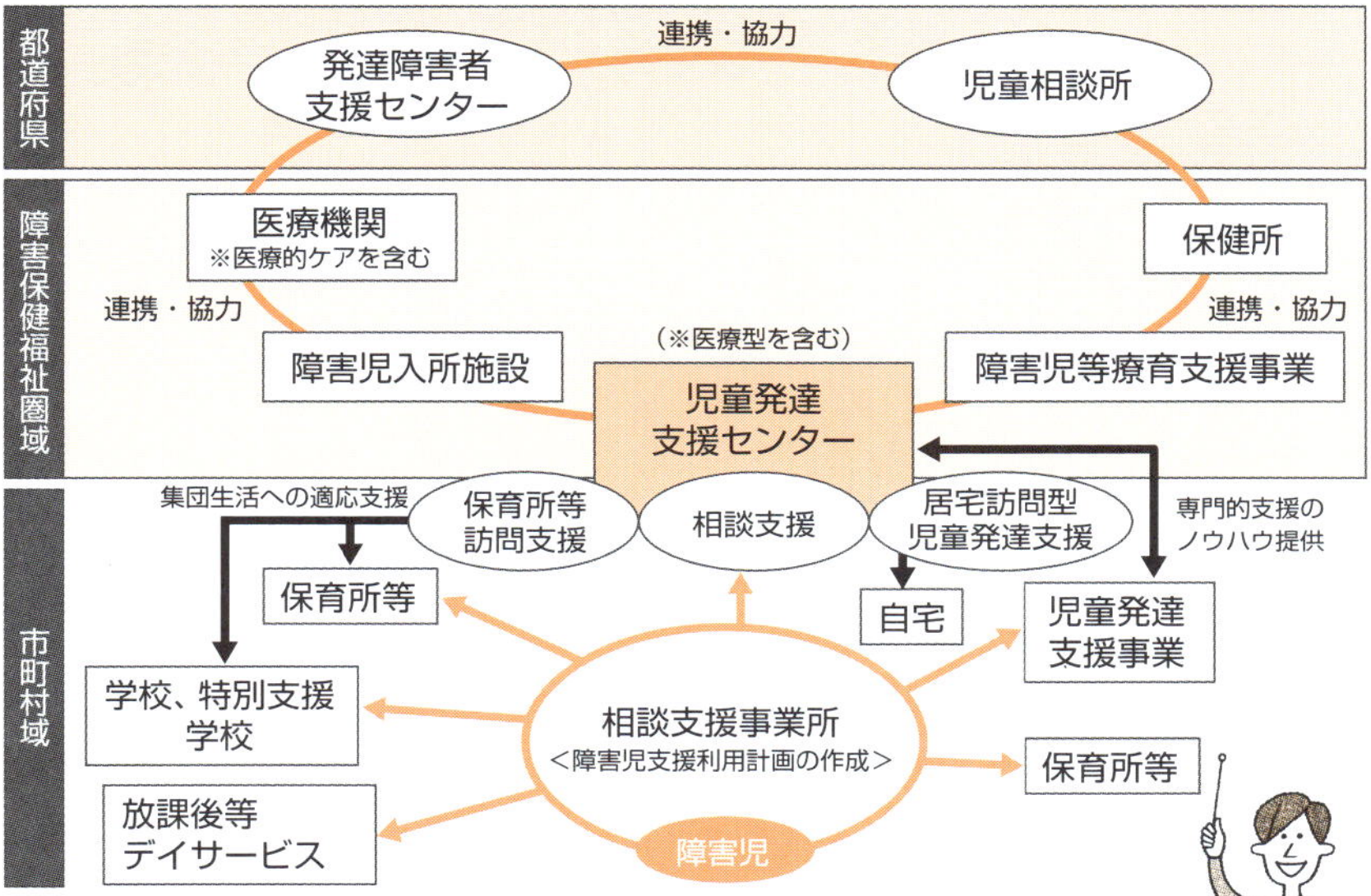

児童発達支援センターは、市町村または障害保健福祉圏域に1～2か所設置されます。地域の関係機関と連携したり、都道府県のバックアップを受けたりして、適切な支援を実施していきます。

児童発達支援センターと児童発達支援事業の違い

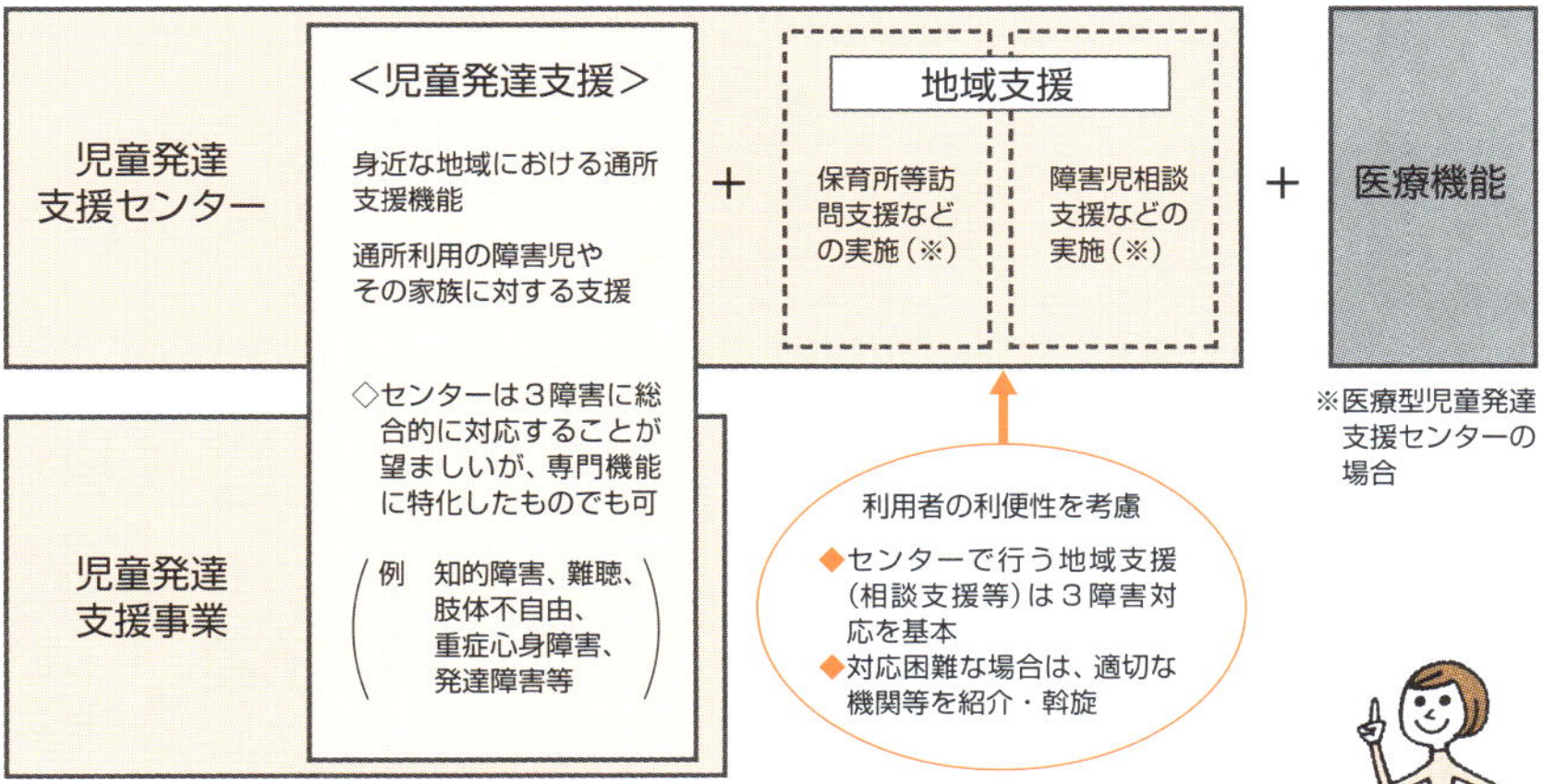

違いを一言でいうと、センターのほうが幅広い対応を行っている、ということですね。

出典：いずれも厚生労働省資料

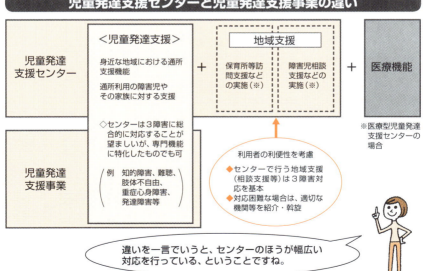

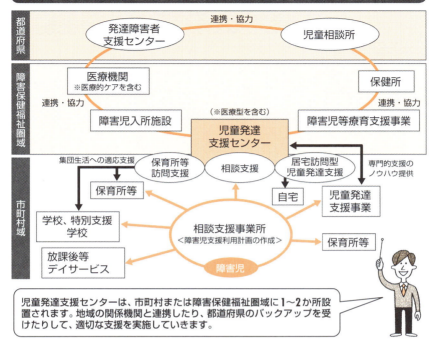

外出が困難な障害児を支援するサービス

障害児の居宅を訪問して発達支援を行うサービスです。

外出が困難な児童の発達を支援

第2章でも新サービスとして解説しましたが、居宅訪問型児童発達支援は、従来あった児童発達支援や放課後等デイサービスと同様のサービスを「在宅」でも受けることができるよう新設された制度です。

対象は、従来ある通所型の児童発達支援や放課後等デイサービスを利用することができない重度の障害児に限定されています。なお、目的の1つとして、在宅で発達支援を行うことによって、通所型の支援につなげることができるようにするなど、社会生活の幅を広げる、ということもあります。

医療的ケア児も対象に

ここでいう重度障害児とは、各種手帳制度において重度判定がなされている子どもだけではなく、人工呼吸器装着など、日常的に医療を受けることが必要な医療的ケア児、さらに重い疾患のために外出することによって感染症にかかるリスクが高く、外出して支援を受けることが困難な子どもも含まれます。

医療的ケア児は、各種手帳制度に照らしてみると、等級が低く出たり等級がつかなかったりする場合も多くあります。しかし、日常的に医療的ケアが必要ということで、外部での支援を受けるとなると、医療的ケアを実施できる看護師などの専門スタッフの配置や、それぞれの症状に応じた機器の配置など行わなければなりません。そのため、今までの支援体制では、受け入れたくても人員上、設備上、受け入れることが困難な状態にありました。

今回の法改正によって、医療的ケア児でも発達支援を受けることができる土台ができることになり、家族の負担軽減にもつながることが想定されています。しかし、通所施設での医療ケア児の受け入れ態勢が整ったわけではないため、今後も医療的ケア児に対する支援のあり方については検討していく必要があります。

居宅訪問型児童発達支援の対象は？

いずれかに該当する障害児

①**重度の障害等**の状態にある障害児（※）

※重度の障害の判定は、各種手帳の重度判定（身体障害者手帳１・２級相当、療育手帳重度相当、精神障害者保健福祉手帳１級相当）を 基本とする予定

②**重度の障害の状態に準ずるもの**として厚生労働省が定めるものであり（省令事項：aもしくはb）、かつ児童発達支援等を受けるために**外出することが著しく困難**な障害児

a　人工呼吸器を装着している状態その他の日常生活を営むために医療を要する状態にある場合＝医療的ケア児

b　重い疾病のため感染症にかかるおそれがある状態にある場合

省令事項とは、先に法で大枠を定めておいて、細かい部分については、後から担当省庁が別途決めることができるようにしたものです。例えば、将来、サービスの対象者を増やそうとするときに改定しやすくなっています。

地域における医療的ケア児の支援体制の整備に向けて

地方公共団体

関係課室が連携して、地域における医療的ケア児の支援体制を支援

医療関係

○訪問診療や訪問看護等医療を受けながら生活することができる体制の整備の確保

○小児在宅医療従事者育成のための研修会の実施 等

障害福祉関係

○障害児福祉計画等を利用しながら計画的な体制整備

○医療的ケアに対応できる短期入所や障害児通所支援等の確保 等

関係機関等の連携

○協議の場の設置

○重症心身障害児者等コーディネーターの配置 等

保健関係

○母子保健施策を通じて把握した医療的ケア児の保護者等への情報提供 等

保育関係

○保育所等、幼稚園、認定こども園における子どもの対応や保護者の意向、受入体制などを勘案した受入や医療的ケア児のニーズを踏まえた対応 等

教育関係

○学校に看護師等の配置

○乳幼児から学校卒業後までの一貫した教育相談体制の整備

○医療的ケアに対応するための体制整備（看護師等の研修）等

出典：厚生労働省 社会・援護局 障害保健福祉部障害福祉課 障害児・発達障害者支援室資料をもとに筆者修正

地域で暮らす障害児のための支援あれこれ

放課後の居場所の支援として「放課後等デイサービス」や乳幼児を支える「保育所等訪問支援」があります。

「児童デイサービス」が「放課後等デイサービス」に変わった

自立支援法時代に、児童に対するサービスとして唯一行われていたのが「児童デイサービス」でした。これは障害児に対して集団生活を通じて療育を行うというものです。他のサービスが児童福祉法に基づいているなかで、確かに少し違和感を覚えるものでした。しかし、それだけ需要が高いサービスだったともいえます。

仕事を持つ保護者の多くは、学校などが終わった後や夏休み中など、子どもたちの様子を見ることができません。児童デイサービスはその間の療育を担当する場所として、多くのNPOなどにより立ち上げられました。今は、児童福祉法のサービスに組み込まれ、名称も新たに放課後等デイサービスとして変わりました。

障害を持つ乳幼児の保育所への受け入れを支える

放課後等デイサービスの対象となるのは、基本的に就学児です。乳幼児は保育所等を利用することになりますが、預かる側の職員は、どのように障害児と接すればいいのか、どうすれば集団生活に適応できるかなど、受け持つうえで不安を抱えています。それは就学後に日中生活する学校側も同様です。そこで児童指導員などが保育所や幼稚園、学校などに訪問し、かかわり方や抱えている悩みなどに対応します。この制度を「保育所等訪問支援」といい、受け入れたくても自信がないから受け入れできない、という状況を少しでも改善することが期待されます。

子育てしやすい社会へ

今まで、障害児を持つ母親の負担は非常に大きく、子どもの世話のため、働きに出るどころか外出もままならない状況が少なからずありました。サービスの整備によって、障害のあるなしにかかわらず、地域全体で子育てを支えるという社会の実現が望まれます。

放課後等デイサービスのイメージ

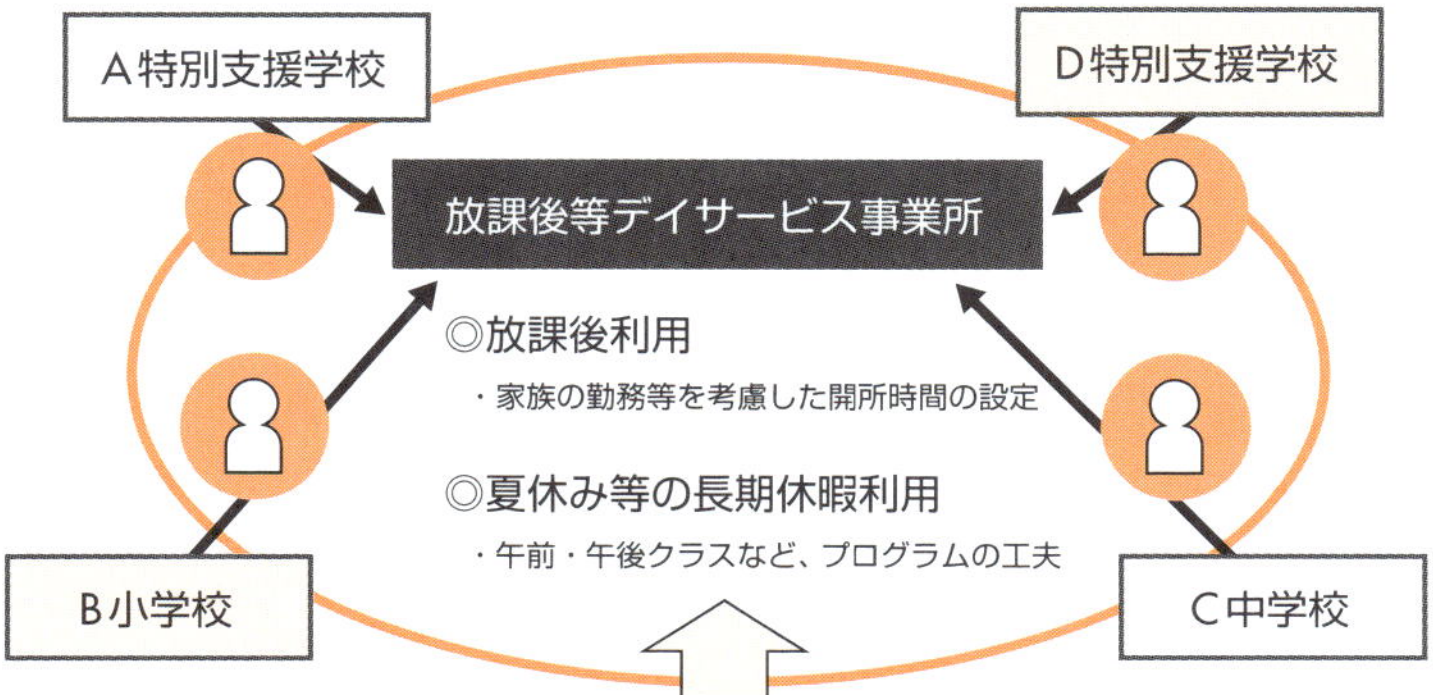

提供するサービス

学校事業終了後または休業日において、生活能力の向上のために必要な訓練、社会との交流の促進その他の便宜を供与

- 自立生活を営むために必要な訓練や創作的活動、余暇の提供など、多彩なメニューを設け、本人の希望を踏まえたサービスを提供
- 学校との連携・協働による支援

対象となるのは、学校教育法に規定する学校（幼稚園・大学を除く）に就学する障害児ですね。

保育所等訪問支援のイメージ

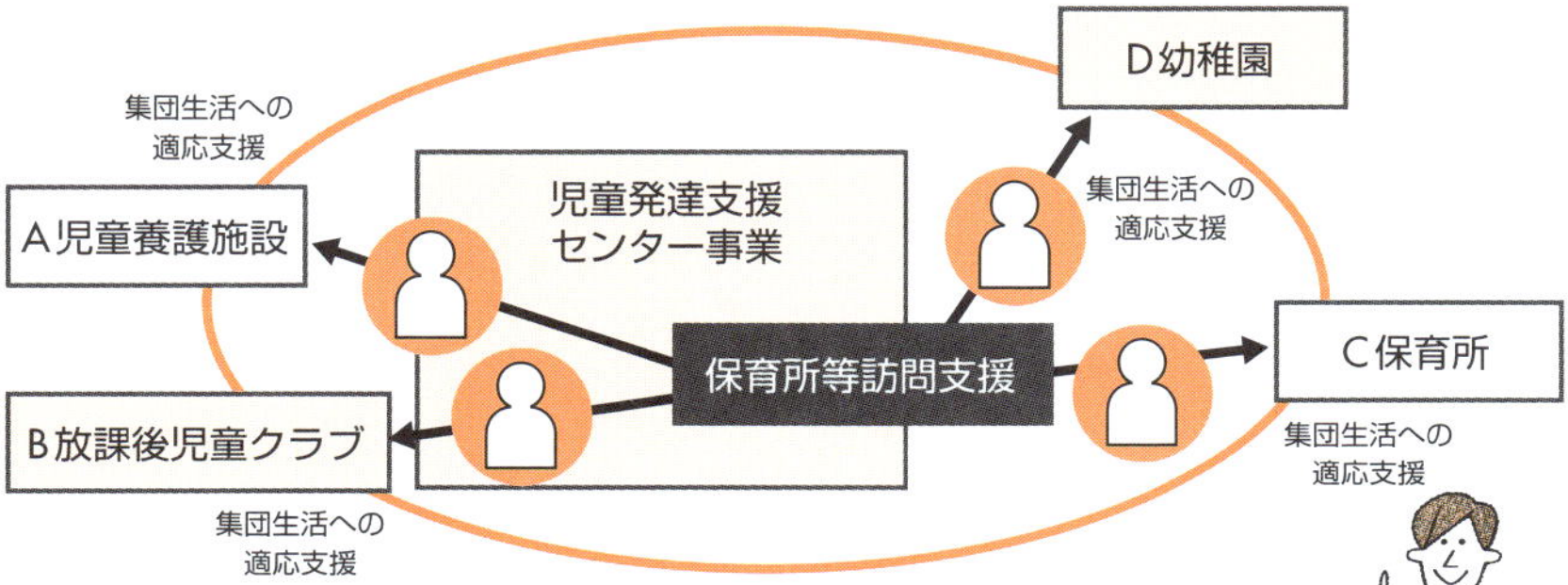

相談員が訪問する先は、保育所や幼稚園、学校、乳児院、児童養護施設など、児童が集団生活を営む施設として、地方自治体が認めたところです。

出典：いずれも厚生労働省資料

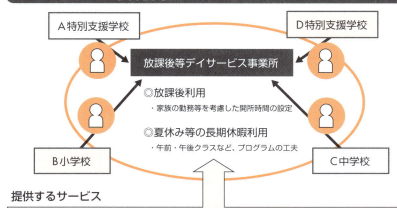

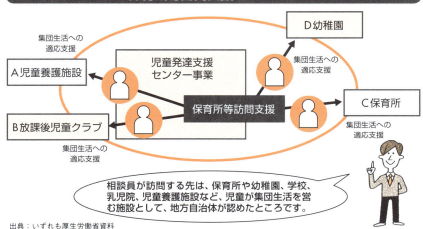

子どもの障害が重度で家庭での生活が難しい場合の支援とは

重度障害であっても自立のための支援を充実させた「障害児入所支援」があります。

施設に入所して自立した生活を目指すということ

障害の状況や家庭環境などによっては、在宅での生活が難しく、施設での生活を余儀なくされる場合もあります。以前は障害の種別によって施設が分かれていましたが、法改正により、「障害児入所施設」として1つに統合されました。ただし、医療の必要があるかどうかで、福祉型と医療型の2つに分けられています。

障害児入所支援では、児童の保護や日常生活の指導、生活を送るうえで必要な知識や技能を身につけるための訓練などが行われます。医療型の場合は、それに加えて治療も大きな役割です。

以前、施設といえば、一度入ってしまえば外に出ることは難しいという認識が強くありました。しかし現在では、地域生活への移行を目的として、自立支援に向けた取り組みが各施設で行われています。

18歳以上になったらどうなる？

これらの施設は、児童福祉法に根拠を持っており、利用できるのは法律で定義されている児童、つまり18歳未満とされています。しかし、18歳以上になったからといって、すぐに環境等を整えて、施設を出られる人ばかりではありません。

そこで、現在入所している18歳以上の人が退所させられないように配慮するとともに、入所支援を受けなければ、その人の生活に支障が起きる場合は、満20歳に達するまで利用することができるとされています。

また、法の成立時に18歳以上の人が退所されないよう、みなし規定として障害児入所施設の指定を受ければ、障害者支援施設または療養介護の指定を平成30年3月まで受けることができましたが、福祉型については平成33年3月まで延長、医療型は入所者の年齢、状態に応じて適切な日中活動を実施することを前提として、制度が恒久化されました。

障害児入所施設のイメージ

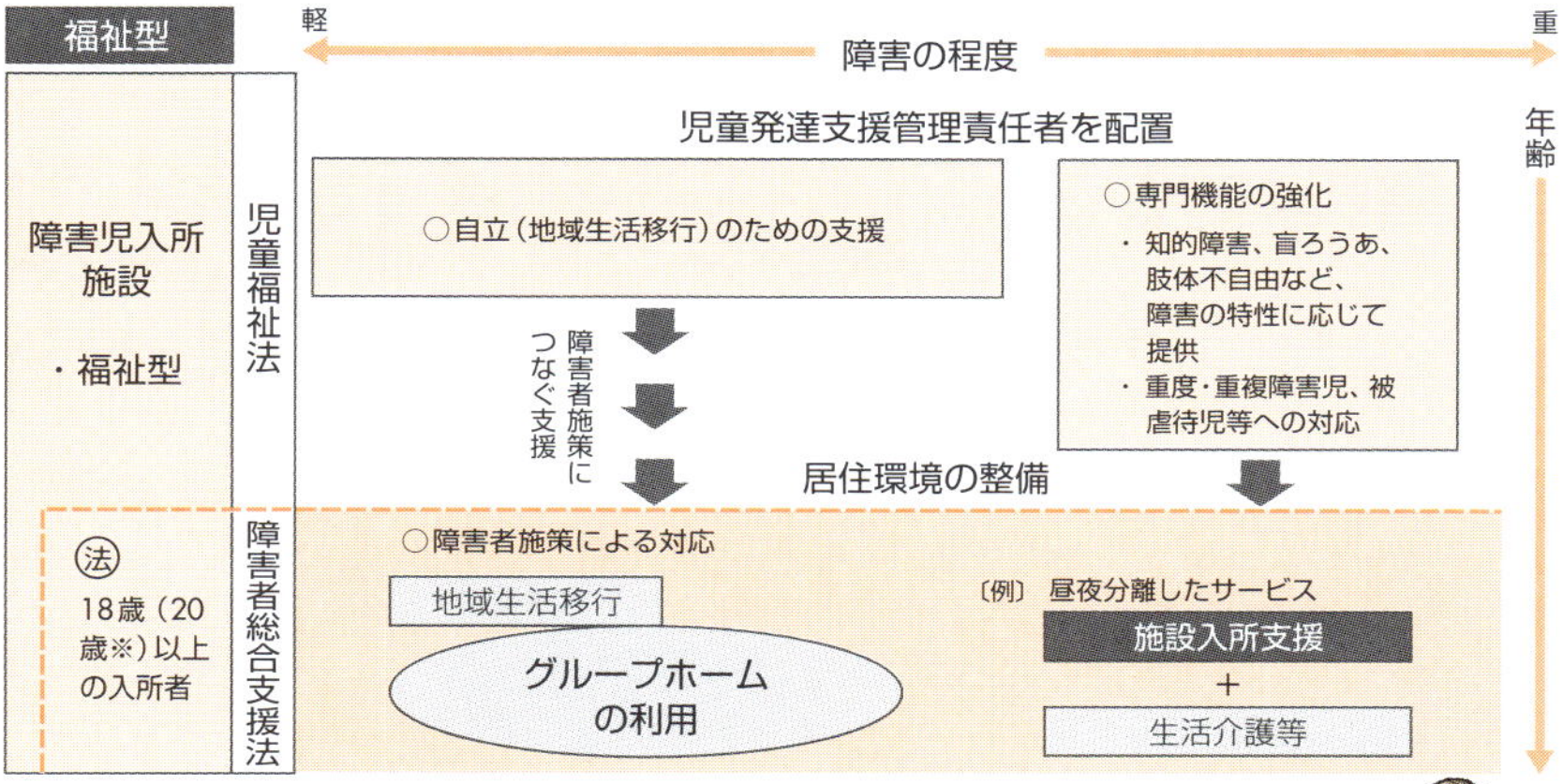

（※）支援がなければ福祉を損なうおそれがあると認められるとき

障害児入所施設は、児童福祉施設であるため、入所児童は将来的には障害者総合支援法に基づく施設へ移らなければなりません。そのため、そうなったときのことを考えた取り組みが行われます。

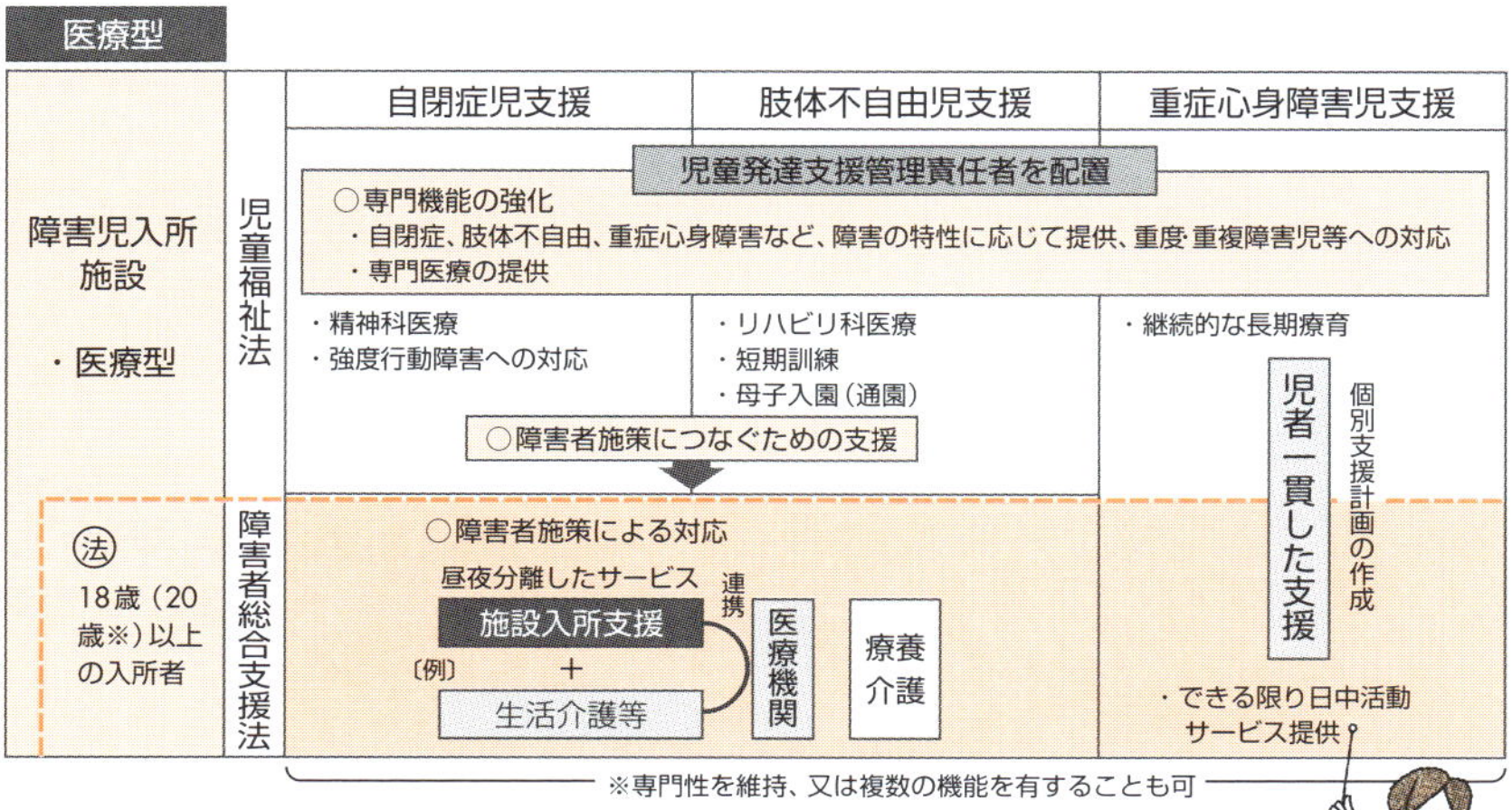

（※）支援がなければ福祉を損なうおそれがあると認められるとき

もともと旧体系のときにも、重症心身障害児や肢体不自由児などに対する専門医療と福祉が一緒に提供されていました。
そこで、医療型障害児入所施設では、それぞれの障害に対する専門性を維持するか、または複数の機能を併せ持つかのどちらかを選んで実施されています。

出典：厚生労働省資料

子どもに合った通所支援サービスを受けるには?

通所サービスを利用するときには障害児相談支援事業を利用します。

通所サービスに対応した相談支援

相談支援というのは、障害者・児がどんなことに困っているのか、どのような生活を送りたいかを理解して、人それぞれに合ったサービスを提供するための橋渡しをする、とても重要な支援といえます。

自立支援法時代までは、障害児の相談先といえば、一般的な相談は相談支援事業が、通所や入所サービスに対する相談は主に児童相談所が担ってきました。しかし、児童相談所は圏域で設置されるため、必ずしも近くにあるわけではありません。また敷居が高くて気軽には相談しづらいという印象が持たれがちです。そこで通所サービスの相談窓口として、障害児相談支援事業が実施されるようになりました。なお、この相談支援は、総合支援法によるものではなく、児童福祉法に基づく制度として行われています。

サービスの計画も作ってくれる!

障害児相談支援事業には、障害児支援利用援助と継続障害児支援利用援助の2つがあります。

障害児支援利用援助は、具体的にどのようなサービスを使うかを検討し、プラン（障害児支援利用計画）を作成します。作成にかかる費用負担はありません。なお、本人や家族などが作成（セルフプラン）することもできます。

継続障害児支援利用援助は、一定期間サービスを利用したなかで、本当にそれでいいのか、場合によってはプランの変更を行うといった見直し（モニタリング）を行います。これらは通所サービスに対するもので、入所サービスは児童相談所が専門的な判断を行うため、対象外となっています。

図を見てわかる通り、障害者の相談支援事業と内容としては大きく変わりません。相談支援専門員はプランを作り、利用の様子から見直しを行い、よりその人に合った支援が提供されるように本人、家族と一緒に考えていきます。

「障害児」の相談支援体系

H24.4.1～

市町村による相談支援事業	サービス等利用計画等	
	居宅サービス	通所サービス
市町村／指定特定（計画作成担当）・一般相談支援事業者（地域移行・定着担当）に委託可	指定特定相談支援事業者（計画作成担当） ※事業者指定は、市町村長が行う。	障害児相談支援事業者 ※事業者指定は、市町村長が行う。
○障害者・障害児等からの相談（交付税）	○計画相談支援（個別給付） ・サービス利用支援 ・継続サービス利用支援 ○基本相談支援（障害者・障害児等からの相談）	○障害児相談支援（個別給付） ・障害児支援利用援助 ・継続障害児支援利用援助

障害児相談支援事業は、主に通所サービスを利用したいときに活用します。日常的な相談は、相談支援事業（障害者総合支援法による規定。市町村が実施）で対応します。

障害児の場合も、大人の障害者と同様に、居宅介護などの居宅サービスについては、障害者総合支援法によるサービスを受けることになるんですよね？

そうです。児童福祉法の「障害児相談支援事業者」の指定だけでは、障害者総合支援法の居宅サービスの調整ができないので、原則、障害者総合支援法に基づく「特定相談支援事業」の指定も受けているんですね。障害児入所支援については、児童相談所が対応することになっています。

サービス利用までの流れ（児童通所支援の場合）

1. サービス利用申請
2. 指定障害児相談支援事業者と契約
3. サービス意向調査
4. 障害児支援利用計画案の提出
5. 障害児通所支援の給付決定
6. 障害児支援利用計画の作成
7. サービス開始
8. 定期的なモニタリングの実施

障害児支援利用計画は、本人、家族などが作成することも可能です（セルフプランといいます）。ただし、その場合はモニタリングを受けることができません。

Q 医療的ケア児の学校受け入れ態勢はどうなっているの？

今回の法改正で、今まで支援体制が整っていなかった医療的ケア児に対する取り組みがスタートすることになりました。これを皮切りに、医療的ケア児に対する施策が充実してくることが望まれます。

実際、日本にはどのくらい医療的ケア児がいるのでしょうか。平成28年の調査では、特別支援学校には8116名いるとされ、全体の6％を占める結果となっています。医療的ケア児に行う支援には、酸素の導入やネブライザーなどによる薬液の吸入など、比較的容易に実施できるものもありますが、喀痰吸引など、医療関係の資格を保有していない者が行ってはいけない「医行為」が必要な児童生徒も多く、その結果として親がつきっきりで対応せざるを得なかったケースも少なくありませんでした（本人・家族が行う分には違法性が阻却されます）。平成24年度に、5つの「特定行為」——口腔内・鼻腔内・気管カニューレ内の喀痰吸引、胃ろうまたは腸ろうによる経管栄養、経鼻経管栄養については、研修を修了すれば、都道府県知事から認定された教員等でも対応できるようになりました。配置される看護師の数も年々増加してきており、医療的ケア児への対応体制も整ってきつつあります。

しかし、これはもともと手厚い支援を受けやすい特別支援学校の話であり、通常学校はまた別です。平成28年度の特別支援学校を除く公立小中学校における医療的ケアが必要な児童生徒の数は、合わせて766名、うち「特定行為」が必要な児童生徒は436名と半数以上を占めています。しかし、対象児童数に対しての看護師や特定認定行為業務従事者資格を持つ教員等の数は、さらにその約半数であり、在籍校数で見たときに医療的ケアを対応できる人が1校に1名以上配置できている都道府県は少なく、保護者が対応しているケースも多いのが実情です。

医療の進歩に伴い、比較的重い疾患を抱える児童生徒が通常学校に通うことを親が希望するケースも増えつつあります。予算や人材など様々な課題が絡んでくる問題ではありますが、受け入れを希望する児童生徒に対して、どのように前向きに対応できるか、各自治体の取り組みに注目したいと思います。

第5章

障害福祉サービスの使い方

サービス申請や利用料を減免することは、様々な書類を揃えたり、たくさんの調査を必要としたりするため難しく感じるかもしれません。しかし、手順を1つずつ小分けにしてみるとそんなに難しいことではありません。本章では、簡単にサービス利用をしていただけるよう解説します。

サービスを利用したいときはどこに申請するの？

サービスを利用したいときの相談や申請は、市町村の窓口にします。

申請の窓口は市町村！

介護給付、訓練等給付を利用するためには、市町村の窓口へ支給申請を行い、支給決定を受ける必要があります。市町村によって課や係の名称は様々ですが、「障害福祉課」や「障害保健福祉課」の名称が多いようです。

支給申請は、所定の用紙に障害者や障害児の保護者が、氏名、居住地、また状況に応じて障害者基礎年金1級の受給の有無、介護保険申請状況等の項目について記載し、提出します。もし、障害者本人やその家族に居住地がない場合、また居住地がわからない場合には、現在地の市町村に対して申請を行います。

また、障害者支援施設や特定施設等に入所している場合は、入所前に居住地があった市町村に対して申請を行います。

申請後、まずは障害支援区分の認定調査が行われる

申請を受けつけた市町村は、支給するかどうかを決定（支給要否決定といいます）するため、障害支援区分の認定を行います。そこで市町村の職員は、障害者本人やその家族と面接して、心身の状況や置かれている環境について調査します。

この調査は市町村から指定一般相談支援事業者（地域移行支援や地域定着支援を行っている事業所のこと）等に委託することも可能です。ただし、委託を受けた指定一般相談支援事業者等は、障害者等の保健福祉に関する専門知識と技術を持った専門家が調査することが条件となっています。

市町村は、障害者本人やその家族が遠い地に住んでいる場合は、調査をその居住している市町村に嘱託することも可能です。

サービス利用を考える場合は、まず市町村へ相談することが大切です。申請手続きは難しく感じるかもしれません。わからないことがあったら、担当者に何でも聞くようにしましょう。

申請手続きの流れ

障害者・
障害児の保護者

主に下記の項目を
書類に記載して提出する

・氏名
・居住地
・状況に応じて障害者基礎年金1級の受給の有無
・介護保険申請状況　等

①申請 ↓

②調査 ↑

・全国共通の障害支援区分認定調査項目（80項目）
・医師の意見書（一部の訓練等給付は除く）

市町村

サービスの申請窓口は市町村ですが、“相談”については、
相談支援事業者に委託している市町村もあります。

申請は家族以外でもできる！

障害者総合支援法における「保護者」の定義とは？

↓

「親権を行う者、未成年後見人その他の者で、児童を現に監護する者」
（児童福祉法第6条で規定）を指す

「児童を監護する者」というのは、児童福祉
施設の所長や里親も含まれますね。

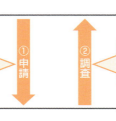

サービスを支給するかどうかを決める調査は大きく3つ

認定調査の内容と面接の留意点について解説します。

支給を決める認定調査の内容は？

申請のあったサービスを支給するかどうかのための認定調査は、大きく分けて、①概況調査票、②認定調査票、③特記事項の3つで構成されています。

①概況調査

概況調査には、②の認定調査に併せて、本人と家族等の基本情報や、現在受けているサービスがあればその内容（訪問介護や訪問入浴介護など）、家族からの介護状況が詳しく記載されます。特に、日中活動関連や介護者関連、居住関連については詳細に記載されます。

②障害支援区分認定調査

障害は程度によって区分に分けられ、サービスの種類・量ともに変わりますが、この障害支援区分を判定するために認定調査員は、申請のあった本人・保護者等と面接をし、3障害共通の調査項目等について認定調査を行います（このとき同時にサービスの利用意向について確認することもあります）。

③特記事項

認定調査員が判断に迷うような場合は、現在受けているサービスの回数や頻度といった具体的な状況、判断の根拠について「特記事項」に記載します。

調査の際の留意点は？

原則として認定調査は、1名の調査対象者につき、1名の認定調査員が、1回実施します。また、調査対象者本人や介護者等双方から聞き取りを行うようにしており、単身者や施設入所者等についても、可能な限り家族や施設職員等、調査対象者の日頃の状況を把握している者に立ち会いを求め、できるだけ正確な調査が行われるように配慮されています。

このように公平性の確保と標準的な調査となるように工夫と注意がされています。

概況調査票の内容

調査者について	実施日や場所、氏名、所属機関など
調査対象者	対象者の氏名、年齢、住所など
障害の状態・等級等	身体障害者等級、障害の種類、各手帳等級、生活保護の有無
現在受けているサービスの状況	居宅サービスなど
地域生活関連について	外出の頻度、社会活動の参加、入所・入院歴や期間など
就労関連について	就労状況、就労経験、就労希望など
日中活動について	自宅・施設・病院など主に活動している場所
介護者関連について	介護者の有無や健康状態など
居住関連について	生活の場所・居住環境

認定調査項目の内容

1. 移動や動作等に関連する項目		
1-1 寝返り	1-5 立ち上がり	1-9 移動
1-2 起き上がり	1-6 両足での立位保持	1-10 衣服の着脱
1-3 座位保持	1-7 片足での立位保持	1-11 じょくそう
1-4 移乗	1-8 歩行	1-12 えん下
2. 身の回りの世話や日常生活等に関連する項目		
2-1 食事	2-7 薬の管理	2-13 掃除
2-2 口腔清潔	2-8 金銭の管理	2-14 洗濯
2-3 入浴	2-9 電話等の利用	2-15 買い物
2-4 排尿	2-10 日常生活の意思決定	2-16 交通手段の利用
2-5 排便	2-11 危険の認識	
2-6 健康・栄養管理	2-12 調理	
3. 意思疎通等に関連する項目		
3-1 視力	3-3 コミュニケーション	3-5 読み書き
3-2 聴力	3-4 説明の理解	3-6 感覚過敏・感覚鈍麻
4. 行動障害に関連する項目		
4-1 被害的・拒否的	4-13 収集癖	4-25 過食・反すう等
4-2 作話	4-14 物や衣類を壊す	4-26 そう鬱状態
4-3 感情が不安定	4-15 不潔行為	4-27 反復的な行動
4-4 昼夜逆転	4-16 異食行動	4-28 対人面の不安緊張
4-5 暴言暴行	4-17 ひどい物忘れ	4-29 意欲が乏しい
4-6 同じ話をする	4-18 こだわり	4-30 話がまとまらない
4-7 大声・奇声を出す	4-19 多動・行動停止	4-31 集中力が続かない
4-8 支援の拒否	4-20 不安定な行動	4-32 自己の過大評価
4-9 徘徊	4-21 自らを傷つける行為	4-33 集団への不適応
4-10 落ち着きがない	4-22 他人を傷つける行為	4-34 多飲水・過飲水
4-11 外出して戻れない	4-23 不適切な行為	
4-12 1人で出たがる	4-24 突発的な行動	
5. 特別な医療に関連する項目		
5-1 点滴の管理	5-5 酸素療法	5-9 経管栄養
5-2 中心静脈栄養	5-6 レスピレーター	5-10 モニター測定
5-3 透析	5-7 気管切開の処置	5-11 じょくそうの処置
5-4 ストーマの処置	5-8 疼痛の看護	5-12 カテーテル

認定調査項目は、全部で**80**項目あります。これを専門的知識のある認定調査員が、本人や家族に対して、**1**時間程度で聞き取り調査を行います。

支給はどのように決定されるのか

支給決定方法は、介護給付と訓練等給付ではステップが違います。

介護給付を希望する場合

認定調査の実施後、介護給付を希望する場合は、一次と二次、2回の判定を通して障害支援区分が決定されます。

まず一次判定では、調査結果を全国共通の判定用ソフトウェアを導入したコンピュータに入力し、処理を行います。二次判定では、市町村はコンピュータで処理された一次判定結果と認定調査で得た結果（概況調査、特記事項）、さらに医師意見書を揃えて、市町村審査会に審査判定を依頼します。二次判定の結果によって、障害支援区分が決まります。その後、勘案事項調査と利用者の意向聴取を行って支給決定します。

訓練等給付を希望する場合

訓練等給付では、障害支援区分を認定する必要はありません。手続き（共同生活援助で介護が必要な場合を除く）を経て、暫定支給が決定されます。これは短期間の支給のことです。サービスの継続利用の際に、利用者の最終的な意向の確認とサービスが適切かどうかの客観的な判断を行うための期間（暫定支給決定期間）を設けます。

介護給付に必要な医師意見書

介護給付を希望する際には、医師意見書が必要になります。市町村は、障害者本人や家族からサービス利用申請があった場合に医師意見書を作成してくれる医師がいるかについて確認をします。サービス利用申請書を受理した場合、医師意見書の記載の依頼は、市町村から医師（医療機関）へ直接行われます。

医師意見書は、疾病・身体の障害内容・精神の状況・介護に関する所見など、申請者の医学的知見から意見を求めるものです。一次判定において24項目、二次判定で残りの項目が使用されます。

かかりつけの医師がいないからといって介護給付が利用できないわけではありません。その場合は申請した窓口の担当者に相談してみましょう。

申請から支給決定までの流れ

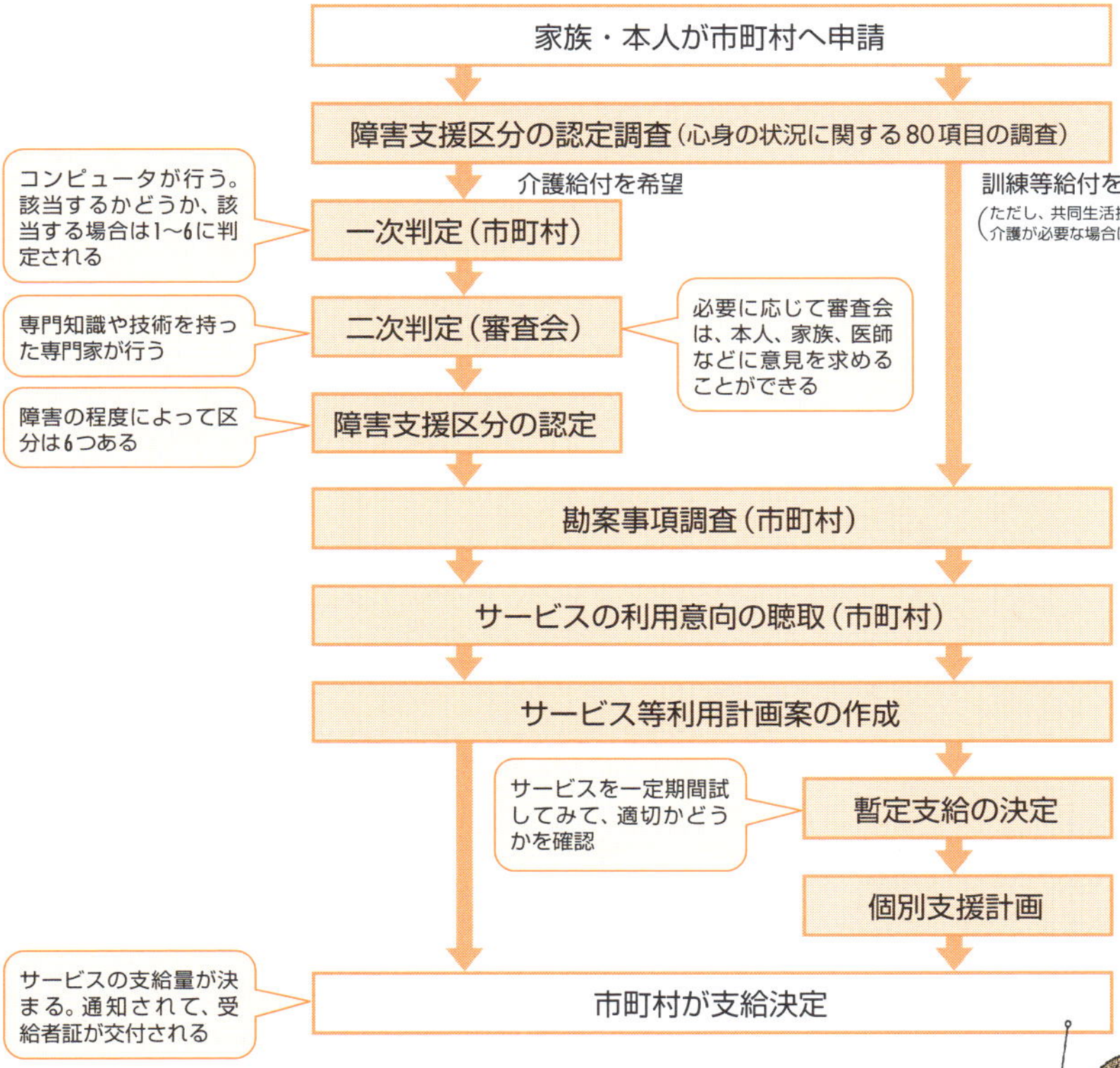

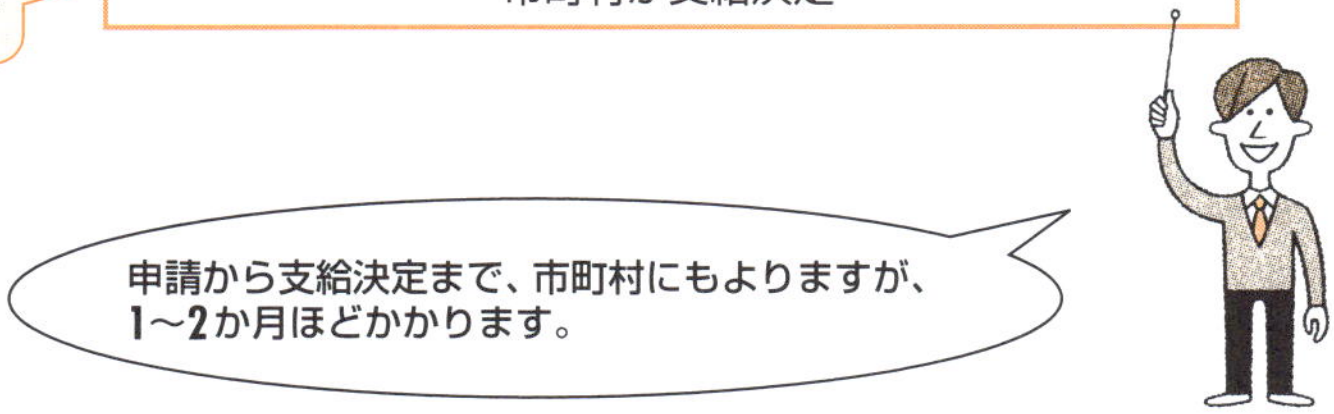

障害支援区分の有効期間

●障害支援区分の有効期間は、原則として3年

ただし、市町村審査会は、「現在の状況がどの程度継続するか」との観点から、以下の場合、認定の有効期間を3か月から3年の範囲内で短縮することができる

- 身体上または精神上の障害の程度が変動しやすい状態にあると考えられる場合
- 施設から在宅に移るなど、置かれている環境が大きく変化する場合
- その他審査会が特に必要と認める場合

サービスの利用には「計画書」が必要

サービスを利用するには、サービスの種類や量などが記載された「サービス等利用計画」が必要です。

サービス等利用計画とは

サービス等利用計画は、障害者（児）が、地域で生活をしていく際に、必要な様々なサービスを適切に活用するための計画です。これは市町村から指定を受けた指定特定相談支援事業所の相談支援専門員が、本人や家族と面接して、意向を尊重しながら作成するもので、サービスの内容や量、援助の方針や課題などが盛り込まれます。なお、この作成には、利用者負担はありません。

平成24年4月の障害者自立支援法一部改正により、原則としてすべての障害福祉サービス利用者は、利用計画を作成することが必要となりました。また、サービスの申請時においては、支給前に計画案を作成し、支給決定後にサービスの種類や内容、担当者を記載して作成することになりました。

利用計画作成のメリットは？

①本人中心のサービスであること

これまでの社会福祉政策全体の歴史的経緯もあり、必ずしも本人の意向が尊重されたサービス提供が行われているとはいいがたい状況でした。しかし、利用者本人との面接を通して、望む生活や希望するサービスを聞くことにより、計画に反映することが可能となりました。

②サービス一元化と情報共有が可能

せっかくのサービスもそれぞれのサービスがバラバラに提供されては意味がありません。ケアマネジメントの手法を用いて、本人はもちろん、家族や支援者等かかわる全員が情報共有を行い、同じ方向を向いて支援していくことが重要となります。

支援のための情報共有は必要ですが、障害者（児）すべての情報を共有するということではありません。情報共有すべきことと、しなくてもよいことについてはケース・バイ・ケースですが、プライバシーの侵害とならないように注意が必要です。

サービス一元化と情報共有が可能！

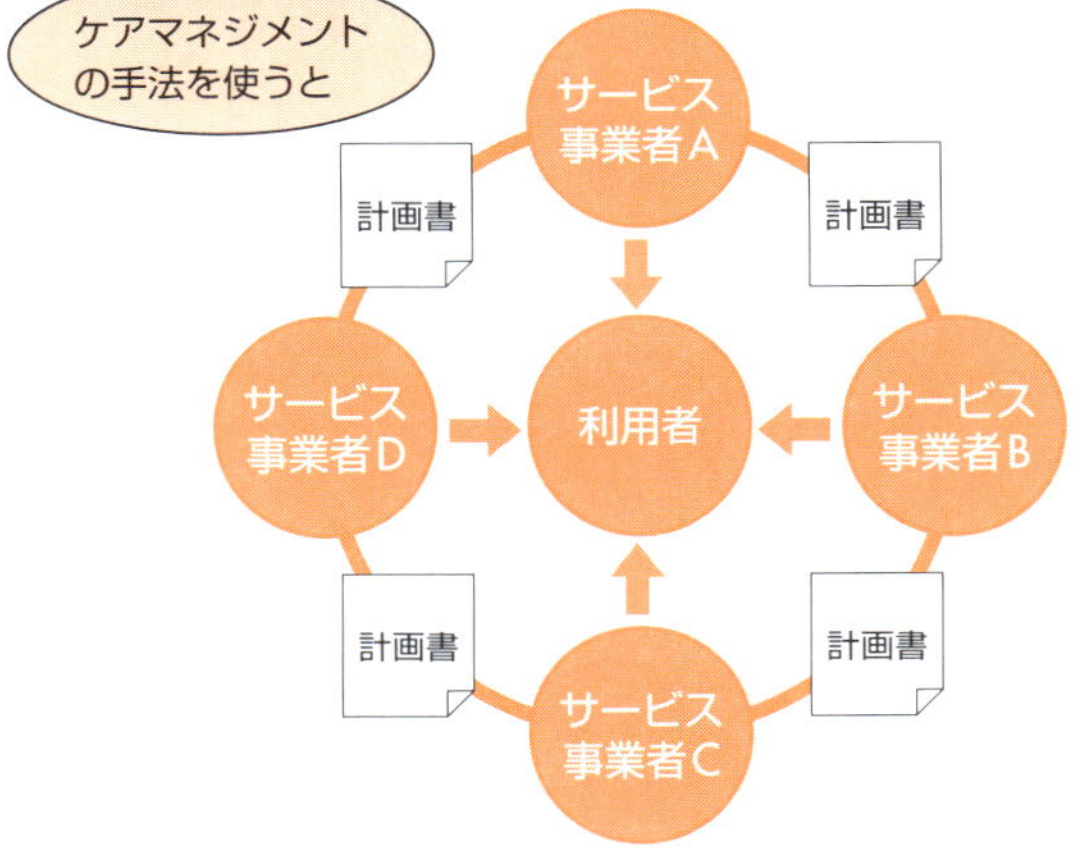

ケアマネジメントのプロセス

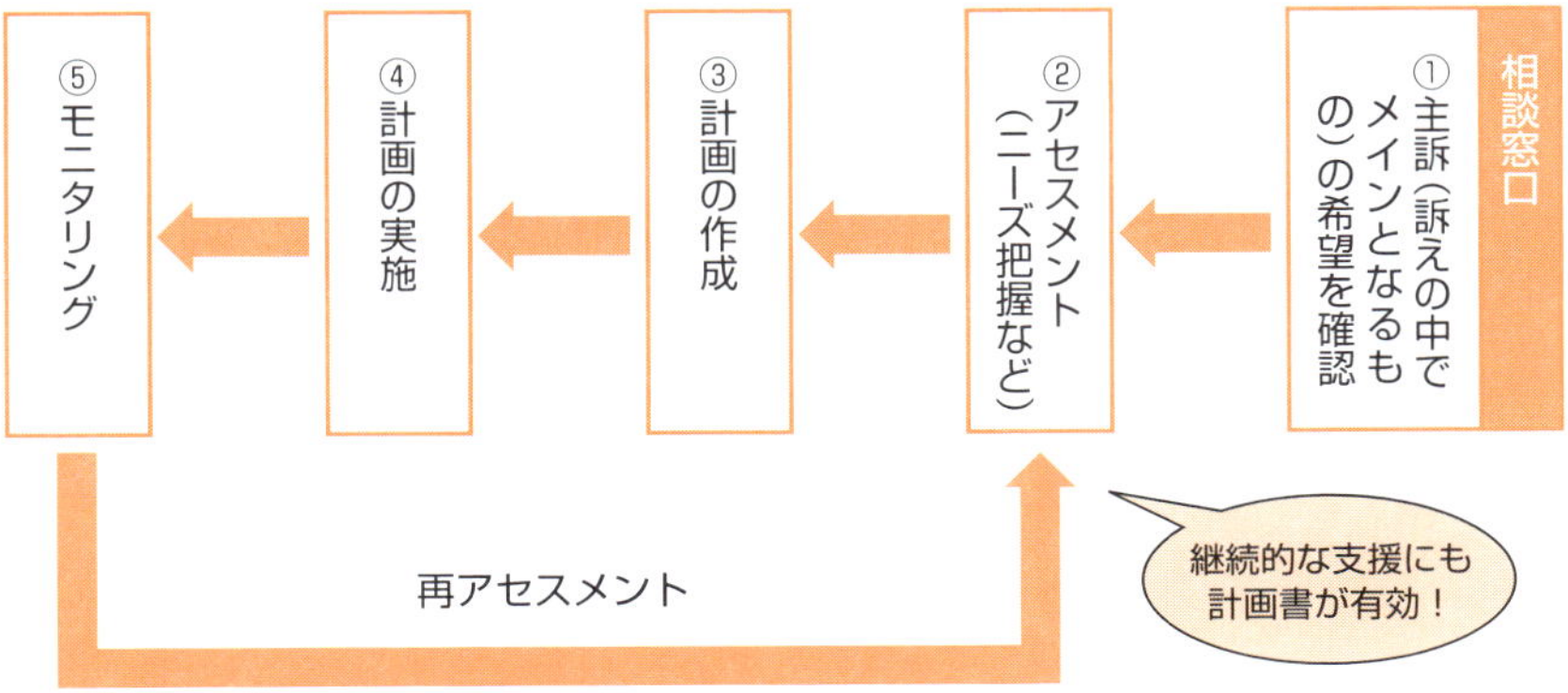

ケアマネジメントの考え方

「**利用者や家族が納得できる地域生活を営むことができるように、さまざまな配慮**（利用者の身体的ケアに対する配慮、利用者や家族に対する心理的配慮、利用者、家族、利用者が住む地域住民のもち味や強みに関する配慮、利用者と家族との関係についての配慮、家族介護に対する配慮、利用者と地域とのつながりに関する配慮など）**を行い、地域における社会資源**（近隣、友人、民生委員、ボランティア、介護保険でのサービス提供者、他の医療・保健・福祉サービス提供者、年金制度など）**をうまく活用しながら、利用者と家族の生活を支えていくための実践活動**」

出典：岡田進一『ケアマネジメント原論―高齢者と家族に対する相談支援の原理と実践方法』（2011）ワールドプランニング

少し長い定義ですが、非常に具体的でわかりやすい説明なので引用してみました。これは主に高齢者向けに定義されたものですが、障害者に置き換えても差し支えない内容といえるでしょう。

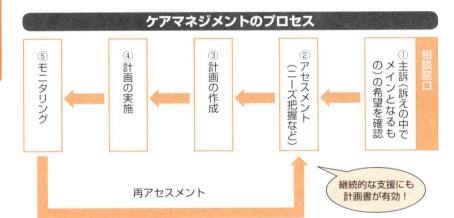

サービス等利用計画の中身を見てみよう

サービス等利用計画には目標や課題など様々な情報が詰まっています。

サービス等利用計画の内容

サービス等利用計画の具体的内容と様式は、次ページに示した通りです。計画は、まず利用者と家族の意向に沿った総合的な援助方針に基づく必要があります。そのうえで、長期・短期目標や、利用するサービスを決め、また課題解決のための本人の役割などを決めていきます。支援全体の地図のような役割を果たします。

これらの項目に沿って援助が組み立てられることになるのですが、なかでも最も重要な項目は、「①利用者及びその家族の生活に対する意向」といえます。というのも、この項目は利用者のニーズを表しているからです。前項でも述べましたが、これまでの福祉サービスは利用者の意向を反映したサービス提供とはなっていませんでした。しかし、この項目が明確に示されたことで、利用者がどのような暮らしを望んでいるのかが一目瞭然です。

その他の項目については「①利用者及びその家族の生活に対する意向」を実現するための具体的手段となっています。

サービス等利用計画の実際

では、次ページの様式を用いて142～143ページで具体的な考え方を見ていきます。「①利用者及びその家族の生活に対する意向」を要約すると「就職訓練を行い就職すること、余暇の充実（特に水泳）」になります。

この生活の意向に対して「②総合的な援助の方針」では、「就職、余暇を含めた生活スタイルの確立」となっており、この生活スタイルを具体的に確立するため長期目標・短期目標は、「1人での通勤、指示なく1人で仕事を行うこと」になります。

さらに、この目標を達成するために、「③解決すべき課題」のなかでより細かく、具体的な課題や目標、頻度・時間、本人の役割などが決められます。達成時期や評価時期といったことも設定されます。

サービス等利用計画の内容

① 利用者及びその家族の生活に対する意向
② 総合的な援助の方針
　(1) 長期目標 (2) 短期目標
③ 解決すべき課題（本人のニーズ）
④ 支援目標と達成時期
⑤ 福祉サービス等
⑥ 課題解決のための本人の役割
⑦ 評価時期
⑧ その他留意事項
⑨ モニタリング期間の項目

→ ①〜⑨：「計画案」に記載する内容

⑩ 福祉サービスの利用料
⑪ 福祉サービスの担当者

→ ⑩〜⑪：支給決定後に、「計画書」に記載する内容

まずは計画案を作成します。支給が決定したら、サービス事業者と連絡調整して、サービスの種類や内容、担当者などの情報を記載します。

サービス等利用計画の様式

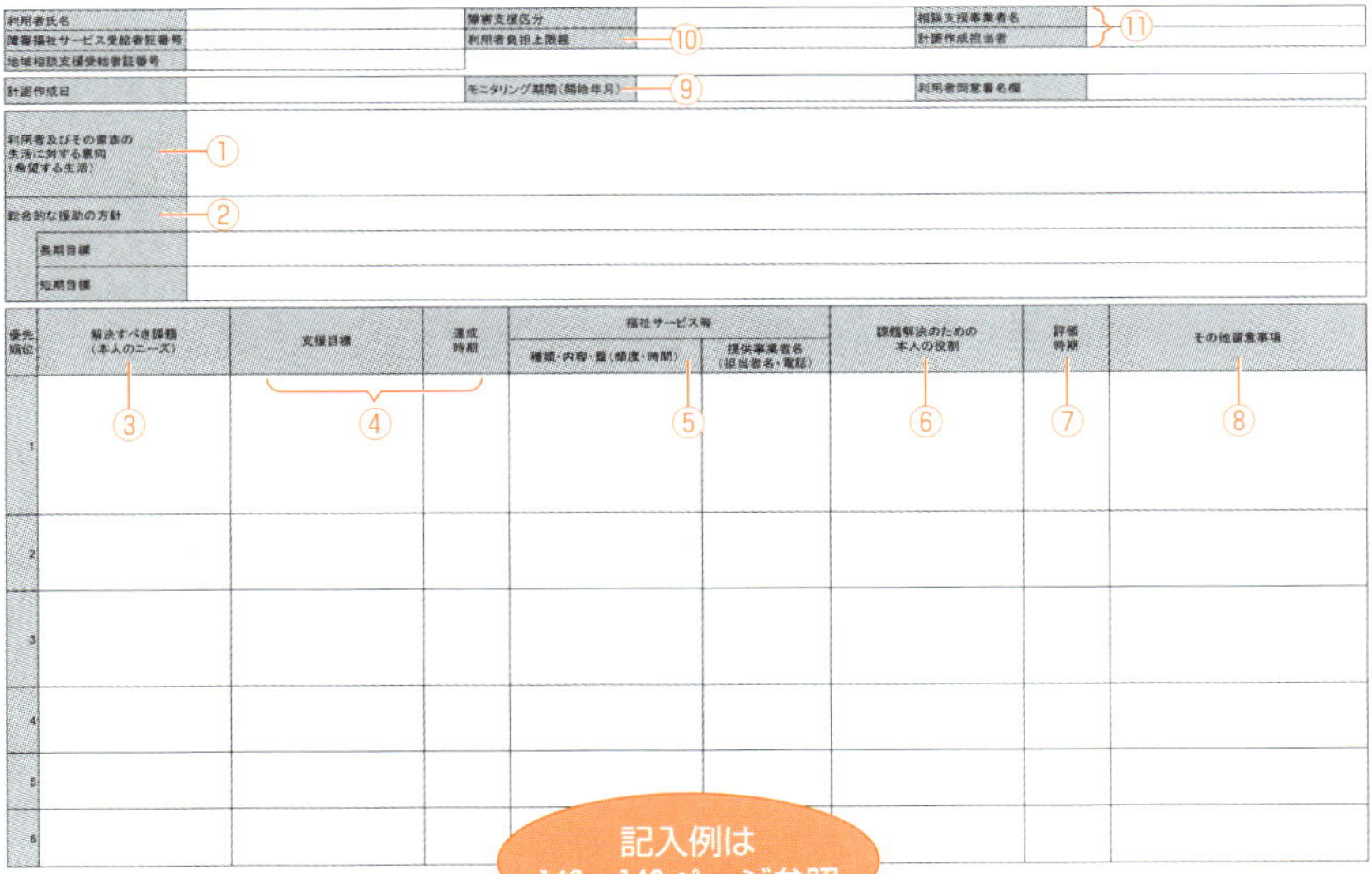

サービス等利用計画

利用者氏名		障害支援区分		相談支援事業者名	⑪
障害福祉サービス受給者証番号		利用者負担上限額	⑩	計画作成担当者	⑪
地域相談支援受給者証番号					
計画作成日		モニタリング期間（開始年月）	⑨	利用者同意署名欄	

利用者及びその家族の生活に対する意向（希望する生活）	①
総合的な援助の方針	②
長期目標	
短期目標	

優先順位	解決すべき課題（本人のニーズ）	支援目標	達成時期	福祉サービス等 種類・内容・量（頻度・時間）	福祉サービス等 提供事業者名（担当者名・電話）	課題解決のための本人の役割	評価時期	その他留意事項
1	③	④	④	⑤		⑥	⑦	⑧
2								
3								
4								
5								
6								

記入例は
142〜143ページ参照

利用計画

	相談支援事業者名	○○相談支援センター
	計画作成担当者	○○　○○

月毎月（20××年4月～6月）	利用者同意署名欄	○○　○郎

きるようになりたい。
暇を楽しくすごしたい。できれば、水泳は得意なので、スペシャルオリンピックスにも出てみたい。

に基づいた生活が送れるようになる。

になる。

ルが理解でき、一定時間、一人で仕事ができるようになる。

ス等 提供事業者名（担当者名・電話）	課題解決のための本人の役割	評価時期	その他留意事項
○○就労移行支援事業所（△△　△△支援員 ***-***-****）	家族（母親）と朝スケジュールを確認した上で、就労移行支援事業所の送迎バスの乗降場まで歩いていき、そこで事業所の送迎バスに乗り、就労移行支援事業所に通う。	20××年6月	就労移行支援事業所への通いは、新しい生活スタイルに慣れるまでは、事業所の通所送迎車を利用する。支援に当たっては、就業・生活支援センターと連携を取りながら、事業所外実習のタイミングを探っていく。 また、本人への月間、週間スケジュール提示の方法については、居宅事業所、家族等と連絡を取り合い統一していく。
××ステーション（○○サービス提供責任者 ***-***-****）	家族（母親）と週間スケジュールを確認した上で、ヘルパーの支援を受けて、スイミングスクールに通う。	20××年6月	これまで、家族との外出が中心であったが、支援者と外出する経験を通じて、一人で外出し、余暇を楽しめる方向で、居宅介護計画を作成していく。
○○特別支援学校（□□教諭 ***-***-****）	家族（母親）と月間スケジュールを確認した上で、特別支援学校の通学時に利用していたバスに乗って同窓会に参加する。	20××年6月	同窓会には、特別支援学校の経験を活かしてバスを利用する。
○○相談支援センター（○○相談支援専門員 ***-***-****）	相談支援専門員と一緒に、活動グループを探す。	20××年10月	地域に障害者同士が集まれる活動サークルとの調整を実施する。当面は、家族の外出支援時とする。

出典：日本相談支援専門員協会「サービス等利用計画評価サポートブック」（平成25年3月）

サービス等

利用者氏名	○○　○郎	障害支援区分	区分3
障害福祉サービス受給者証番号	1234567890	利用者負担上限額	9300円
地域相談支援受給者証番号			

計画作成日	20××年4月15日	モニタリング期間(開始年月)	当初3か

利用者及びその家族の生活に対する意向(希望する生活)		高等部卒業と同時に就職はできなかったけれど、働くための支援を受けながら、早く就職で そして、週末は、趣味のスイミングスクールに通ったり、家族と町に買い物に行ったりして、余
総合的な援助の方針		学校卒業後の新しい生活スタイルに慣れ、12ヶ月をめどに就職し、余暇も含め、スケジュール
	長期目標	スケジュールに沿って行動し、付き添いがなくても一人で職場に通勤し、仕事ができるよう
	短期目標	卒業後の新しい生活スタイルに慣れ、支援者の指示がなくとも、文字や数字等でスケジュー

優先順位	解決すべき課題(本人のニーズ)	支援目標	達成時期	福祉サービ
				種類・内容・量(頻度・時間)
1	就職するための支援を受けたい。	職場で半日程度の仕事に一人で取り組める力をつける。	20××年10月	就労移行支援事業所への通所 月曜日から金曜日まで週5日 午前9時半から午後3時半まで。
2	好きなスイミングに通い、余暇を楽しみたい。	支援者の付き添いで、スイミングスクールに週末通える生活スタイルをつくる。	20××年8月	行動援護 月12時間 毎週土曜日午後1時から4時まで。
3	特別支援学校の卒業生と同窓会で会いたい。	月1回の同窓会に、月間スケジュールに沿って、定期的に参加できるようにする。	20××年8月	毎月第3日曜日、午前10時から12時まで、同窓会の案内に沿って参加する。
4	休みの日は、出かけてデジカメで写真を撮りたい。	写真クラブ的な活動グループへ参加する。	20××年8月	相談支援 月1回～2回 活動サークルへの見学体験の相談を重ねる。
5				
6				

サービスは定期的に「モニタリング」する必要がある

モニタリングとは適切にサービスを受けているか、状態が変わっていないかを確認する作業です。

モニタリングとは？

モニタリングとは、利用計画が利用者のニーズに合った計画になっているかどうかを確認し、再評価や再計画につなげていくことです。

利用者のニーズを反映して作成したはずの支援計画も、いざ実施してみると、必ずしもうまくいくことばかりではありません。むしろ実際にサービス利用を開始してからわかることがほとんどでしょう。また、日が経つことによって利用者自身に変化が起こることや希望する生活も変化することも考えられます。

このような観点からも定期的にモニタリングを行うことは重要です。

モニタリングの注意点

モニタリングをする際に、注意しなくてはいけない点がいくつかあります。

1つ目は、利用者に不利益が生じていないか、です。自発的に意見をいうことができる利用者であれば問題ないですが、そうではない場合、注意深くサービスの実施状況を確認し、状況によっては権利擁護の視点からも代弁する必要があります。

2つ目は、利用者とその家族を含めて考えられているか、です。人の生活は本人のみで営まれているわけではありません。利用者はもちろんのこと、家族も含めて安心・納得できる利用計画になっているかを確認する必要があります。

モニタリングは、現状についてきちんと把握する必要があるため、利用者本人や家族の話を十分に聞くことが重要です。また、当初の利用計画と大きく異なる場合は、なぜそのようなズレが発生したのかについても把握する必要があるでしょう。

最初に立てた利用計画の先入観を持って話を聞くことや、意見を押しつけることがあってはいけません。利用者やその家族のニーズが利用計画に適切に反映されるようにすることが重要です。

モニタリングとは

利用計画が……

利用者のニーズに合った計画になっているかどうかを確認し、再評価や再計画につなげていくこと

モニタリングによって、サービスを受けてみたら考えていたのと違った、または状況が変わった、という場合に、支援内容を修正することができるんですね。

再評価が必要となったら、**139**ページのようにアセスメントを再度行い、計画を修正していきます。

モニタリング期間は状況によって異なる

対象者の状況	標準期間
①新規サービス利用または変更により、内容や量に著しく変動があった者　※④を除く。	利用開始から3か月間、毎月実施
②在宅サービス利用者（障害児通所支援を含む）または地域定着支援利用者　※①を除く。	(1)以下に該当する人（現行制度の対象者）　⇒　毎月実施 ・障害者支援施設から退所するなどして、一定期間集中的に支援が必要になった ・単身世帯または同居家族が障害、疾病等のため、指定障害福祉サービス事業者等との連絡調整が困難である ・常時介護を要する障害者等であって、意思疎通が難しく、四肢が麻痺し、寝たきりの状態にある ・知的障害または精神障害により、行動上著しい困難がある（重度障害者等包括支援の支給決定を受けていない者に限る） (2)その他の者　⇒　6か月に1回実施
③障害者支援施設入所者、重度障害者等包括支援の利用者　※①および④を除く。	1年に1回実施
④地域移行支援利用者	6か月に1回実施

新規の方の場合、様子を見るという意味もあり、早めのモニタリングを行います。また、重度の方や連絡調整がなかなかできない事情がある方の場合は、毎月行うというケースもあります。

モニタリング期間はサービス内容や状況によって異なる

モニタリング期間は個別に決められ、これは受給者証に記載されます。

モニタリング期間は誰が決める?

モニタリングを行う期間は、対象者の状況に応じて柔軟に設定されます。すなわち、市町村が対象者の状況を見ながら個別に定める仕組みとなっています。また、一定の目安として、国からも対象者ごとの標準期間が示されています（145ページの表参照）。

モニタリング期間を設定するのは、特定相談支援事業者・障害児相談支援事業者（計画作成担当）です。国が定める標準期間、勘案事項をふまえて、サービス等利用計画案に「モニタリング期間（毎月、6か月ごと等）」を記載します。この作成されたサービス等利用計画案を、利用者が市町村に提出するのです。

市町村は、支給決定に併せて、国が定める標準期間、勘案事項をふまえて、支給決定の有効期間内に「モニタリング期間は6か月」などと決めます。また、その期間は受給者証に記載されます。

セルフプラン作成者の場合

利用計画は自分で作成することも認められています。セルフプラン作成者は、自ら計画を作成できる利用者であることから、指定特定相談支援事業者・障害児相談支援事業者(計画作成担当)によるモニタリングは実施されません。

相談支援専門員がサービス提供事業所の職員と兼務する場合

サービス提供事業所との中立性確保のため、次のやむを得ない場合を除き、基本的にモニタリングは他の事業所の相談支援専門員が実施します。

・身近な地域に相談支援事業者がない場合
・新規支給決定または変更後、おおむね3か月以内の場合

※計画作成とその直後のモニタリングは一体的な業務であること、また、計画作成事業者の変更は利用者が別の事業者と契約を締結し直すことが必要となるため、一定期間を猶予。

モニタリングの標準期間のイメージ

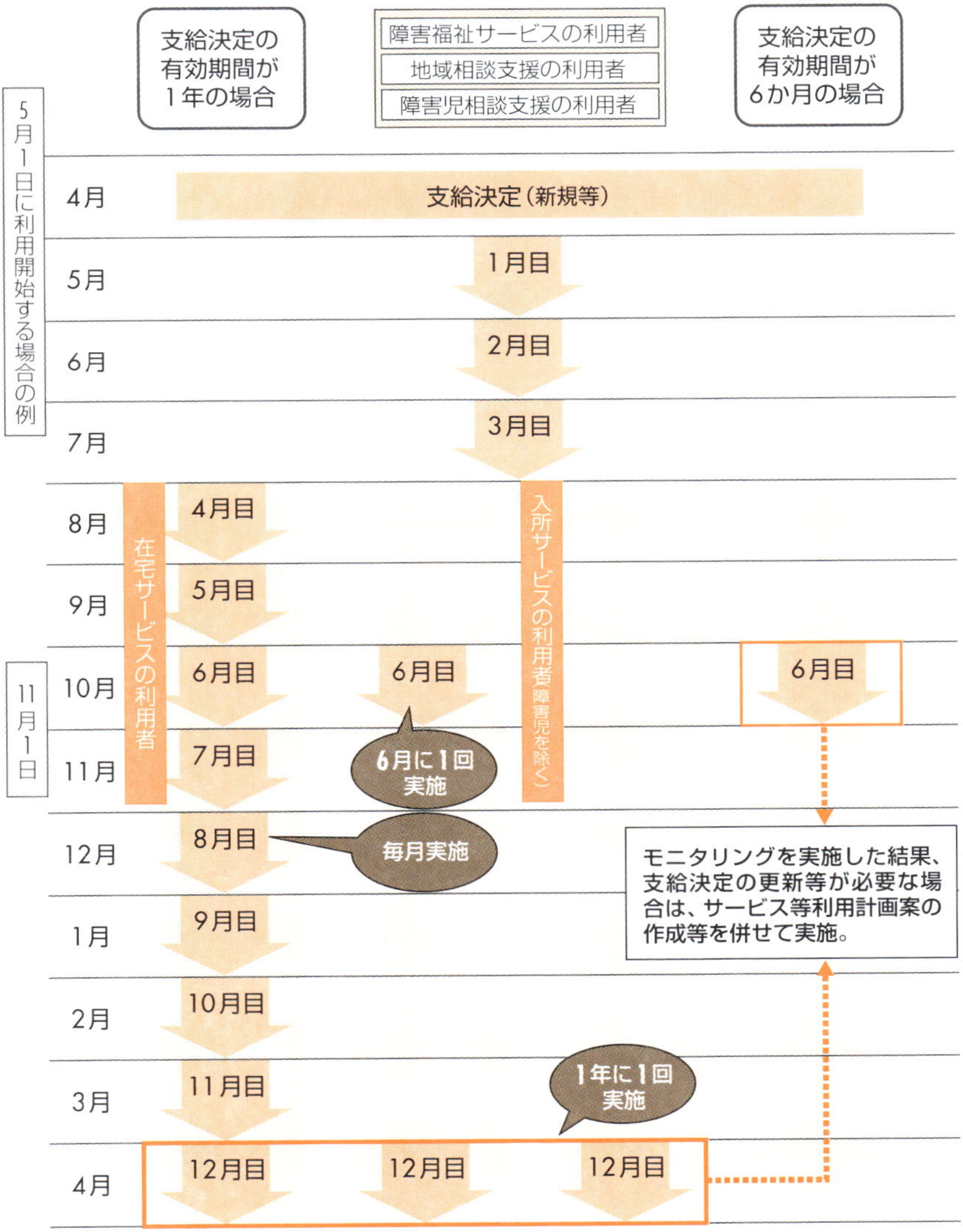

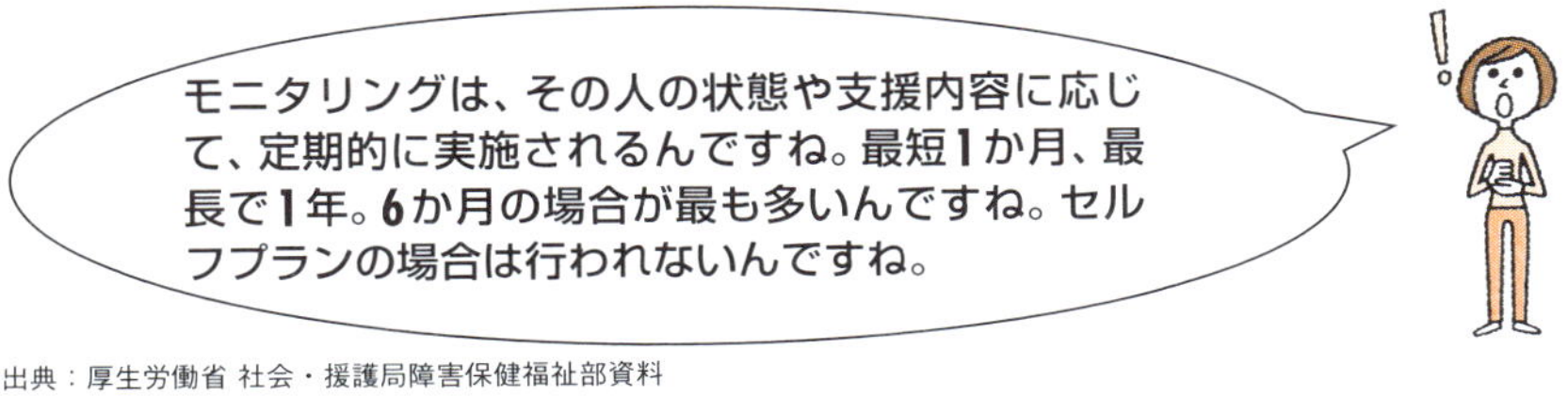

出典：厚生労働省 社会・援護局障害保健福祉部資料

介護保険制度とはどんな関係にある？

障害者が65歳以上になった場合は、基本的に介護保険が優先されます。

一律に介護保険が優先されるわけではない

障害者が65歳以上となったとき、基本的には、介護保険制度の給付が優先されます。また、障害者も65歳以上の人および40歳以上65歳未満の医療保険加入者は、原則として介護保険の被保険者となります。

自立支援給付に優先する介護保険の保険給付は、介護給付、予防給付、市町村特別給付です。

サービス内容や機能から、障害福祉サービスに相当する介護保険サービスがある場合は、介護保険サービスを優先して受けることが原則です。しかし、利用者の心身状況やサービスを必要とする理由は多様であるため、一律に介護保険サービス優先とはなっていません。

また、今回の改正で「共生サービス」が創設されたので、これまで以上に利用者のニーズに即したサービスが提供されるでしょう。

補装具費と介護保険との関係

介護保険で貸与される福祉用具には、補装具と同様の品目（車いす、歩行器、歩行補助つえ）が含まれており、これらは介護保険が優先されます。ただし、車いす等保険給付として貸与されるこれらの品目は、標準的な既製品のなかから選択することになるため、利用者に合わないことも考えられます。そのため医師や身体障害者更生相談所等により障害者の身体状況に個別に対応することが必要と判断される障害者については、補装具費として支給して差し支えありません。

また、障害の状況に応じて貸与が望ましい場合は、貸与後に購入の場合もあります。

障害福祉制度固有のサービス

サービス内容や機能から、介護保険サービスには相当するものがない固有の障害福祉サービスは、行動援護、自立訓練（生活訓練）、就労移行支援、就労継続支援等があります。

障害福祉サービスと介護保険サービスの関係

	介護保険サービス	障害福祉サービス
介護保険に同様のサービスが、「ある」（介護給付、予防給付、市町村特別給付）	優先	原則受給できない
介護保険に同様のサービスが、「ない」（行動援護、自立訓練、就労移行支援、就労継続支援等）	—	受給できる
補装具	基本は、福祉用具優先	※ただし、身体状況によって個別に判断が必要な場合は、市町村判断

介護保険に同様のサービスがある場合は、基本的には介護保険サービスが優先されますが、利用者の状況によっては、障害福祉サービスを受給することも可能です！

介護保険サービスでは不十分・利用できない場合

しかし、次のようなとき、障害福祉サービスを利用できる

- 在宅の障害者で，申請に係る障害福祉サービスについて市町村に適当な支給量が、障害福祉サービスに相当する介護保険サービスの居宅介護サービス支給限度基準額の制約から、介護保険のみでは不足すると認められる場合
- 利用可能な介護保険サービスの事業所や施設が身近にないか、あっても利用定員に空きがないため、介護保険サービスを利用することが困難と市町村が認める場合（事情が解消するまでの間に限る）
- 要介護認定で非該当と判定されるなど、介護保険サービスを利用できない場合であり、さらに障害福祉サービスによる支援が必要と市町村が認める場合（介護給付費に係るサービスについては、必要な障害支援区分が認定された場合に限る）

※今回の改正によって共生サービスが創設されたことにより、利用していた障害福祉サービス事業所が介護保険事業の指定を取れば介護保険に移行後も同じ事業所を利用できる場合があります。

利用者負担は所得に応じて金額が決まる

さらに利用者負担（自己負担のこと）には、所得に応じた上限額が設定されています。

応能負担と応益負担

平成15年から支援費制度が導入されましたが、このときの利用者負担は、「応能負担」でした。「応能負担」とは、サービスの利用量に関係なく、利用者の所得に応じて利用者負担が決まる仕組みのことです。

しかし、平成18年施行の障害者自立支援法において、サービスを利用した分だけ定率（1割）を支払う「応益負担」が導入されました。この導入の狙いは、利用者がサービス料を負担することにより、サービス提供側の質を向上させようとしたことです。例えば一般的な市場では、消費者はサービスやものを購入する際、よりよいものを選ぼうとするので、提供者は選んでもらうためによいものを提供しようと努力します。

障害福祉サービスにおいても、消費者と提供者という構図を作ることにより、市場が活性化され質の向上が見込まれると期待されていました。

しかし、実際はそううまくいきませんでした。定率負担は、サービスを利用すればするほど費用も多くかかります。サービス量は障害が重いほど多くなりますが、こうした方は所得が少ない方が大勢でした。したがって障害が重いほど負担感は大きく、サービス利用が制限される状況となってしまいました。

そこで、平成22年から応能負担を再び導入して、平成24年の障害者自立支援法改正のときに法律上でも明確に示されました。

利用者負担の軽減の種類と上限額

利用者負担の軽減の種類は次の図の通りです。このうち、すべての利用者に共通しているのが「利用者負担の上限額」です。現在の障害福祉サービスは「応能負担」であり、利用者負担の上限は、利用者の世帯所得に応じて4区分が定められています。負担上限額よりもサービス利用額が低い場合は、1割負担となります。

障害者の利用者負担

世帯区分	世帯の収入状況	負担上限月額
生活保護	生活保護受給世帯	0円
低所得	市町村民税非課税世帯(注1)	0円
一般1	市町村民税課税世帯(所得割16万円(注2)未満) ※入所施設利用者(20歳以上)、グループホーム利用者を除く(注3)	9,300円
一般2	上記以外	37,200円

世帯収入によって金額が異なる

注1:3人世帯で障害基礎年金1級受給の場合、収入が概ね300万円以下の世帯が対象となる。
注2:収入が概ね600万円以下の世帯が対象となる。
注3:入所施設利用者(20歳以上)、グループホーム利用者は、市町村民税課税世帯の場合、「一般2」となる。

サービスをたくさん利用しても、上限額を超えた分の負担は不要というものです。また、生活保護を受けている方や低所得の方は、負担はゼロということです。これを"応能負担"といいます。

ここでいう「世帯」は、大きく分けて、①18歳以上の障害者(障害者と配偶者)、②障害児(保護者の属する住民基本台帳での世帯)の2つのことです。

利用者負担の軽減措置の種類

	訪問系サービス利用者	通所サービス利用者	入所施設利用者(20歳未満)	グループホーム利用者	入所施設利用者(20歳以上)	医療型施設利用者(入所)
自己負担	月額負担上限額の設定	月額負担上限額の設定	月額負担上限額の設定	月額負担上限額の設定	月額負担上限額の設定	月額負担上限額の設定
自己負担	高額障害福祉サービス費	高額障害福祉サービス費	高額障害福祉サービス費	高額障害福祉サービス費	高額障害福祉サービス費	医療型個別減免
自己負担	生活保護への移行防止	生活保護への移行防止	生活保護への移行防止	生活保護への移行防止	生活保護への移行防止	生活保護への移行防止
食費・光熱水費等		食費人件費による軽減	補足給付 食費・光熱水費負担を軽減	補足給付 家事負担を軽減	補足給付 食費・光熱水費負担を減免	

所得が低いことが多い利用者のために、様々な軽減措置が設けられています。これらは利用者によって適用されるものが異なります。

出典:厚生労働省 社会・援護局障害保健福祉部資料

医療型施設の利用者が使える負担の軽減措置とは?

医療費と食費療養費を合算した上限額が設定できる――つまり医療費と食費が減免される支援です。

療養介護とは

療養介護とは、入院中の病院など医療型施設で受けることができる支援です。つまり実施機関は医療機関です。療養介護は、病院入院中、かつ常時介護を必要とする利用者に対して行われる機能訓練や、療養上の管理、看護、医学的管理の下における介護、日常生活上の世話などのサービスです。また、これらのうち胃ろう管理などの医療にかかわるものを「療養介護医療」として提供します。

医療型個別減免とは

療養介護医療にかかる費用は、健康保険の対象となる医療費であるため、本来は介護給付等とは異なる給付費です。

ですが、療養介護の利用者は、障害者総合支援法のサービスである療養介護費の自己負担額に、医療費と食事療養費を合算して、上限額を設定することになります。これを「医療型個別減免」と呼びます。

医療型個別減免では、市町村税非課税世帯が「低所得」である利用者は、少なくとも〝2万5000円が手元に残るように〟利用者負担額が軽減されます。すなわち、上限額は、この手元に残る金額によって調整されることになります。

年齢によって負担軽減が異なる

療養介護は入所サービスに関連しているため、20歳未満と20歳以上では負担軽減の内容が変わります。

20歳未満は、未成年であることを踏まえて、家庭の負担に配慮した軽減が行われています。具体的には、地域で子どもを養育する世帯と同程度の負担となるよう、負担限度額※を設定し、限度額を上回る額について減免を行います。また、所得が少ない20歳以上の利用者に対しても、利用料負担が厳しいであろうことを考慮しています。

※低所得世帯・一般1は5万円。一般2は7・9万円。

医療型施設の対象者

①筋萎縮性側索硬化症（ALS）患者などの気管切開を伴う人工呼吸器による呼吸管理を行っている者であって、障害支援区分が区分6
②筋ジストロフィー患者または重症心身障害者であって、障害支援区分が区分5以上
③重症心身障害児施設に入居した者（改正前の児童福祉法第43条に規定）または指定医療機関に入所した者（改正前の児童福祉法第7条第6項に規定）であって、平成24年4月1日以降に指定療養介護事業所を利用する①②以外の者

20歳以上の入所者の医療型個別減免

療養介護利用者（平均事業費：福祉22.9万円、医療41.4万円）、障害基礎年金1級受給者（年金月額81,925円）の場合

認定収入額
（81,925円）

手元に残る額（50,900円）　負担上限額（31,025円）　減免額（8,455円）

その他生活費	福祉部分負担相当額	食費負担額	医療費負担額
（28,000円）	（22,900円）	（14,880円）	（24,600円）

負担額（62,380円）

障害基礎年金1級受給者のほかに、60～64歳の人、65歳以上で療養介護を利用する人も28,000円。それ以外の人は25,000円

療養介護では、福祉部分負担相当額と、医療費・食事療養費を合算して、上限額を設定する

いったん福祉部分の利用者負担が発生するものと計算。すると「収入（81,925円）－負担（62,380円）＝19,545円」となり、手元に28,000円残らない。まず28,000円手元に残るように調整が必要となるため、「28,000円－ 19,545円＝8,455円」を計算して、減免額が決まる。
つまり、上限額（と減免額）は、先に「手元に残る金額」を設定してから計算される。

ちなみに、世帯区分が「低所得」の場合は、少なくとも手元に「その他の生活費」として**25,000**円残るように、減免額が調整されます。

療養介護医療・療養介護の負担上限額

	療養介護医療費
①市町村民税課税者	40,200円
②市町村民税非課税者（③の者を除く）	24,600円
③市町村民税非課税者のうち、年収が80万円以下の者	15,000円
④生活保護者	0円

サービスが高額になったら払い戻してもらえる

複数のサービスの負担額が一定額を超えた場合に払い戻してくれる制度です。

高額障害福祉サービス等給付費とは?

高額障害福祉サービスとは、1つの世帯で複数のサービス（例えば障害福祉サービスと介護保険サービス）を利用している場合で、さらに利用負担額が基準額を超えた場合に、超えた分の利用料が戻ってくる制度です。支給方法は、障害者、障害児ともに償還払い（払い戻し）です。

合算の対象となるのは、次のサービスです。

①障害福祉サービス
②補装具費
③介護保険サービス
④障害児支援サービス

障害児の場合

障害児の場合、障害者総合支援法に基づく障害福祉サービスや、児童福祉法に基づく障害児通所支援、障害児入所支援のうちいずれか2つ以上のサービスを利用している場合は、利用者負担額の合算が、それぞれのいずれか高い額を超えた部分について、高額障害福祉サービス費等が支給されます。

障害者夫婦でサービスを受給している場合

例えば、利用者負担額上限が「一般2」（151ページ参照）に該当するAさん、Bさんの二人暮らしの夫婦が障害福祉サービスを利用しているとします。Aさんは3万5000円、Bさんは2万6000円の自己負担分が発生した場合、AさんBさんは同一世帯なので夫婦合わせた上限額は3万7200円となります。

Aさん自己負担分と、Bさん自己負担分を足してみると、6万1000円となり、これでは負担上限額（3万7200円）を超えています。このため、実際には合計額から負担上限額を引いた額、2万3800円が償還払いされて戻ってきます。ただし、AさんとBさんそれぞれに戻ってくる額を計算する必要があります。

合算の対象になるサービス

①障害福祉サービス：障害者総合支援法に基づくもの
→ **居宅介護、重度訪問介護、短期入所、就労移行・継続支援など**

②補装具費
→ **購入・修理にかかった費用**

③介護保険サービス：介護保険法に基づくもの
→ **訪問介護、訪問看護、訪問入浴、通所リハビリ、福祉用具貸与など**

④障害児支援サービス（入所・通所）：児童福祉法に基づくもの
→ **障害児通所支援（児童発達支援・放課後等デイサービス等）、障害児入所支援など**

それぞれ1か月にかかった費用の合計額が合算の対象となる

払い戻しを受けるには申請が必要です。書類（申請書や負担の領収書、預金通帳のコピーなど）を揃えて、市町村に申請します。

高額障害福祉サービスの上限額の設定例

●「一般2」世帯の夫婦：Aさんが35,000円、Bさんが26,000円を自己負担している場合

	Aさん	Bさん
「一般2」世帯	障害福祉サービス 35,000円	障害福祉サービス 26,000円

同一世帯であるAさん、Bさんの負担額を合算すると……
世帯の負担額＝35,000円+26,000円＝61,000円

「一般2」のサービス上限額である**37,200**円を超えてしまう

高額障害福祉サービスは対象者ごとに算定する！

（利用者負担世帯合算額―基準額）×個別サービス利用額÷利用者負担世帯合算額

Aさんの場合：
(61,000−37,200)×35,000÷61,000＝13,656円
Bさんの場合：
(61,000―37,200)×26,000÷61,000＝10,144円

世帯としては上限額を超えた分の**23,800**円が償還払いされるが、内訳をみると、**A**さん、**B**さんそれぞれに戻ってくる額はこの通り

食費や光熱水費などの実費負担を軽くしてくれる

補足給付費は収入に応じて実費を負担してくれる軽減措置です。

食費・光熱水費に対する負担軽減

補足給付には、食費・光熱水費の負担軽減と、グループホームの家賃補助があります。最初に、入所サービス、通所サービスを利用している障害者の食費・光熱水費に対する負担軽減について説明します。

自立支援法以前、施設入所者の食費・光熱水費の負担方法は、身体障害者は給付対象でしたが、精神障害者は自己負担となるなど障害種別によって異なり、公平性に欠けていました。また、在宅で生活する人は、もともと食費・光熱水費は自己負担となるわけですから、施設入所者と在宅で暮らす障害者の間にも負担格差がありました。

そこで自立支援法では、3障害共通で食費・光熱水費を実費負担としました。しかし、今度はすべて実費負担とすると、生活に困窮してしまう世帯が出てきました。そのため、この自己負担分を軽減しようとして、補足給付が制定されたのです。

入所者・通所者によっても金額が変わる

食費・光熱水費の負担軽減の金額は、①20歳以上の入所者、②20歳未満の入所者、③通所施設の利用者によって異なります。入所の場合は、生活にかかる食費・光熱水費の両方がかかります。通所の場合は、かかった食材料費のみの負担となり、月22日利用の場合、約5100円程度と想定されています。なお、食材料費は施設ごとに金額が設定されます。

グループホームの家賃補助

もう1つの補足給付は、グループホーム（重度障害者等包括支援の一環として提供される場合を含む）の利用者（生活保護または低所得の世帯）が負担する家賃への補足給付です。給付の上限額は、利用者1人当たり月額1万円を上限としています。

20歳以上の入所者の補足給付（食費・光熱水費の減免）

入所施設利用者（障害基礎年金1級受給者：年金月額81,177円、事業費350,000円）の場合

手元に残る額		実費負担	
自己負担額（7,629円）	その他生活費（28,000円）	食費、光熱水費（45,922円）	補足給付（7,578円）
収入認定額（81,177円）＋補足給付（7,578円）			

53,500円を限度として施設ごとに金額を設定

世帯区分が「低所得」の場合は、自己負担分を差し引いても、少なくとも手元に25,000円残るように、減免額が調整されます。

通所施設の場合は、「低所得」「一般1」であれば、食材料費のみの負担となります。これは、実際にかかる金額の3分の1の負担となります。金額は施設ごとに異なります。

補足給付の計算例（上図の場合）

・負担限度額（月額）＝（66,667円－その他生活費）＋（控除後認定収入額－66,667円）×50％
・補足給付額（月額）＝53,500円－負担限度額（月額）
・補足給付額（日額）＝補足給付額（月額）÷30.4（1円未満切り上げ）

実際に要した費用が補足給付額を下回る場合は、実際に要した費用を補足給付額とする。

上記の計算式に当てはめると……

・負担限度額（月額）＝（66,667円－その他の生活費28,000円）
＋（収入認定額81,177円－66,667円）×50％
＝45,922円
・補足給付額（月額）＝53,500円－負担限度額（月額）45,922円
＝7,578円
・補足給付額（日額）＝補足給付月額7,578円÷30.4
＝250円

出典：厚生労働省 社会・援護局障害保健福祉部「障害福祉サービス・障害児通所支援等の利用者負担認定の手引き【平成30年4月版】Ver.12」をもとに著者作成

心身の障害を軽減するための医療費を負担してくれる

自立支援医療には、精神通院医療・更生医療・育成医療の3つがあります。

自立支援医療とは？

自立支援医療制度とは、心身の障害を取り除くためにかかった医療費を、公費が負担して軽くしてくれる医療制度です。

以前この制度は、精神障害者は精神保健福祉法（精神障害者通院医療）、身体障害者は身体障害者福祉法（更生医療）、身体障害児は児童福祉法（育成医療）と、異なる法律に基づく3つの制度に分かれていました。しかし、それぞれの制度で、支給認定の手続きなどがバラバラでわかりにくいものであったため、仕組みを共通化することを目的に自立支援法施行とともに統合されました。

医療費負担が変わった

まず自立支援医療という大きな制度のなかに、精神通院医療、更生医療、育成医療という3つの制度が組み込まれるという形となり、制度上異なっていた部分も合わせることとなりました。その1つが医療費負担です。

統合前の医療費の自己負担は、精神障害者の通院は一律5％、更生医療と育成医療は、所得に応じた応能負担でした。つまり、同じ障害者にもかかわらず、障害の種類によって負担が変わるという不利益を被ることになっていました。

そこで、制度間の不均衡を解消するために、医療費と所得の双方に着目した自己負担の仕組みを作ることになりました。障害者の医療費自己負担分の公平化を図り、また障害者を含めた国民全員で費用を負担し、制度の持続性や安定性を高めることにしたのです。

負担額に上限が設定されている

現在の自己負担額は、どの医療でも原則1割負担です。しかし、その人の所得や障害によっては、医療費負担が大きくなることから、それぞれの状況に応じて、月当たりの負担額に上限が設定されています。

3つの制度が統合された

以前

- 精神通院医療（精神保健福祉法）
- 更生医療（身体障害者福祉法）
- 育成医療（児童福祉法）

平成18年4月に移行

●支給認定の手続きを共通化
●利用者負担のしくみを共通化

現在

自立支援医療（障害者総合支援法）

支援認定の実施主体

- 精神通院医療：都道府県
- 更生医療：市町村
- 育成医療：市町村

自立支援医療における利用者負担の基本的な枠組み

所得区分		更生医療・精神通院医療	育成医療	重度かつ継続		
一定所得以上		対象外	対象外	20,000円	市町村民税235,000円以上	
中間所得	中間所得2	医療保険の高額療養費 ※精神通院のほとんどは重度かつ継続	10,000円	10,000円	市町村民税課税以上235,000円未満	市町村民税33,000円以上235,000円未満
中間所得	中間所得1	医療保険の高額療養費 ※精神通院のほとんどは重度かつ継続	5,000円	5,000円	市町村民税課税以上235,000円未満	市町村民税課税以上33,000円未満
低所得2		5,000円	5,000円	5,000円	市町村民税非課税（本人収入が800,001円以上）	
低所得1		2,500円	2,500円	2,500円	市町村民税非課税（本人収入が800,000円以下）	
生活保護		0円	0円	0円	生活保護世帯	

出典：厚生労働省資料

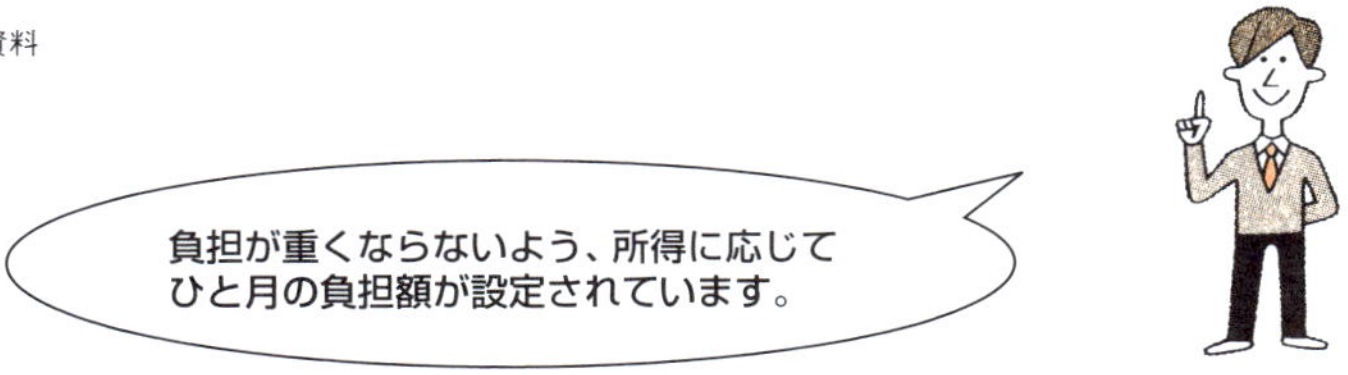
負担が重くならないよう、所得に応じて
ひと月の負担額が設定されています。

子どもの心身障害を軽減する医療費を負担してくれる

障害状態を改善できるような治療は公費が費用の一部を負担してくれます。

支給認定の申請

育成医療とは、手術などの治療を行うことで、障害の状態が改善するなど確実に効果が期待できる障害児（児童福祉法で規定）に対して、治療費の一部を公費が負担する制度です。また、医療を行わないと将来障害を残すような疾患がある子どもも対象になっています。

医療費支給の有効期間は原則3か月以内です。ただし、腎臓機能障害による人工透析療法や、免疫機能障害による抗HIV療法等治療など、治療が長期におよぶ場合については最長1年以内と決まっています。

育成医療の対象は18歳までとされているため、それ以降にも医療が必要であると判断された場合は、更生医療が対応することになっています。ただし、支給認定の有効期間内に満18歳になった場合は、急に更生医療に切り替わるのではなく、当初の支給認定の有効期間中は育成医療が継続されます。再認定時に提出する書類は、新規認定時と変わりませんが、医師の自立支援医療意見書に、再認定の必要性を詳細に記してもらう必要があります。

困ったときはMSWに相談を

育成医療の支給認定は市町村が行います。育成医療を必要とすると認められた場合は、「世帯」の所得状況を確認のうえ、高額治療継続者への該当・非該当、負担上限月額の認定を行うことになります。

申請を行う際は、申請書や所得が確認できる書類のほか、医師の意見書等が必要になります。自立支援医療は申請主義であるため、申請しなければいつまでたっても支援を受けることができません。

自分は申請をすることができるだろうか、どう医師に話せばいいだろうか、と不安に思う保護者もいるでしょう。そのようなときには医療機関に配置されている医療ソーシャルワーカー（MSW）へ相談するといいでしょう。

育成医療の対象となる障害と治療例

障害	標準的な治療の例
視覚障害	白内障、先天性緑内障
聴覚障害	先天性耳奇形 → **形成術**
言語障害	口蓋裂等 → **形成術** 唇顎口蓋裂に起因した音声・言語機能障害を伴う者であって、鼻咽腔閉鎖機能不全に対する手術以外に歯科矯正が必要な者 → **歯科矯正**
肢体不自由	先天性股関節脱臼、脊椎側彎症、くる病（骨軟化症）等 → **関節形成術、関節置換術、義肢装着のための切断端形成術など**

形成術とは、身体を構成している外観を元に戻す、あるいは改善する手術のことです。

市町村によっては、独自の給付として、育成医療の自己負担分を補助する制度を行っている場合もあります。自分の市町村が該当するかがわからない場合は、市町村の担当課やMSWに確認しましょう。

育成医療の対象となる内部障害と治療例

障害（内部障害）	標準的な治療の例
心臓	先天性心疾患 → **弁口、心室心房中隔に対する手術** 後天性心疾患 → **ペースメーカー埋込み手術**
腎臓	腎臓機能障害 → **人工透析療法、腎臓移植術（抗免疫療法を含む）**
肝臓	肝臓機能障害 → **肝臓移植術（抗免疫療法を含む）**
小腸	小腸機能障害 → **中心静脈栄養法**
免疫	HIVによる免疫機能障害 → **抗HIV療法、免疫調節療法、その他HIV感染症に対する治療**
その他の先天性内臓障害	先天性食道閉鎖症、先天性腸閉鎖症、鎖肛、巨大結腸症、尿道下裂、停留精巣（睾丸）等 → **尿道形成、人工肛門の造設などの外科手術**

内臓の機能の障害は、手術をすることで将来的にも生活能力を維持できる状態のものに限られています。内科的治療のみのものは除くことになっています。

18歳以上の心身障害を軽減する医療費を負担してくれる

育成医療と同様に障害状態を改善できる治療は公費が費用の一部を負担してくれる制度です。

更生医療とは

更生医療は、手術などの治療を行うことで、障害の状態が改善されるなど確実に効果が期待できる18歳以上の身体障害者に対して提供される、更生のために必要な自立支援医療費の支給を行うものです。更生とは、もともとリハビリテーションという意味で使われていることからも、症状をよくするために行われる医療であるといえるでしょう。

支給の対象となる医療の内容は、育成医療と同じく、診察や薬剤、治療材料の支給、医学的処置、手術、居宅・入院における看護、移送費（医療保険により給付を受けることができない者の移送に限る）となっています。

給付には手帳が必要！

更生医療が、育成医療と異なる点は給付を受けるために身体障害者手帳が必要になる点です。育成医療では必要がないため、申請をせず治療を続け、18歳以上になって更生医療が必要になったとき、利用できないということが起こってしまいます。身体障害者への支援では手帳が必要になるケースが多いため、持っていない場合はすぐに申請して取得するようにしましょう。

なお、腎臓機能障害に対する人工透析療法の場合については、手帳だけではなく、特定疾病療養受療証の写しが必要です。

身体障害者更生相談所が判定

更生医療の支給認定の実施主体は、市町村ですが、判定を行うのは、身体障害者更生相談所（身更相）です。

判定後、必要と認められた場合には、医療の具体的な見通しや除去軽減される障害の程度を判断して、必要な費用の算定を行います。身更相は支給判定のほか、身体障害者に対して、医師や心理判定員・ケースワーカーなどの専門職が医学的・心理的判定や相談・指導、身体障害者手帳の交付にかかわる事務を行っています。

更生医療の対象となる障害と治療例

障害	標準的な治療の例
視覚障害	白内障 → 水晶体摘出手術 網膜剥離 → 網膜剥離手術 瞳孔閉鎖 → 虹彩切除術 角膜混濁 → 角膜移植術
聴覚障害	鼓膜穿孔 → 穿孔閉鎖術 外耳性難聴 → 形成術
言語障害	外傷性または手術後に生じる発音構語障害 → 形成術 唇顎口蓋裂に起因した音声・言語機能障害を伴う者であって鼻咽腔閉鎖機能不全に対する手術以外に歯科矯正が必要な者→ 歯科矯正
肢体不自由	関節拘縮、関節硬直 → 形成術、人工関節置換術等

更生医療の対象となる内部障害と治療例

障害（内部障害）	標準的な治療の例
心臓	先天性心疾患 → 弁口、心室心房中隔に対する手術 後天性心疾患 → ペースメーカー埋込み手術
腎臓	腎臓機能障害 → 人工透析療法、腎臓移植術（抗免疫療法を含む）
肝臓	肝臓機能障害 → 肝臓移植術（抗免疫療法を含む）
小腸	小腸機能障害 → 中心静脈栄養法
免疫	HIVによる免疫機能障害 → 抗HIV療法、免疫調節療法、その他HIV感染症に対する治療

更生医療の対象となる障害は、その障害が永続するものに限られていますね。
治療についても、確実な治療の効果が期待できるものとなっているんですね。

申請の流れ

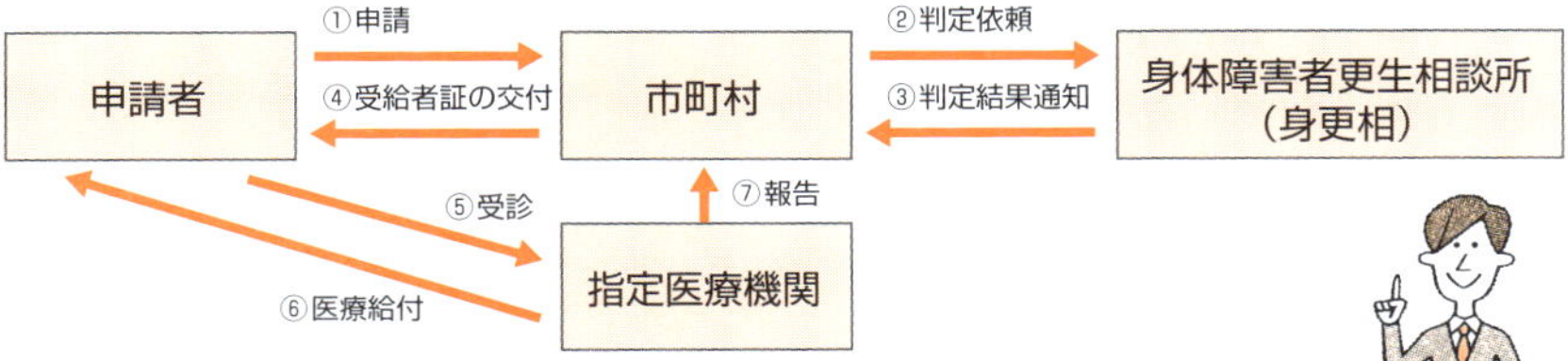

身更相では、医師などが専門的・技術的な立場から申請内容を審査し、
内容の妥当性や給付の必要性について、判定を行います。

通院による精神医療費を負担してくれる

精神疾患のため医療機関に通院している場合の医療費の一部を負担してくれる制度です。

精神通院医療とは

精神通院医療は、精神保健福祉法が規定している統合失調症、精神作用物質による急性中毒、その他の精神疾患（てんかんを含む）を持っていて、通院による精神医療を継続的に必要とする病状にある障害者に対して、自立支援医療費の支給を行うものです。あくまでも〝通院〟に対して支払われるものですから、入院医療は含まれません。入院医療は自治体によって助成がある場合があります。

また、症状がほとんど出ていない患者でも、再発予防で通院治療を続ける必要がある場合も対象となります。

判定は精神保健福祉センターが行う

申請は市町村に行いますが、その判定業務は都道府県にある精神保健福祉センターが行います。また政令指定都市については、政令指定都市の精神保健福祉センターです。

精神保健福祉センターは、ほかにも精神障害者保健福祉手帳の判定業務や、精神科病院での扱いの審査（精神医療審査会）運営、精神保健についての知識を広める啓発活動、市町村や保健所などへの指導、教育活動、調査研究などと様々な仕事を引き受けている機関です。

支給認定

自立支援医療では、医療を行う指定医療機関が都道府県によって決められています。どこでも医療を受けられるわけではありません。また申請の段階で、指定医療機関のなかのどこに通院するのか、1か所決める必要があります。

しかし、診察は今の病院がいいがデイケアがないため、他のデイケアに通いたい、などと希望する場合もあるでしょう。自立支援医療では、精神通院医療に限らず、医療に重複がなく、やむを得ない事情がある場合に限り、例外的に複数の医療機関を指定することが可能です。

精神通院医療の対象となる精神疾患

1. 病状性を含む器質性精神障害
2. 精神作用物質使用による精神および行動の障害
3. 統合失調症、統合失調症型障害および妄想性障害
4. 気分障害
5. てんかん
6. 神経症性障害、ストレス関連障害および身体表現性障害
7. 生理的障害および身体的要因に関連した行動症候群
8. 成人の人格および行動の障害
9. 精神遅滞
10. 心理的発達の障害
11. 小児期および青年期に通常発症する行動および情緒の障害

※1～5は高額治療継続者（いわゆる「重度かつ継続」）の対象疾患

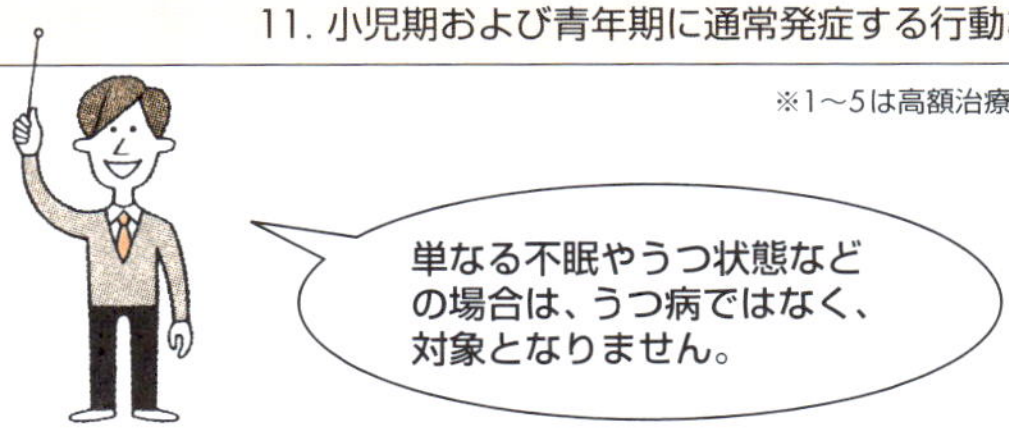

精神通院医療のレセプト月当たり平均件数の推移

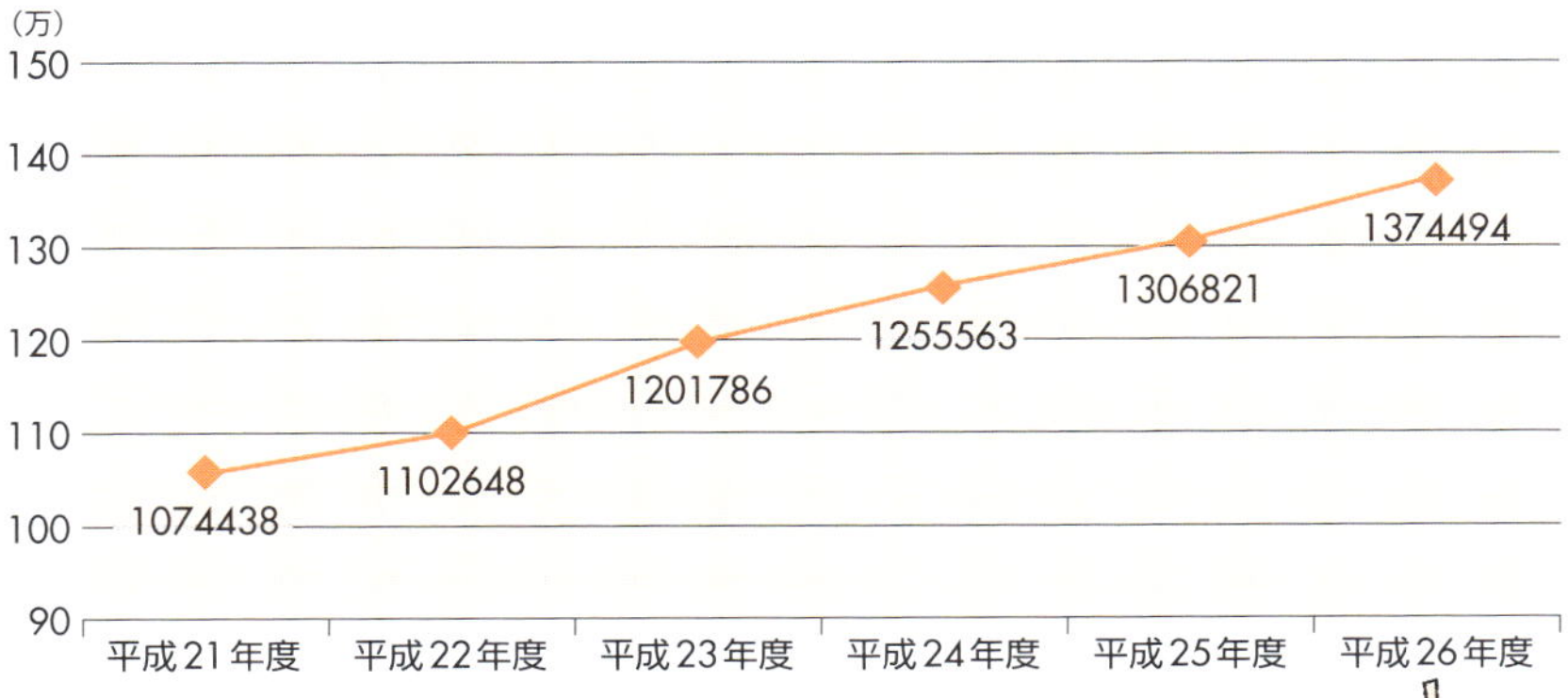

出典：厚生労働省 社会援護局精神・障害保健課資料、福祉行政報告例から著者作成

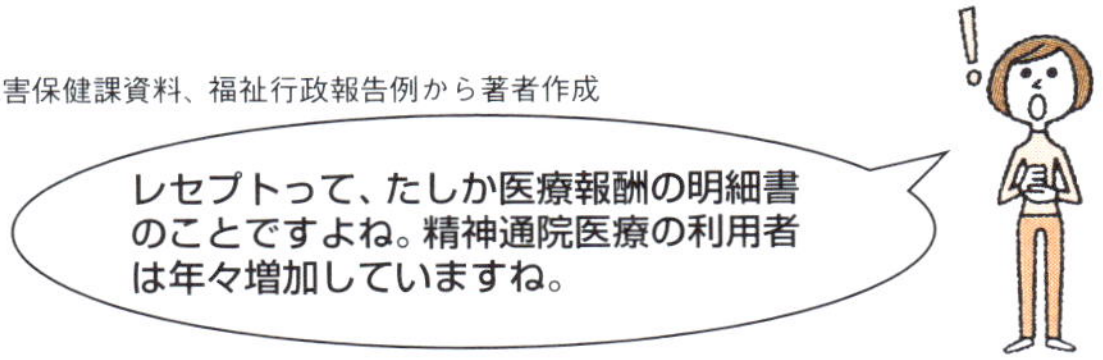

身体障害者の動きを助ける補装具

義手や義足といった身体障害者の行動を助ける補装具に対しても、費用負担の支援があります。

補装具ってなに？

補装具とは、次の3つの要件をすべて満たすものを指します。

①障害者等の身体機能を補完、代替し、かつ、その身体へ合うように製作されたもの

②日常生活や就労のために、同一の製品につき長期間にわたり継続して使用されるもの

③医師等による専門的な知識に基づく意見や診断に基づき使用されることが必要とされるもの

補装具の申請

補装具の購入や修理の必要があるとき、障害者や障害児の保護者は、市町村に申請します。その後、身体障害者更生相談所や指定自立支援医療機関の判定・意見をもとに、市町村長が必要と認めた場合に補装具費を支給します。必要な場合というのは、例えば障害者が日常生活の移動手段を確保したり就労場面で能率向上を期待できたり、また障害児が将来、自立できるようになるための育成に必要なときです。利用者は、補装具の業者の情報を市町村からもらって直接契約を結びます。

なお、今回の改正では、購入に加えて障害者の状況に応じて「貸与」が認められました。

補装具の利用者負担は？

原則、定率1割負担です。ただし、世帯の所得に応じて、負担上限額が設定されています。負担額は市町村民税非課税世帯・生活保護受給者については費用負担なし、それ以外は3万7200円です。その他、補装具の負担をすると生活保護の対象となるけれども、負担額の減免をすると生活保護の対象にならない場合は、生活保護の対象とならない程度まで軽減します。

障害者本人または世帯員が一定所得以上の場合（市町村民税所得割の最多納税者の納税額が46万円以上）には補装具費の支給対象外となっています。

補装具種目一覧

種目	区分	名称
義肢		
装具		
座位保持装置		
盲人安全つえ	普通用	グラスファイバー
盲人安全つえ	普通用	木材
盲人安全つえ	普通用	軽金属
盲人安全つえ	携帯用	グラスファイバー
盲人安全つえ	携帯用	木材
盲人安全つえ	携帯用	軽金属
盲人安全つえ	身体支持併用	
義眼	普通義眼	
義眼	特殊義眼	
義眼	コンタクト義眼	
眼鏡	矯正眼鏡	6D未満
眼鏡	矯正眼鏡	6D以上10D未満
眼鏡	矯正眼鏡	10D以上20D未満
眼鏡	矯正眼鏡	20D以上
眼鏡	遮光眼鏡	前掛式
眼鏡	遮光眼鏡	6D未満
眼鏡	遮光眼鏡	6D以上10D未満
眼鏡	遮光眼鏡	10D以上20D未満
眼鏡	遮光眼鏡	20D以上
眼鏡	コンタクトレンズ	
眼鏡	弱視眼鏡	掛けめがね式
眼鏡	弱視眼鏡	焦点調整式
補聴器	高度難聴用ポケット型	
補聴器	高度難聴用耳かけ型	
補聴器	重度難聴用ポケット型	
補聴器	重度難聴用耳かけ型	
補聴器	耳あな型（レディ）	
補聴器	耳あな型（オーダー）	
補聴器	骨導式ポケット型	
補聴器	骨導式眼鏡型	
車椅子	普通型	
車椅子	リクライニング式普通型	
車椅子	ティルト式普通型	
車椅子	リクライニング・ティルト式普通型	
車椅子	手動リフト式普通型	
車椅子	前方大車輪型	
車椅子	リクライニング式前方大車輪型	
車椅子	片手駆動型	
車椅子	リクライニング式片手駆動型	
車椅子	レバー駆動型	
車椅子	手押し型A	
車椅子	手押し型B	
車椅子	リクライニング式手押し型	
車椅子	ティルト式手押し型	
車椅子	リクライニング・ティルト式手押し型	
電動車椅子	普通型（4.5km/h）	
電動車椅子	普通型（6.0km/h）	
電動車椅子	簡易型	切替式
電動車椅子	簡易型	アシスト式
電動車椅子	リクライニング式普通型	
電動車椅子	電動リクライニング式普通型	
電動車椅子	電動リフト式普通型	
電動車椅子	電動ティルト式普通型	
電動車椅子	電動リクライニング・ティルト式普通型	
座位保持椅子（児のみ）		
起立保持具（児のみ）		
歩行器	六輪型	
歩行器	四輪型（腰掛付）	
歩行器	四輪型（腰掛なし）	
歩行器	三輪型	
歩行器	二輪型	
歩行器	固定型	
歩行器	交互型	
頭部保持具（児のみ）		
排便補助具（児のみ）		
歩行補助つえ	松葉つえ	木材（普通）
歩行補助つえ	松葉つえ	木材（伸縮）
歩行補助つえ	松葉つえ	軽金属（普通）
歩行補助つえ	松葉つえ	軽金属（伸縮）
歩行補助つえ	カナディアン・クラッチ	
歩行補助つえ	ロフストランド・クラッチ	
歩行補助つえ	多点杖	
歩行補助つえ	プラットフォーム杖	
重度障害者用意思伝達装置	文字等走査入力方式	簡易なもの
重度障害者用意思伝達装置	文字等走査入力方式	簡易な環境制御機能が付加されたもの
重度障害者用意思伝達装置	文字等走査入力方式	高度な環境制御機能が付加されたもの
重度障害者用意思伝達装置	文字等走査入力方式	通信機能が付加されたもの
重度障害者用意思伝達装置	生体現象方式	

D（ジオプトリー）とは、レンズの屈折力の大きさを表す単位。ここでは数値が大きいほど見えにくい状態を示す

低所得の高齢障害者は介護保険サービス利用料が軽減される

65歳にいたるまで長期間、障害福祉サービスを利用していた一定の高齢者は介護保険利用料が軽減されます。

これまでの障害福祉サービスと介護保険サービスの関係とは?

障害福祉サービスに相当するサービスが介護保険サービスにある場合は、介護保険法が優先されます。これまで障害者総合支援法と介護保険法では利用者負担上限額が異なっていたため、65歳以上になって介護保険に切り替わると負担額が増える現象が起きる場合があり、このことが問題でした。

障害福祉でも介護保険でも同様のサービスにもかかわらず、高齢者になることによって負担額が増加するのは、なんだかおかしいですよね。そこで今回の改正では、65歳で介護保険を利用することになった方の1割負担を「自己負担なし」に軽減（償還）されることになりました。ただし、すべての障害者に当てはまるわけではありません。

サービス利用料軽減の対象者は?

介護保険サービス利用料が軽減される具体的対象者は、下記の通りです。

①65歳に達する日の前日までに5年間にわたり介護保険サービスに相当する障害福祉サービスの支給決定を受けていたこと

②65歳に達する日の前日までに「低所得」または「生活保護」に該当しており、65歳以降に利用者負担の軽減申請の際も「低所得」、「生活保護」に該当すること

③65歳に達する日の前日までに障害支援区分2以上であること

④65歳まで介護保険サービスを利用してこなかったこと

なお、65歳に達する日の前日までに5年間にわたり入院等のやむを得ない理由によって、障害福祉サービスの支給決定を受けていない期間があった場合は、介護保険サービス利用料減額の対象者に該当します。

また、介護保険の自己負担額が2割・3割の方が減額されるわけではなく、あくまで「低所得」「生活保護」に該当する方が対象であることに注意が必要です。

介護保険利用料の負担が軽減される条件

対象者の具体的条件	内容
障害福祉サービスの支給期間	65歳に達する日前5年間にわたり、相当する障害福祉サービスに係る支給決定を受けていたことを要件とする。
所得条件	65歳に達する日の前日において「低所得」又は「生活保護」に該当し、65歳以降に利用者負担の軽減の申請をする際にも「低所得」又は「生活保護」に該当することを要件とする。
障害程度	65歳に達する日の前日において障害支援区分2以上であったことを要件とする。
その他	65歳まで介護保険サービスを利用してこなかったことを要件とする。

ただし、この5年間のなかで入院等やむを得ない事情によって障害福祉サービスを受けていなかった場合は、その期間以外の期間でサービスを受けていればよいことになっています。

軽減措置の対象となる障害福祉サービスと対応する介護保険サービス

相当障害福祉サービス

- 居宅介護 重度訪問介護
- 生活介護
- 短期入所

（離島等で行われる、これらに係る基準該当サービスを含む）

相当介護保険サービス

- 訪問介護
- 通所介護 地域密着型通所介護
- 短期入所生活介護
- 小規模多機能型居宅介護

（離島等で行われる、これらに相当するサービスを含む）
（介護予防サービスは含まない）

介護保険と同様のサービスを行っている事業が対象となります。
ただし、この制度の対象にならない人もいることに注意が必要です。

出典：厚生労働省 社会保障審議会障害者部会

介護保険利用の負担額が変わる！

平成30年3月31日までの負担額

低所得者	障害福祉サービス 自己負担額 0円	65歳になったら →	低所得者	介護保険サービス 自己負担額 15,000円～24,600円

負担額が増えてしまう！

平成30年4月1日以降の負担額

低所得者	障害福祉サービス 自己負担額 0円	65歳になったら →	低所得者	介護保険サービス 自己負担額 0円

自己負担額が変わらず0円のままに！

介護給付費に不服があれば申し立てられる

障害福祉サービスの利用が適正に行われているかどうかを審査できる制度です。

審査請求をするには

障害者または障害児の保護者は、決定した介護給付費等に不服がある場合は、都道府県知事に審査請求を行うことができます。

審査請求を行うことができる期間は、原則として、処分（法律用語。ここでは給付の決定の意味合い）があったことを知った日の翌日から起算して3か月以内です。請求は期間内に文章か口頭で行う必要があります。ただし、正当な理由（天災などやむを得ないと判断された場合）により、期間内に請求することができなかったときはこの限りではありません。

不服審査会の委員はどういう人？

都道府県知事は、審査請求を検討するための機関すなわち障害者介護給付費等不服審査会（以下、不服審査会）を置くことができます。不服審査会の設置は任意ですが、判定が適しているかどうかを審査できるような専門性を持つ機関に判断を仰ぐことが適切と考えられるため、設置が望ましいものと考えられています。

委員は都道府県知事が任命します。一般には、公正かつ中立な判断をすることができ、かつ障害者の保健や福祉について専門知識を持つ人格者のなかから選ばれるとされています。

委員構成は、身体障害、知的障害、精神障害の各分野に対してバランスが取れていることが望ましく、定員は5人が標準とされています。また、都道府県知事が指定した医師などに診断や調査をさせることも可能です。

審査請求をする前に

市町村から通知された決定や認定の結果に、疑問や不服がある場合には、まずは市町村の窓口に、内容やその理由についてよく確認しましょう。制度が複雑なため、理解の行き違いも考えられます。わからないことは何でも聞いてみることが必要です。

審査請求できる内容

障害支援区分	障害支援区分の認定、変更	
支給決定	支給要否決定（支給が必要かどうか）	介護給付費等の支給要否決定
	支給量等の決定 （サービスの量について）	・支給決定（障害福祉サービスの種類、支給量、有効期間） ・支給決定の変更、取り消し
	支払決定 （金額が妥当かどうか）	・介護給付費 ・特例介護給付費 ・訓練等給付費 ・特例訓練等給付費 ・地域相談支援給付費 ・特例地域相談支援給付費 ・サービス利用計画作成費
利用者負担	利用者負担の月額上限に関する決定 （上限額が妥当かどうか）	・利用者負担月額上限区分の決定 ・生活保護境界層対象者に対する負担軽減措置の決定 ・施設入所者及びグループホーム等入居者に係る定率負担の個別減免の決定
	利用者負担の災害減免等の決定	
	高額障害福祉サービス費の給付決定	
	補足給付の決定	・特定障害者特別給付費 ・特例特定障害者特別給付費

なぜ「都道府県」への申立てなのか？

介護給付費等に不服があった場合、市町村ではなく、なぜ都道府県に申し立てるのですか？

確かに、支給決定事項や利用者負担に関することは、市町村が決定しているので、市町村に申し立てるのが普通と考えてしまいますよね。

ですが、公平性や客観性といった観点から、都道府県が審査を行うこととしています。これにより、障害者等の権利利益の保護に一層配慮している、ということです。

※行政不服審査法の改正に伴い、平成28年4月より、処分庁に対する異議申立て制度は審査請求制度に一本化されました。

資料　自立支援医療の申請先と必要書類

158ページで解説している自立支援医療の申請先と提出する書類をまとめました。

<table>
<tr><th rowspan="2"></th><th rowspan="2">育成医療</th><th rowspan="2">更生医療</th><th colspan="2">精神通院医療</th></tr>
<tr><th>支給認定の申請のみを行う場合</th><th>手帳の交付と併せて支給認定の申請を行う場合</th></tr>
<tr><td>申請先</td><td>市町村</td><td>市町村</td><td colspan="2">市町村（実施主体は、都道府県）</td></tr>
<tr><td rowspan="6">必要書類</td><td>認定申請書</td><td>認定申請書</td><td colspan="2">認定申請書</td></tr>
<tr><td>育成医療を主として担当する医師の作成する自立支援医療意見書</td><td>更生医療を主として担当する医師の作成する意見書</td><td>医師の診断書
（指定自立支援医療機関において精神障害の診断・治療を行う医師）
（高額治療継続者は、「重度かつ継続」に関する意見書も必要）</td><td>精神保健指定医その他精神障害の診断・治療を行う医師で指定自立支援医療機関にて精神通院医療を担当する医師による精神障害者保健福祉手帳用の診断書
（高額治療継続者は「重度かつ継続」に関する意見書も必要）</td></tr>
<tr><td colspan="4">被保険者証・被扶養者証・組合員証など、医療保険の加入を示すもの（受診者及び受診者と同一の「世帯」に属する者の名前が記載されていること）</td></tr>
<tr><td colspan="4">受診者の属する「世帯」の所得の状況等が確認できる資料
（市町村民税の課税状況が確認できる資料、生活保護受給世帯又は支援給付受給世帯の証明書、市町村民税世帯非課税世帯については受給者に係る収入の状況が確認できる資料）</td></tr>
<tr><td rowspan="2">※腎臓機能障害に対する人工透析療法の場合については、特定疾病療養受療証の写しが必要</td><td>身体障害者手帳の写し</td><td rowspan="2"></td><td rowspan="2"></td></tr>
<tr><td>※腎臓機能障害に対する人工透析療法の場合については、特定疾病療養受療証の写しが必要</td></tr>
</table>

第6章

障害者支援には何がある？

障害者支援のための制度・施策は、障害者総合支援法だけではありません。障害者に対する市民、企業等の認識は様々で、その結果、いろいろな不利益を被ることも少なくないのが実情です。そのようなことをなくすために、どのような取り組みが行われているのかを見てみましょう。

国内の障害者施策には何がある？

障害者の生活全体を支える仕組みにはいろいろあります。

バリアフリーを進める法律がある

障害者の暮らしを支えるためには、障害者総合支援法のほかにも、いろいろな制度や法律が必要です。障害の種類や状況によっても必要な支援は異なります。障害を持ちつつも、その人の希望にそった暮らしを実現できるような支援が求められます。

在宅の身体障害者の多くが、本人または家族の持ち家に住んでいますが、バリアフリー化が進んでいる家ばかりではありません。新設の公営住宅などではバリアフリーが標準となっていますが、既存の住宅でも改修を行った場合には、減税や助成金などの制度があります。知的障害者や精神障害者では、支援つきのグループホームや通勤寮（宿泊型自立訓練事業）で生活している人もいます。

平成18年にバリアフリー法（高齢者、障害者等の移動等の円滑化の促進に関する法律）が制定され、公共の施設や交通機関、その他の建物や公園などでバリアフリー化が図られるようになりました。さらに、障害者が他者とコミュニケーションを取りやすくするための通信技術や、情報を得やすくするためのシステムの開発にも力が入れられています。

加えて、偏見や差別をなくし社会参加へ協力する「心のバリアフリー」も重視されるようになりました。

障害児の教育への支援がある

障害のある子どもの教育面では、特別支援学校（幼稚部・小学部・中学部・高等部）が設置されています。また地域の小学校・中学校に設置された特別支援学級、あるいは通常学級へ通っての指導を通して、1人ひとりの障害の状況に応じたきめ細かな教育が行われています。さらに、アスペルガー症候群や学習障害といった発達障害を早期に発見し、障害者の社会参加や生活全般を支援するための制度も整えられつつあります。

バリアフリー法の概要

公共交通機関や建築物もバリアフリー化の推進

以下の施設について、新設・改良時のバリアフリー化基準（移動等円滑化基準）への適合義務。
また、既存の施設について、基準適合の努力義務　など

地域における重点的・一体的なバリアフリー化の推進

市町村が作成する基準構成に基づき、駅を中心とした地区や、高齢者や障害者などが利用する施設が集中する地区（重点整備地区）において、重点的かつ一体的なバリアフリー化事業を実施

住民等の計画段階からの参加の促進を図るための措置

○基本構想策定時の協議会制度
○住民等からの基本構想の作成提案制度

重点整備地区における移動等の円滑化のイメージ

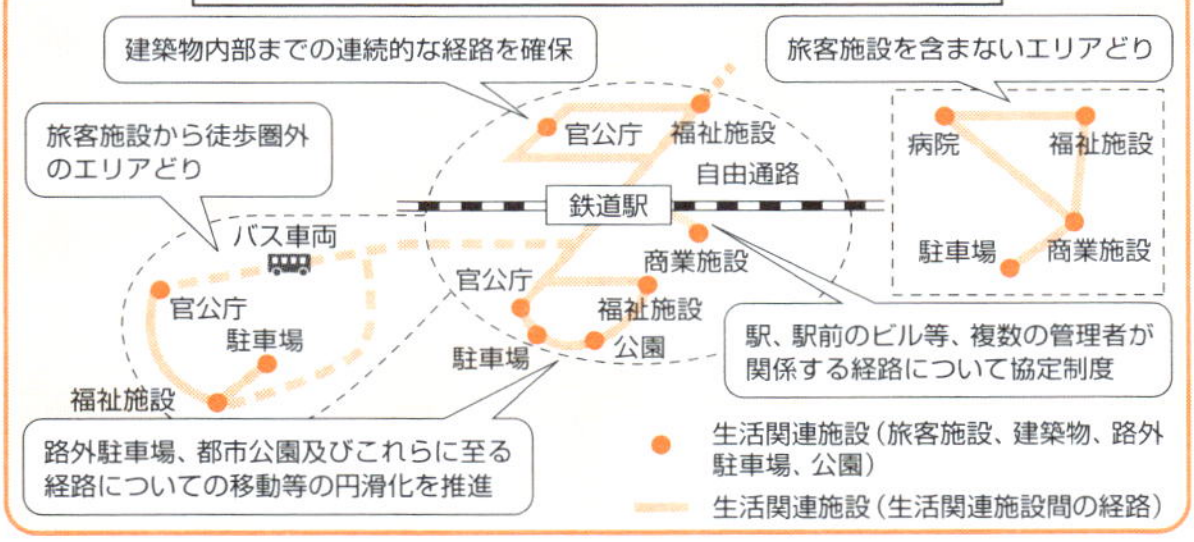

出典：国土交通省資料

特別支援教育の仕組み（義務教育段階）

義務教育段階の全児童生徒数　1,009万人

特別支援学校

視覚障害　知的障害　病弱・身体虚弱
聴覚障害　肢体不自由

0.69%（約7万人）

小学校・中学校

特別支援学級

視覚障害　肢体不自由　自閉症・情緒障害
聴覚障害　病弱・身体虚弱
知的障害　言語障害

2.00%（約20万1千人）

（特別支援学級に在籍する学校教育法施行令第22条の3に該当する者：約1万8千人）

通常の学級

通級による指導

視覚障害　自閉症
聴覚障害　情緒障害
肢体不自由　学習障害（LD）
病弱・身体虚弱　注意欠陥多動性障害（ADHD）
言語障害

0.89%（約9万人）

3.58%（約36万2千人）

発達障害（LD・ADHD・高機能自閉症等）の可能性のある児童生徒　6.5%程度の在籍率※
※この数値は、平成24年に文部科学省が行った調査において、学級担任を含む複数の教員により判断された回答に基づくものであり、医師の診断によるものではない。
（通常の学級に在籍する学校教育法施行令第22条の3に該当する者：約2,100人（うち通級：約250人））

（※を除く数値は平成27年5月1日現在）
出典：文部科学省資料

障害者に対する一般的な認識はどんなもの？

地域で暮らすみんなに新たな考え方が広まることが重要です。

障害者についての意識調査

内閣府が平成29年に行った「障害者に関する世論調査」によれば、障害のある人が困っているときに手助けをしたことがある人は約6割でした。手助けをした理由としては、「困っているときはお互い様という気もちから」「障害のある人を手助けするのは当たり前のことだと思うから」「身内などに障害のある人がいて、その大変さを知っているから」との回答が多く見られました。一方、手助けをしたことがない理由としては、8割近くの人が「困っている障害者を見かける機会がなかったから」と答えています。他にも「どのように接したらよいかわからなかった」「自分が何をすればよいかわからなかったから」といった回答もありました。「お互い様」「当たり前」と自然に接している人も多くいますが、接する機会がなく接し方もわからないという人も多いことがわかります。社会のなかで障害者と接する機会が増えれば、人々の意識も変わるのではないでしょうか。

「差別」についての人々の認識

同調査によれば、「共生社会」という考え方を知っている人は5割近くにのぼりました。一方で、障害を理由とする差別や偏見については、8割以上の人が「あると思う」「ある程度はあると思う」と答えています。また、障害者権利条約や障害者差別解消法について「知らない」と答えた人は、どちらも8割近くに及んでいます。

アメリカやイギリスの差別禁止法や障害者権利条約によって「差別」に関する新たな考え方が示され、日本でも新しい法律が作られたり、既存の法律が改正されたりしてきました。しかしながら、社会の人々の理解が広がり共生社会が実現するまでには、まだ時間がかかりそうです。新たな考えが普及し障害者が社会に参加しやすくなる、障害者が社会に出ることでさらに理解が深まる、そうしたよい循環が生まれることが望まれます。

障害者に対する意識

手助けをした理由

（障害のある人に手助けをしたことがあると答えた者に、複数回答）

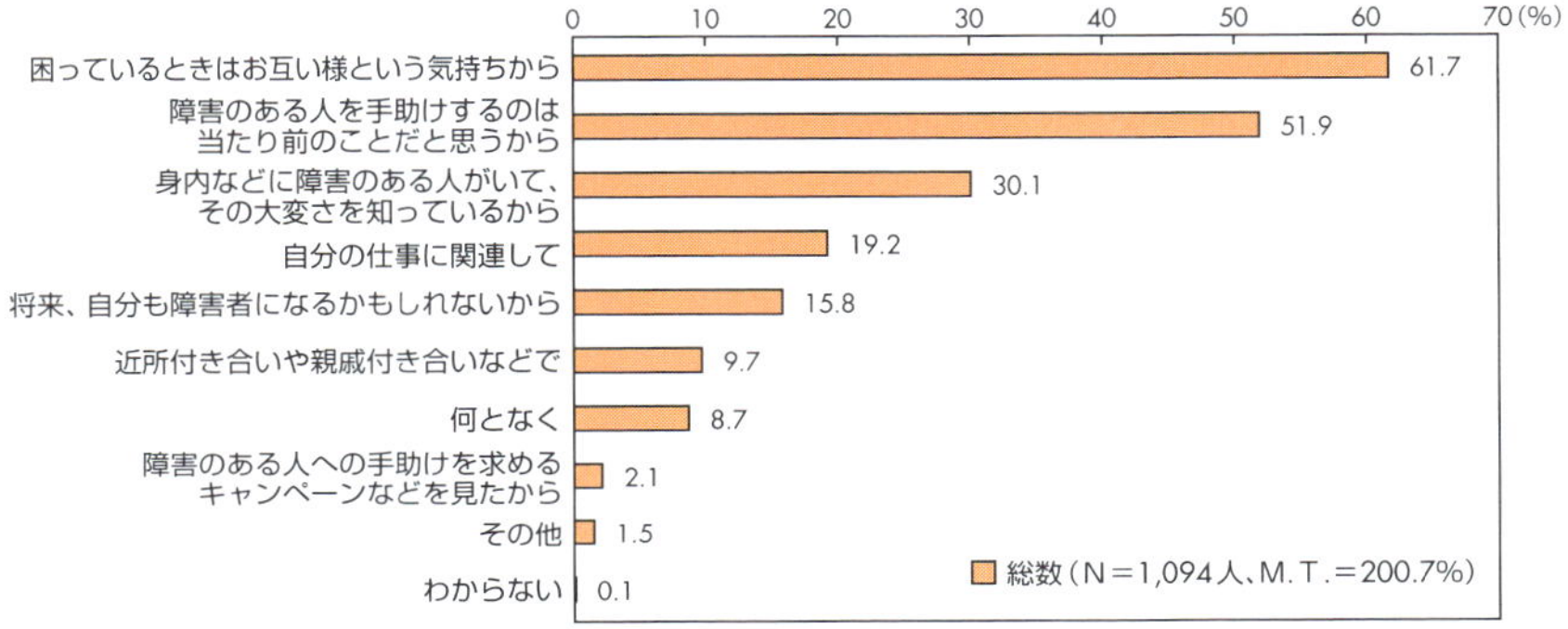

手助けをしたことがない理由

（障害のある人に手助けをしたことがないと答えた者に、複数回答）

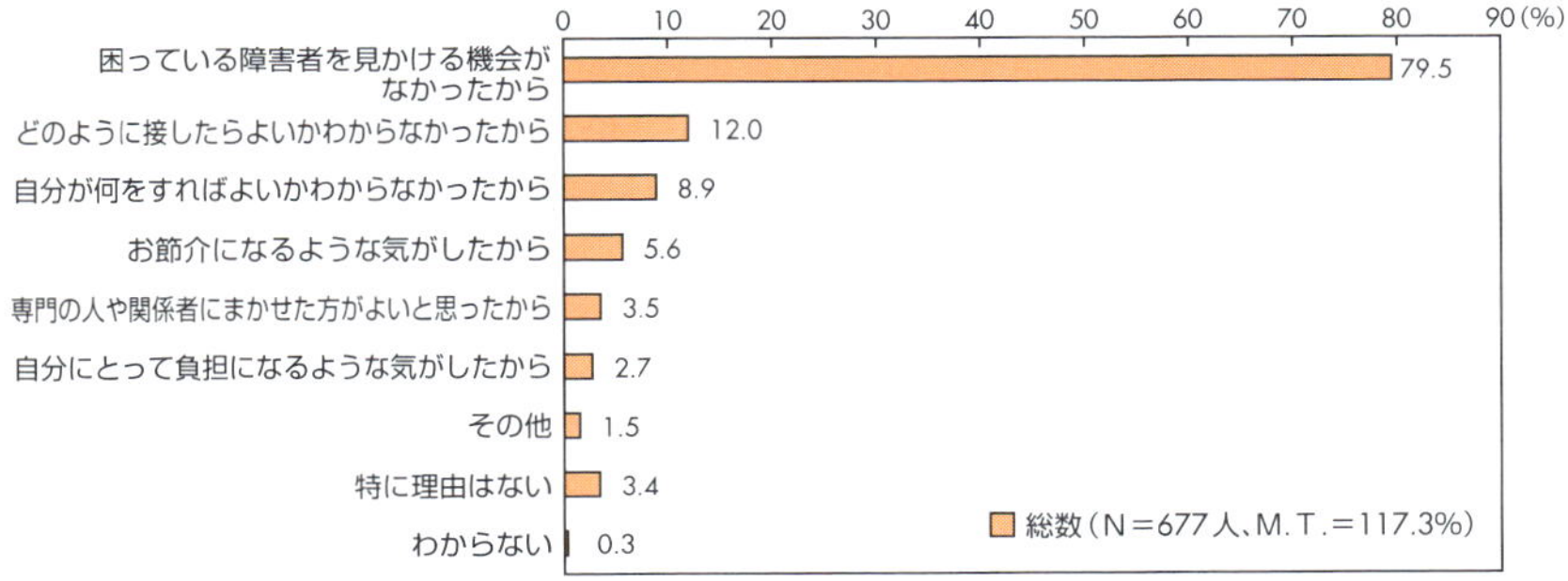

差別や偏見の有無

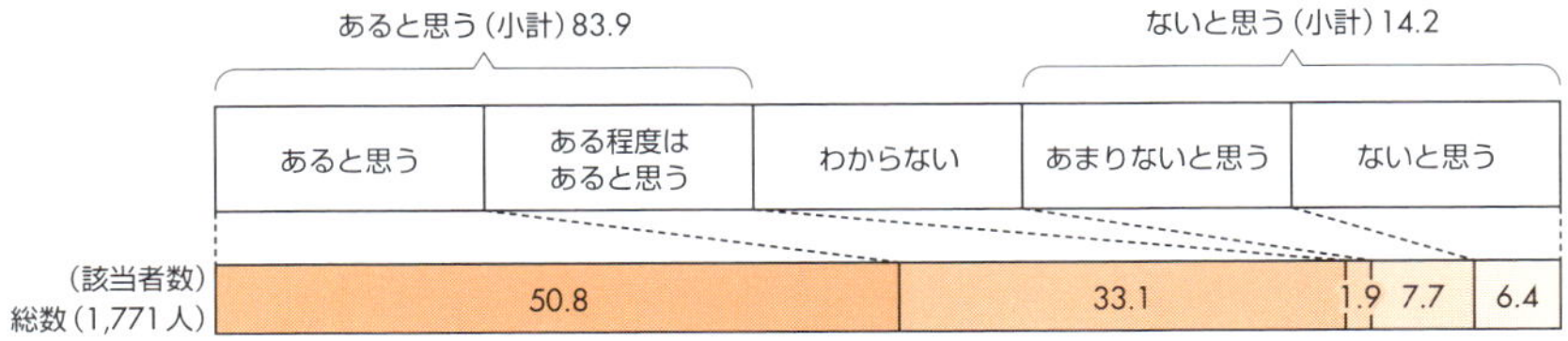

障害者差別解消法の周知度

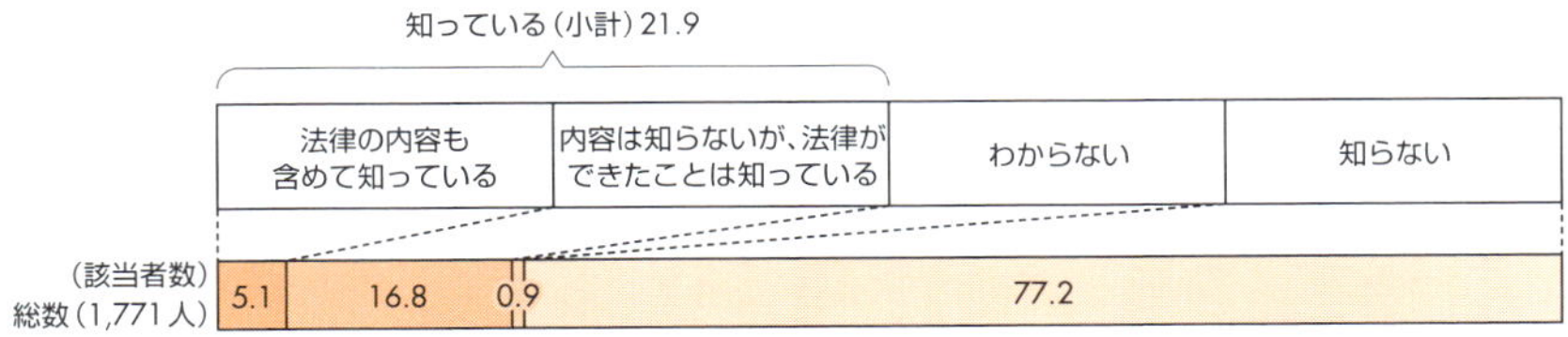

出典：内閣府「障害者に関する世論調査（平成29年8月調査）」

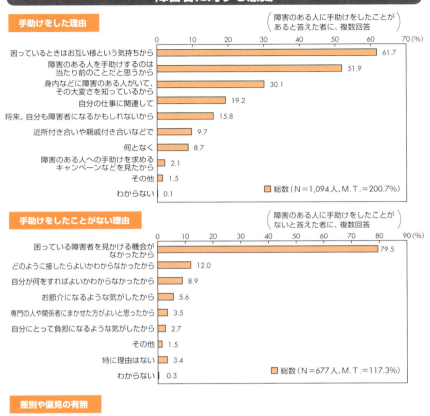

文字通り、障害者の支援にとっての根本的な法律

障害者基本法は、障害のある人もない人も尊重される「共生社会」を目指す法律です。

障害者基本法の理念とは

日本の障害者施策全体の方向性を定める重要な法律に、「障害者基本法」があります。この法律は、障害者が個人として尊重されるとともに、社会・経済・文化といった日常生活上のあらゆる活動に参加できるようにするための施策を進めることを目的としています。

障害者基本法は平成5年に制定されましたが、平成16年と平成23年に一部が改正されました。改正の背景には、アメリカやイギリスで障害者に対する差別を禁止する法律ができたり、国連で障害者の権利や尊厳を保護・促進するための「障害者権利条約」が採択されたりしたことが影響しています。平成16年の改正では、障害を理由とした差別や権利侵害をしてはならないことが盛り込まれ、また平成23年の改正では、障害の有無にかかわらず〝かけがえのない個人〟として尊重されるという理念にのっとり、障害のある人もない人も〝共生する社会〟の実現が明記されました。

共生とはどういうことか？

障害者基本法は、身体障害者や知的障害者、精神障害者のほか、発達障害者やその他の心身機能の障害がある人々を対象としています。この法でいう共生とは、様々な障害者が障害のない人と同様に、社会の一員としてあらゆる活動に参加できること、住む場所や一緒に住む人、またコミュニケーションの手段を選択できることなどを指します。このほかこの法律では、医療、介護、年金、教育や療育、職業相談や雇用など、生活全般にわたって支援に必要な施策を行わなければならないことが記されています。

加えて、国や自治体に対して、共生社会を実現するために施策を行うことや、国民の理解を深めるための施策を行うことが義務づけられています。さらには、国民1人ひとりが共生社会を実現するために努めなければならないことも、法律に明記されています。

障害者基本法とは

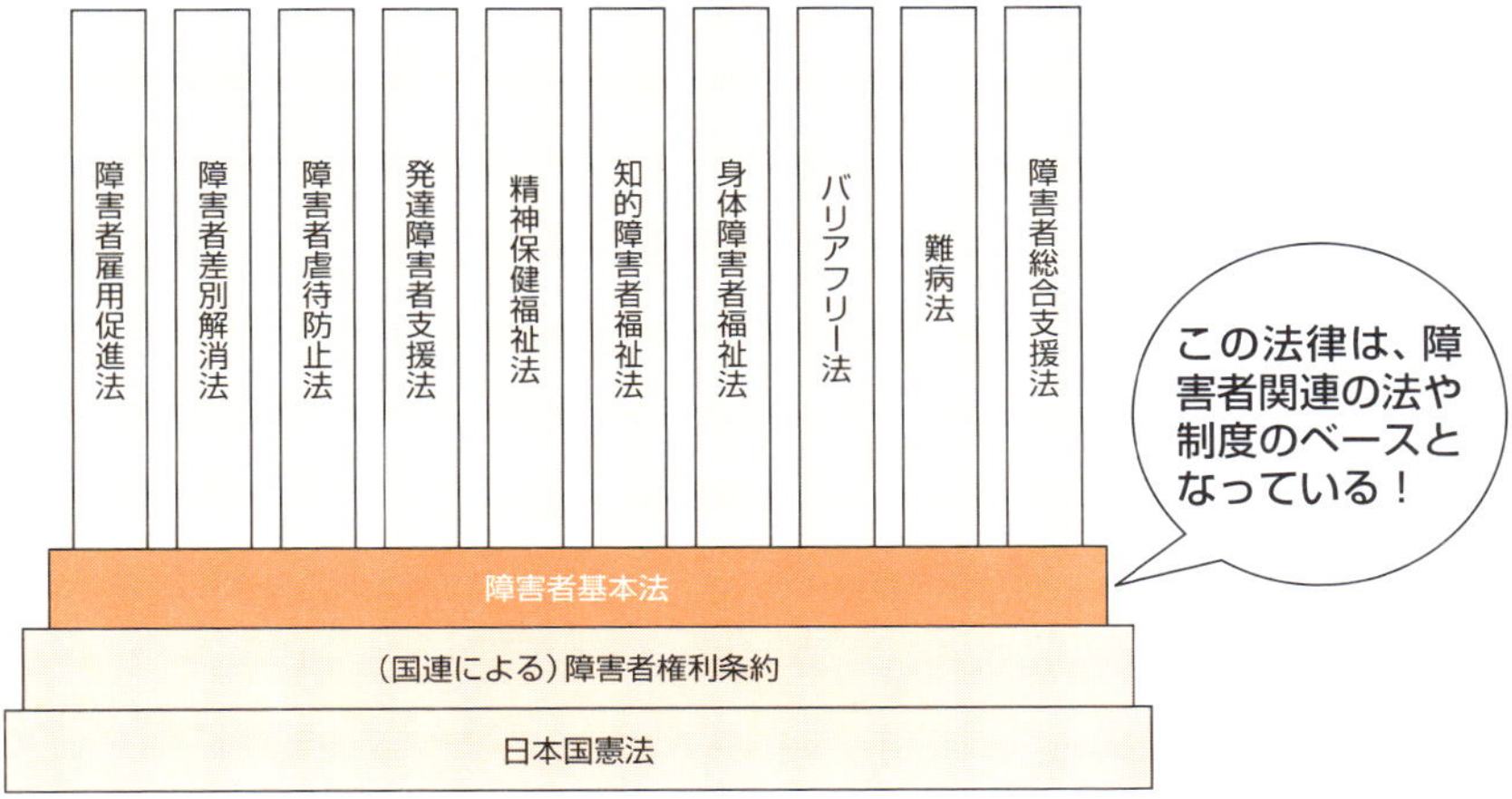

障害者基本法の経緯

平成5年
障害者基本法が制定
（自立と社会参加の促進を図ることが盛り込まれた）

↓

平成16年
一部改正
（障害を理由とする差別や権利侵害をしてはならないことが盛り込まれる）

↓

平成23年
一部改正
（“地域社会における共生”の実現が盛り込まれた）

障害者基本法の主な原則

基本原則1
障害のある人もない人も、地域で一緒に暮らす

基本原則2
障害を理由とした差別を禁止する

基本原則3
人権が尊重される共生社会を作るために、世界各国と協力する

免許取得を制限する欠格条項とその見直し

障害者の能力が活かされる社会を実現するために、すべての制度が見直されています。

国による見直しの方針は

　資格や免許、職業に関する制度のなかには、心身の障害があることを理由に資格・免許の取得やその仕事につくことを認めない規定があるものもあります。このような規定が、障害者の社会活動への参加を不当に阻む要因とならないよう、対象となるすべての制度について見直しが進められてきました（障害者施策推進本部「障害者に係る欠格条項の見直しについて」）。

　例えば視力が低い人に運転免許を制限するなど、資格取得の制限を行う必要がある場合は、現在の医学・科学技術の水準をふまえて対象者を厳密に規定することが、国の方針として示されました。また、本人の障害や能力の状況が業務遂行に適するかどうかの判断基準を明確にすることも示されました。さらに、障害の程度を客観的に判断したり、補助者や福祉用具などを活用したりすることにより業務遂行できる場合もあり、これらを考慮する点についても明記されています。

資格取得の際に障害に応じた配慮がなされる！

　資格の取得条件等に関する見直しに加え、試験方法などについても障害に応じた必要な配慮を行う方針が示されています（障害者施策推進本部「障害者に係る欠格条項の見直しに伴う教育、就業環境等の整備について」）。この方針により、試験会場のバリアフリー化や点字、読み上げ等の配慮、手話通訳者や介助者の配置、試験時間の延長や別室での受験といった様々な配慮が行われるようになっています。このほか、大学や職場でも同様に環境整備を促進するための施策が行われるようになりました。

　このように不必要な制限をなくし、かつ必要な配慮を提供することで、障害者の持つ知識や技能が適切に判定され、その結果、能力が最大限に活用される社会が実現するのです。

欠格条項とは

欠格条項とは、法律で、障害があることによって、免許を与えないなど、資格取得に制限を付けていることです。

欠格条項には、相対的と絶対的の2種類があります。

相対的欠格条項	「資格を与えないことができる」などとして、裁量があること
絶対的欠格条項	いかなる場合においても資格を与えない

欠格条項の例

資格・免許	法律	内容	相対／絶対
自動車などの運転免許	道路交通法	次のいずれかに該当する者については、免許を与えないまたは保留することができる ● 幻覚の症状を伴う精神病であって政令で定めるもの ● 発作により意識障害または運動障害をもたらす病気であって政令で定めるもの ● 自動車等の安全な運転に支障を及ぼすおそれがある病気として政令で定めるもの	相対的欠格条項
医師免許	医師法	心身の障害により医師の業務を適正に行うことができない者として厚生労働省令で定めるものには、免許を与えないことがある	相対的欠格条項

障害を抱える人たちの金銭的支援には何がある？

障害者の所得保障や家庭の負担軽減のための手当が支給されます。

ケガ等で受け取れる障害年金

病気やケガで生活や仕事が制限されるようになった場合に受け取ることができる年金として、「障害基礎年金」と「障害厚生年金」があります。病気やケガで初めて医師の診療を受けたとき(初診日)に国民年金に加入していた場合は「障害基礎年金」、厚生年金に加入していた場合は「障害厚生年金」を請求することができます。年金制度に加入していない20歳未満または60歳以上65歳未満の場合には、障害基礎年金が支給されます。

障害年金を受けられるかどうか、いくら受け取れるかは、障害の程度や子どもの数によって定められています。障害基礎年金の月額は、国民年金・厚生年金の障害認定基準で1級の場合8万1177円、2級の場合は6万4941円(平成29年度)で、子どもの数に応じた金額がこれに加算されます。

障害厚生年金は、障害基礎年金に上乗せして支給されます。2級に該当しない軽い障害の場合には、3級の障害厚生年金が支給されます。

そのほかいろいろな手当がある

そのほかの金銭的支援には、「特別児童扶養手当」「障害児福祉手当」「特別障害者手当」などがあります。特別児童扶養手当は、20歳未満の障害児をもつ家庭の父母等に支給されます。障害児福祉手当は、重度障害のために常時介護を必要とする在宅の20歳未満の者に支給されます。特別障害者手当は、著しく重度の障害を有するため常時特別の介護を必要とする在宅の20歳以上の者に支給されます。これらの手当は、受給者や扶養義務者等の所得が一定額以上の場合は支給されません。

所得制限つきの場合もありますが、こうした障害年金や手当を支給することで、障害者の生活を金銭面から支援するとともに、障害を持つことで生じる特別な金銭的負担を減らし、障害者やその家族が安心して暮らすことができるような制度が用意されています。

障害年金の仕組み（平成29年度）

〔1級〕	〔2級〕	〔3級〕
配偶者加給年金 18,691円	配偶者に加給年金 （1級に同じ）	
障害厚生年金 ［障害厚生年金（2級）×1.25］	障害厚生年金 ① 総報酬制導入前の被保険者期間分＋ ② 総報酬制導入以後の被保険者期間分 ① 平均標準報酬月額 × 7.125/1000 × 被保険者期間の月数（平成15年3月まで） ② 平均標準報酬月額 × 5.481/1000 × 被保険者期間の月数（平成15年4月以降）	
子の加算額 （第1子、第2子　18,691円 第3子以降　6,233円）	子の加算額 （1級に同じ）	障害厚生年金 （障害厚生年金（2級）に同じただし、最低保障額48,708円）
障害基礎年金 64,941円×1.25	障害基礎年金 64,941円	

出典：内閣府「平成29年版障害者白書」

障害基礎年金・障害厚生年金の障害認定基準

外部障害	眼、聴覚、肢体（手足など）の障害など
精神障害	統合失調症、うつ病、認知障害、てんかん、知的障害、発達障害など
内部障害	呼吸器疾患、心疾患、腎疾患、肝疾患、血液・造血器疾患、糖尿病、がんなど

障害基礎年金・障害厚生年金の障害等級の例

1級	・両上肢の機能に著しい障害を有する者 ・両下肢の機能に著しい障害を有する者 ・両眼の視力の和が0.04以下の者（原則として矯正視力） ・両耳の聴力レベルが100デシベル以上の者
2級	・1上肢の機能に著しい障害を有する者 ・1下肢の機能に著しい障害を有する者 ・両眼の視力の和が0.05以上0.08以下の者（原則として矯正視力） ・両耳の聴力レベルが90デシベル以上の者

出典：日本年金機構ホームページ「国民年金法施行令別表・厚生年金保険法施行令別表第1及び第2」

3級	・上肢の3大関節のうち、2関節の用を廃した者 ・下肢の3大関節のうち、2関節の用を廃した者 ・両眼の視力が0.1以下に減じた者 ・両耳の聴力が、40センチメートル以上では通常の話声を解することができない程度に減じた者

出典：日本年金機構ホームページ「国民年金法施行令別表・厚生年金保険法施行令別表」

海外の差別禁止法と合理的配慮

日本にも新しい考え方が定着しなければなりません。

アメリカやイギリスでは、早くから差別禁止法が作られた

アメリカでは、1991年に「障害をもつアメリカ人法」が施行され、障害を理由とした差別が禁止されることとなりました。アメリカの法律は、障害者が雇用される場面での差別を禁じています。障害者であるということだけで、その人の能力を評価せず、はじめから不採用にしてしまうことだけでなく、障害者にとって不利な条件のもとで採用試験を行うことなども差別になります。例えば全盲の障害者に対して、障害のない人と同じペーパーテストを行っても、その障害者は問題を読むことすらできません。この場合、点字など障害者が解答できる手段を用いた試験をしないことが、差別にあたります。

イギリスでも1996年から、アメリカと同様の差別禁止法が施行されました。その後、これらの国の影響を受けて、世界各国で差別禁止法が作られることとなりました。

「合理的配慮」ってどういうもの？

こうした差別禁止法では、障害者に対して「合理的配慮」を提供しないことも差別になります。

合理的配慮には、スロープを付けたり車いす用のトイレを設置するといった、建物や設備を整えることのほか、手話通訳者を配置するなどの人的支援を提供することも含まれます。加えて、休憩時間を長くしたり休暇を多く取れるようにしたりなど、勤務条件を調整することも合理的配慮です。このように障害に応じた配慮が行われることにより、障害者にとって働きやすい職場環境がつくられるのです。

日本ではまだ、「障害を理由とした差別」や「合理的配慮」という考え方が定着していません。1日も早く、様々な場で合理的配慮が当たり前に行われるようになることが望まれます。

アメリカとイギリスの差別禁止法

<アメリカ>

障害をもつアメリカ人法（Americans with Disabilities Act of 1990：ADA）

- 1990年に制定、2008年改正
- 雇用や公共サービスなど、生活全般における差別を禁止
- 合理的配慮を提供しないことが差別に該当

<イギリス>

障害者差別禁止法　（Disability Discrimination Act：DDA）

- 1995年に制定、2010年平等法へ統合
- 雇用や教育などの分野において、障害に関連した理由で、障害者を不利に取り扱った場合に、差別が成立する

合理的配慮とは

国連の「障害者の権利に関する条約」

第2章（定義）	「合理的配慮」とは、障害者が他の者と平等にすべての人権及び基本的自由を享有し、又は行使することを確保するための必要かつ適当な変更及び調整であって、特定の場合において必要とされるものであり、かつ、均衡を失した又は過度の負担を課さないものをいう。

合理的配慮の例

●建物や設備を整える

- スロープを付ける
- 車いす用のトイレを設置する

●人的支援

- 手話通訳者を配置する

●勤務条件の調整

- 休憩時間を長くする
- 休暇を多く取れるようにする

障害者権利条約をついに批准！ 障害者の生活はどう変わる？

日本も国際的な標準に追いつかなければなりません。

日本もようやく批准へ

平成18年12月に国連総会で「障害者の権利に関する条約」（障害者権利条約）が採択されました。この条約は、すべての障害者に、あらゆる人権と基本的自由を平等に保障することを目的としています。これまで「障害者の権利宣言」など障害者の人権保障を謳った国際的な宣言や規則はありましたが、法的な拘束力のある条約はこれが初めてです。この条約を批准（条約に対して、国として拘束されることの最終的な確認行為）した国は、条約の内容に従って法律や制度を整え実施しなくてはなりません。

日本は平成19年に条約に署名（条約の内容に対する基本的な賛意を表明すること）をしたものの、国内法制が整備されておらず、批准には至っていませんでした。ようやく、平成25年12月4日に国会で可決され、平成26年1月20日に批准書を国連に提出しました。その後、同年2月19日より条約が日本でも効力を発することとなりました。

障害者差別が法によって禁止される！

障害者権利条約では、障害に基づくあらゆる差別を禁止するとともに、教育や雇用、政治や文化・スポーツ等のあらゆる分野で平等な参加を保障するよう、各国の責務として定めています。またこの条約では、差別を禁止し平等を促進するために「合理的配慮」を実施することも義務づけています。合理的配慮とは、障害の状況に応じて必要な環境を整備したり支援したりすることで、これを実施しないことも〝差別〟に含まれます。

日本では平成25年6月に「障害者差別解消法」が制定され、平成28年4月に施行されました。どんなものが「差別」や「合理的配慮」になるのか具体例も示されるようになり、これから人々への理解が広まり様々な場面で実行されていかねばなりません。

障害者権利条約の締結に向けた日本の取り組み

2006年12月	国連総会で条約採択
2007年9月	日本が条約に署名
2008年5月	条約の発効
2009年12月	「障がい者制度改革推進本部」を設置
2011年8月	障害者基本法の改正
2012年6月	障害者総合支援法の成立
2013年6月	障害者差別解消法の成立・障害者雇用促進法の改正

障害者権利条約の主な項目

第1条	目的
第2条	定義
第3条	一般原則
第4条	一般的義務
第5条	平等および無差別
第6条	障害のある女子
第7条	障害のある児童
第8条	意識の向上
第9条	施設およびサービス等の利用の容易さ
第10条	生命に対する権利
第11条	危険な状況および人道上の緊急事態
第12条	法律の前にひとしく認められる権利
第13条	司法手続きの利用の機会
第14条	身体の自由および安全
第15条	拷問または残虐な、非人道的な若しくは品位を傷つけられる取扱い若しくは刑罰からの自由
第16条	搾取、暴力および虐待からの自由
第17条	個人をそのままの状態で保護すること
第18条	移動の自由および国籍についての権利
第19条	自立した生活および地域社会への包容
第20条	個人の移動を容易にすること
第21条	表現および意見の自由並びに情報の利用
第22条	プライバシーの尊重
第23条	家庭および家族の尊重
第24条	教育
第25条	健康
第26条	ハビリテーション(適応のための技能の習得)およびリハビリテーション
第27条	労働および雇用
第28条	相当な生活水準および社会的な保障
第29条	政治的および公的活動への参加
第30条	文化的な生活、レクリエーション、余暇およびスポーツへの参加
第31条	統計および資料の収集
第32条	国際協力
第33条	国内における実施および監視
第34条	障害者の権利に関する委員会
第35条	締約国による報告
第36条	報告の検討

障害者差別解消法が施行！ 障害者の生活はどう変わる？

障害のある人への差別をなくし必要な支援をすることが求められます。

日本でも差別解消法が施行された

平成28年4月から「障害を理由とする差別の解消の推進に関する法律」（障害者差別解消法）が施行されました。この法律は、障害を理由とする「不当な差別的取り扱い」を禁止し、「合理的配慮」を提供することで、障害の有無にかかわらず対等に共生できる社会を目指すものです。先述した障害者権利条約を批准し、条約の内容を実行するために制定・施行されました。

「不当な差別的取扱いの禁止」とは？

この法律での「不当な差別的取り扱い」とは、障害者に対して正当な理由なくサービスの提供を拒否したり、障害者にだけ制限を設けたりすることを意味します。例えば、学校の受験を拒否する、介助者がいないと店に入れない等が当てはまります。本人を無視して介助者だけに話しかけるといったことも含まれます。これまでの慣習や何気ない言動が差別になる場合もあり、何が差別なのか人々がしっかりと理解する必要があります。

「合理的配慮の提供」とは？

「合理的配慮」とは、障害者の生活や社会参加を阻む環境や制度などを改良するための対応や支援を意味します。例えば、段差をスロープで補助する、点字や手話通訳を用いる、絵や写真を使って意思疎通を図る等が当てはまります。障害のために文字の読み書きに時間がかかる場合は、試験時間を延長することも合理的配慮になります。ここで大切なのは、周囲の判断で勝手に配慮を提供するのではなく、本人が配慮を希望しているか、どのような配慮が必要か、本人の意思を確認したり方法について相談したりすることです。

このように、障害を理由とした差別をなくし合理的配慮を行うことで、障害者にとって利用しにくかった環境やサービスを改善し、障害のない人と同様に生活したり参加したりできる共生社会が実現するのです。

障害者差別解消法における「障害者」とは?

身体障害、知的障害、精神障害(発達障害を含む。)その他の心身の機能の障害がある者であって、障害及び社会的障壁により継続的に日常生活又は社会生活に相当な制限を受ける状態にあるもの

障害者手帳を持っていない人も含まれます。

「法的義務」と「努力義務」

	障害を理由とする差別の禁止	合理的配慮の提供
行政機関等	法的義務	法的義務
企業等の事業者	法的義務	努力義務

- 法的義務:~不当な差別的取扱いをすることにより、障害者の権利利益を侵害してはならない。~社会的障壁の除去の実施について必要かつ合理的な配慮をしなければならない。
- 努力義務:~社会的障壁の除去の実施について必要かつ合理的な配慮をするように努めなければならない。

国の基本方針のポイント

- 障害者の優遇措置(積極的改善措置)や合理的配慮の提供は、「不当な差別的取扱い」に該当しない。

  障害者を不利に扱うことが差別

- 「正当な理由」に相当するかは、やむを得ないかどうか、総合的・客観的に判断される。

  安全が確保されない、損害が発生する等の場合

- 障害者から社会的障壁の除去を必要としている旨の意思の表明があった場合に、合理的配慮の提供が求められる。

  障害者からの意思表明と双方の対話が必要

- 実施に伴う負担が過重でないとき、合理的配慮の提供が求められる。

  費用負担、実現可能性などから判断

市町村・都道府県障害者計画ってどういうもの？

地方自治体が、共生社会に向けて具体的にサービスを計画しなければならない、ということです。

国・地方自治体に計画が義務づけられている

障害者基本法では、国に対して障害者基本計画を策定することを義務づけています。現在は平成25年から平成29年までを対象とした第3次の計画に入っています。そこでは基本的原則として、地域社会における共生、差別の禁止、国際的協調のための取り組みを実施することや、障害者の自己決定の尊重や支援、当事者本位の総合的な支援、障害特性に配慮した支援を実施すること等が示されています。

また障害者基本法では、都道府県と市町村に対しても、それぞれ「都道府県障害者計画」「市町村障害者計画」の策定を義務づけています。これは、障害者施策を効果的に進めるためには、国・都道府県・市町村が連携しながら、それぞれの立場や役割に応じて計画を策定することが不可欠である、という認識によるものです。

各都道府県・市町村では、国が策定した障害者基本計画に沿って、「生活支援」「保健・医療」など10の分野について達成すべき目標を設定し、サービスの充実を進めます。

東京都の障害者計画とは

例えば東京都が策定した障害者計画では、障害者が安心して暮らせる社会の実現、障害者が当たり前に働ける社会の実現、すべての都民がともに暮らす地域社会の実現が理念として掲げられています。

具体的な施策としては、ホームヘルプなど訪問系サービスを99万５８０時間、地域移行支援を４７７人など、サービスごとに目標が設定されています。また、災害時における障害者支援や障害児への支援を充実させることも明記されています。

このように、各自治体が地域の特徴や実情に即してサービスを整備していくことで、障害のある人・ない人ともに暮らしやすい社会が実現するのです。

地方自治体による障害者計画

障害者基本計画および障害者計画の位置づけ

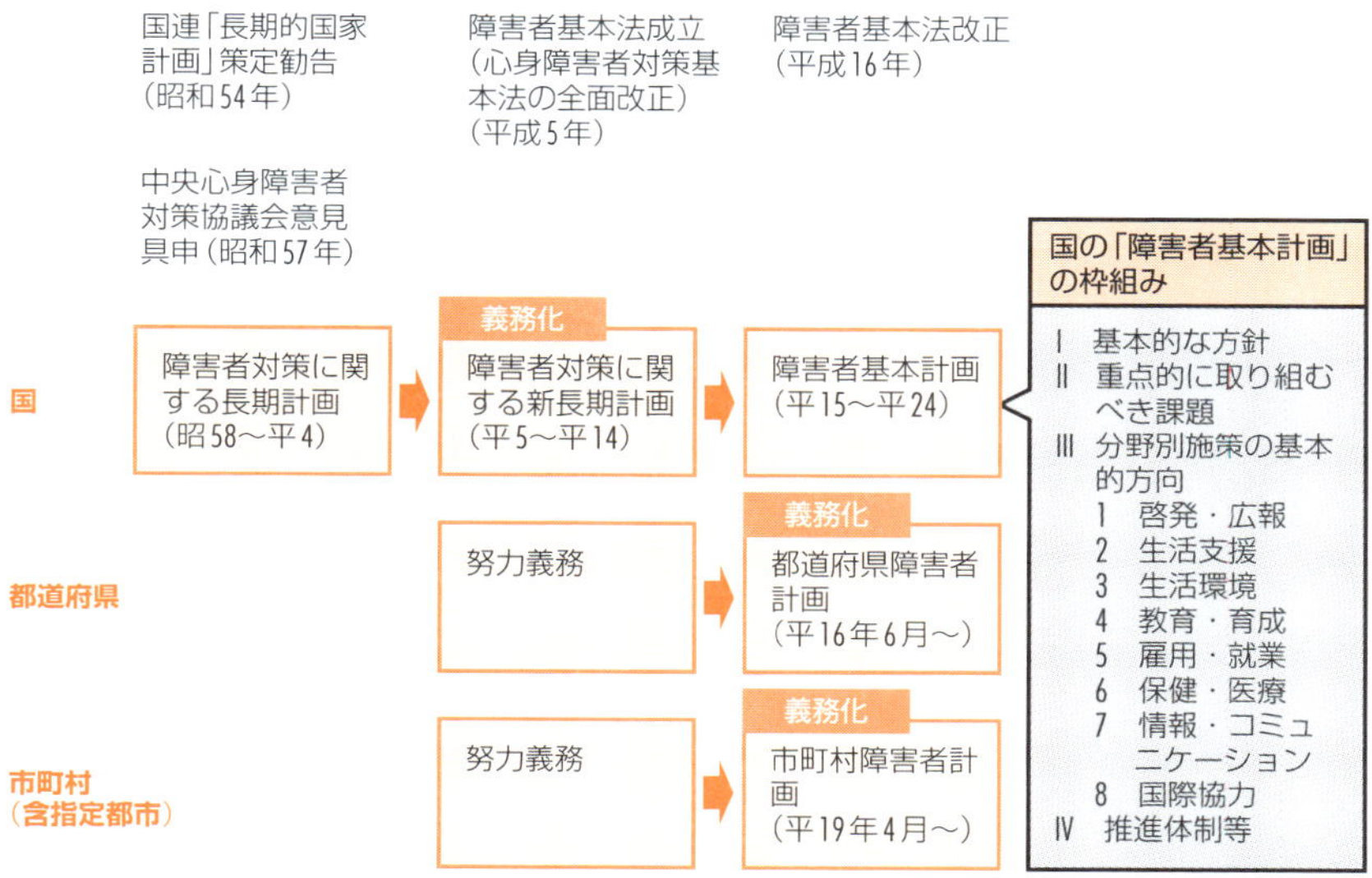

出典：内閣府資料

障害者計画と障害福祉計画の関係

○障害者計画は、「障害者基本法」に基づく障害者のための施策に関する基本的な事項を定める中長期の計画

○障害福祉計画は、障害者計画のなかの「生活支援」にかかわる事項中、障害福祉サービスに関する3年間の実施計画的な位置づけ

市町村障害者計画に盛り込むことが望ましい事項

基本的考え方	計画の趣旨、基本理念、基本目標、計画の期間、施策の重点課題等の基本的考え方を設定する
現状と問題点の把握	施策の現状と障害者の状況等を明らかにし、問題点を整理する
施策の体系化と相互連携	障害者や住民にわかりやすい形で効果的に施策が推進されるよう、施策の体系化と総合の連携方策を明らかにする
各種施策の課題・目標と具体的な方策	施策ごとの課題・目標とその具体的方策を設定する
計画の実施状況のフォロー体制	計画の推進体制および実施状況の把握、点検方法等を設定する

障害者の雇用を定める障害者雇用促進法が改正された

一般企業の障害者雇用はまだ進んでいません。

法定雇用率ってなに？

　障害者の民間企業や公的機関等での雇用を進めるための法律として、「障害者雇用促進法」があります。この法では、企業や機関が雇用する人のうち、一定の割合で障害者を雇用することを義務づけています。平成25年4月からは、民間企業で2・0％、国・地方公共団体等で2・3％が課されています。現在、この法律で雇用義務の対象となっているのは身体障害者と知的障害者で、精神障害者はまだ義務の対象にはなっていません。

　障害者を雇用しなければならない割合を「法定雇用率」といいます。この法定雇用率は、一定期間ごとに見直されてきました。

　実際に雇用されている障害者の割合は、平成28年6月時点において民間企業で1・92％、公的機関で2・18～2・61％でした。民間企業で法定雇用率が達成されたことは、これまでで一度もありません。

雇用の際の障壁を企業が放置すると差別となる！

　平成25年6月に障害者雇用促進法が改正され、平成28年4月から施行されました。雇用分野における障害者に対する差別が禁止されるとともに、職場における合理的配慮の提供が義務づけられています。

　例えば、障害を持つことや車いすを利用していることを理由に、採用を拒否することや低い賃金を設定するといったことが禁じられるのです。また、手話通訳者等を配置することや、通勤時のラッシュを避けるため勤務時間を変更することなど、働くにあたっての支障を改善するための措置を行うことが義務化されます。

　平成30年4月からは、精神障害者保健福祉手帳を持つ精神障害者も雇用義務の対象となります。加えて、法定雇用率が民間企業で2・2％、国・地方公共団体等で2・5％となり、今後も段階的に引き上げられます。

障害者雇用促進法改正の概要

障害者に対する差別の禁止

【差別の例】

募集・採用の機会	身体障害・知的障害・精神障害、車いすの利用、人工呼吸器の使用などを理由として採用を拒否する　等
賃金の決定・教育訓練の実施等	障害者であることを理由として、以下のような不当な差別的取り扱いを行うこと ・賃金を引き下げること、昇給をさせない ・研修、現場実習を受けさせない ・食堂や休憩室の利用を認めない　等

合理的配慮の提供義務

【合理的配慮の例】

募集・採用の機会	問題用紙を点訳・音訳する、拡大読書器を利用できるようにする、試験の解答時間を延長する、解答方法を工夫する　等
施設の整備、援助者の配置など	・車いすを利用する人に合わせて、机や作業台の高さを調整する ・文字だけでなく口頭での説明を行う、わかりやすい文書・絵図を用いて説明する ・手話通訳者・要約筆記者を配置・派遣する ・通勤時のラッシュを避けるため、勤務時間を変更する　等

苦情処理・紛争解決援助

○事業主は、障害者に対する差別や合理的配慮の提供に係る事項について、障害者である労働者からの苦情の申し出を受けたときは、その自主的な解決を図るよう努める

○当該事項に係る紛争は、個別労働紛争解決促進法の特例を設け、都道府県労働局長が必要な助言、指導または勧告できるとともに、新たに創設する調停制度の対象とする

法定雇用率の算定基礎の見直し

○法定雇用率の算定基礎の対象に、新たに精神障害者を追加（平成30年4月施行）

○法定雇用率は原則5年ごとに見直し

法定雇用率の算定

平成30年から追加

$$\text{法定雇用率} = \frac{\text{身体障害者、知的障害者および精神障害者である常用労働者の数} + \text{失業している身体障害者、知的障害者および精神障害者の数}}{\text{常用労働者数} - \text{除外率相当労働者数} + \text{失業者数}}$$

身体障害者を支援するための法律は?

支援策のほか、国、地方公共団体や国民などの責務について定めているのが身体障害者福祉法です。

障害者の定義は?

障害者総合支援法が定義している「障害者」は、17ページでも示したように、身体障害者は身体障害者福祉法、精神障害者なら精神保健福祉法といったように各法律で規定されています。ここでは、まず身体障害者福祉法について確認してみましょう。

身体障害者福祉法とは?

この法は、社会福祉を規定する法律のなかでも中心的な法律である「福祉六法」の1つとして、戦後に制定されました。身体障害者の自立と社会経済活動への参加促進のための活動を規定した法律で、基本的には18歳以上の身体障害者を対象としています。なお、18歳未満の身体障害児への支援は児童福祉法が対応しています(手帳制度など、共通して利用できるものもある)。

身体障害者福祉法には、身体障害者の定義のほかに、総合支援法に規定されていない独自の施設、身体障害者手帳制度、社会への参加促進のための施策などが盛り込まれています。そのほか、身体障害の発生予防や早期治療に向けた啓発活動、支援体制の整備、必要に応じた障害者支援施設などへの入所の措置(通常契約により入所するところを市町村の権限で入所させる)なども規定しています。

身体障害者更生相談所ってなに?

身体障害者に対する支援は市町村を中心に行われますが、市町村単独では対応に苦慮する場合も当然あります。そのため、特に専門的な知識や技術を必要とすることへの対応や、市町村への指導などのために、各都道府県に「身体障害者更生相談所」が設置されています。この施設では、身体障害者手帳を交付したり(中核市の場合は市が行う)、補装具費支給の判定や自立支援医療(更生医療)の判定などを行ったりしています。身体障害者が各種福祉サービスを受けるには欠かせない機関です。

身体障害者福祉法とは?

目的（第１条）	障害者総合支援法と相まって、身体障害者の自立と社会経済活動への参加を促進するため、身体障害者を援助し、必要に応じて保護し、もって身体障害者の福祉の増進を図ること
身体障害者（第４条）	別表で定められた身体上の障害がある18歳以上の者であって、都道府県知事から身体障害者手帳の交付を受けたもの

身体障害者手帳

手帳制度	それぞれの状態に応じて身体障害者障害程度等級表に基づき、１級から７級まで区分。このうち、身体障害者手帳に記載されるのは６級までとされており、７級単独では障害者手帳は交付されない。ただし、７級の障害が２つ以上ある場合は、合わせて６級として認定される • 視覚（１～６級） • 聴覚（２～４、６級）または平衡機能（３、５級） • 音声機能、言語機能または咀嚼機能（３～４級） • 肢体不自由（１～７級） • 内部障害（心臓、腎臓、呼吸器、膀胱または直腸、小腸（以上１、３～４級）、ヒト免疫不全ウイルスによる免疫機能、肝臓（以上１～４級））
交付	都道府県知事（指定都市、中核市長を含む）により交付される

どの程度であればどの等級になるのかは、等級表や認定基準に具体的に示されています。なお、肢体不自由は上肢、下肢、体幹など５分野に分かれます。

身体障害者福祉法が規定している身体障害者社会参加支援施設

身体障害者福祉センター（第31条）	無料または低額な料金で、身体障害者に関する各種の相談に応じ、身体障害者に対し、**機能訓練**、**教養**の向上、**社会との交流**の促進及び**レクリエーション**のための便宜を総合的に供与する
補装具製作施設（第32条）	無料または低額な料金で、**補装具**の製作または修理を行う
盲導犬訓練施設（第33条）	無料または低額な料金で、**盲導犬**の訓練を行うとともに、視覚障害のある身体障害者に対し、盲導犬の利用に必要な訓練を行う
視聴覚障害者情報提供施設（第34条）	無料または低額な料金で、**点字刊行物**、**視覚障害者用の録音物**、**聴覚障害者用の録画物**その他各種情報を記録した物であって専ら視聴覚障害者が利用するものを製作し、もしくはこれらを視聴覚障害者の利用に供し、または点訳（文字を点字に訳すことをいう。）もしくは手話通訳等を行う者の養成もしくは派遣その他の厚生労働省令で定める便宜を供与する

この４つが身体障害者のための施設「身体障害者社会参加支援施設」として、身体障害者福祉法第５条に定義されています。

知的障害者を支援するための法律は？

支援策のほか、国、地方公共団体や国民などの責務について定めているのが知的障害者福祉法です。

知的障害者福祉法とは？

知的障害者福祉法は、知的障害者のための福祉を図る法律です。身体障害者福祉法と同様、福祉六法として規定されています。知的障害者のための施設としては、知的障害者更生相談所があり、相談や判定業務、手帳の判定・発行業務を行っています。

元は、「精神薄弱者福祉法」として整備されていましたが、障害者団体等が「表現の的確性や差別等の助長を引き起こす」として、表現の変更を求めた結果、平成11年に「精神薄弱」という表現から「知的障害」へと変更がなされました。

知的障害者の定義とは？

実は、知的障害者福祉法では、知的障害者を定義しておらず、障害者手帳制度も法律上は記載されていません。そのため、制度や調査によって定義はまちまちです。国が示す一例としては、厚生労働省が行っている知的障害児(者)基礎調査があります。このなかで「知的機能の障害が発達期(おおむね18歳まで)にあらわれ、日常生活に支障が生じているため、何らかの特別の援助を必要とする状態にあるもの」と定義されています。

一般的な定義がなされていないことから、手帳制度は、法律のなかには組み込まれませんでしたが、昭和48年に厚生事務次官通知として「療育手帳制度について」が出されました。しかし、この制度はあくまでも法律に基づくものではないため、手帳によって受けられるサービスは全国統一（自治体等が独自で行うものは除く）であるものの、手帳の名称や障害程度区分などは、都道府県によって異なります。手帳の名称も異なり、一般的には「療育手帳」ですが、東京都や横浜市は「愛の手帳」、名古屋市などは「愛護手帳」としています。なお、手帳がないからといって知的障害と認められないわけではありませんが、各種サービスを受けるには手帳の取得が推奨されています。

療育手帳制度

通知上では重度をA、それ以外をBとすることになっている

中度等の他の区分を定めることも可能。A1,2　B1,2などのように4区分にしている自治体もある

重度	**18歳未満の者** 下記の①または②に該当する程度の障害であって、日常生活において常時介護を要する程度の者 ① 知能指数が概ね35以下の児童であって次のいずれかに該当する者 ア 食事、洗面、排泄、衣服の着脱等の日常生活動作の介助を必要とし、社会生活への適応が著しく困難であること イ 頻繁なてんかん様発作または失禁、食べられないものを口に入れる、興奮、寡動その他の問題行動を有し、監護を必要とするものであること ② 盲児(強度の弱視を含む)若しくはろうあ児（強度の難聴を含む）又は肢体不自由児であって、知能指数が概ね50以下と判定された者 **18歳以上の者** 下記の①に該当する程度の障害であって、日常生活において常時介護を要する程度の者 ① 知能指数が概ね35以下（肢体不自由、盲、ろうあ等の障害を有する者については50以下）と判定された知的障害者であって、次のいずれかに該当する者であること ア 日常生活における基本的な動作(食事、排泄、入浴、洗面、着脱衣等)が困難であって、個別的指導及び介助を必要とする者 イ 失禁、異食、興奮、多寡動その他の問題行為を有し、常時注意と指導を必要とする者
それ以外	重度に該当する者以外の程度の者

身体障害者手帳は原則更新の必要はありませんが、療育手帳では再判定が必要になるのですね！ 18歳未満は児童相談所、18歳以上は知的障害者更生相談所が行うのですね。

療育手帳による援助措置（等級等による制限あり）

① 特別児童扶養手当
② 心身障害者扶養共済
③ 国税、地方税の諸控除及び減免税
④ 公営住宅の優先入居
⑤ NHK受信料の免除
⑥ JRなどの旅客運賃の割引
⑦ 生活保護の障害者加算
⑧ 生活福祉資金の貸付
⑨ NTTの無料番号案内
⑩ 携帯電話使用料の割引
⑪ 公共施設の利用料割引　など（自治体独自のサービスあり）

受けることのできるサービスは自治体で異なります。詳しくは、お住まいの自治体にお問い合わせください。なお、身体障害者手帳と精神障害者保健福祉手帳も、共通の援助措置として、税の控除や減免などの措置が受けられますが、JR等の旅客運賃の減免制度は、精神障害者保健福祉手帳だけは対象外です（民間・公営交通では減免される場合があります）。

精神障害者を支援するための法律は？

精神障害者に対する医療と福祉に関して規定しているのが精神保健福祉法です。

精神保健福祉法とは？

精神保健福祉法（正式名称：精神保健及び精神障害者福祉に関する法律）は、精神医療のほか、手帳制度、精神保健福祉活動の中核的機関である精神保健福祉センターなどが規定されています。「福祉」だけではなく、「医療」に関しても規定されている点や、精神障害者だけではなく、広く国民を対象とした法律である点が他の障害者福祉法とは異なります。

精神障害者とは？

精神保健福祉法において、精神障害者は「統合失調症、精神作用物質による急性中毒又はその依存症、知的障害、精神病質その他の精神疾患を有する者」と規定されています。知的障害者も含まれていますが、知的障害者の福祉に関しては、前述の知的障害者福祉法で対応することになっています。精神疾患は誰でもなり得るものですが、偏見も強く、精神疾患について正しく理解されることが望まれます。

手帳制度は整備されていますが、手帳を持つことが精神障害者の条件にはなっておらず、手帳の取得率は他の障害に比べ低くなっています。

医療と福祉が両輪

前述したように、精神保健福祉法は福祉だけではなく、医療に関する項目、例えば入院制度や入院中の処遇なども示されています。

精神疾患のために入院する場合は、他の疾患と異なり、病識（自分が病気であることを自覚すること）が低く、治療しなければならない状態であっても、当の本人が治療を拒否するケースも少なくありません。そのため、特に入院時や入院中における人権の取り扱いには最新の注意が必要になります。

また、精神疾患による症状に加えて、社会生活能力が低下することも特徴です。そのために、医療と福祉が連携して支援することが重要な障害といえるでしょう。

精神保健福祉のメイン機関「精神保健福祉センター」の役割は？

- 精神保健や精神障害者の福祉に関する知識の普及を図り、調査研究を行うこと
- 精神保健や精神障害者の福祉に関する相談・指導のうち、複雑または困難なものを行うこと
- 精神医療審査会※の事務を行うこと
  ※ 精神科病院に入院している精神障害者の処遇等について、書類審査や退院・処遇改善請求の審査を行うための機関
- 精神障害者保健福祉手帳、自立支援医療（精神通院）の判定業務を行うこと。
- 市町村が、障害者総合支援法における介護給付費等の支給の要否を決めたり、または地域相談支援給付費等の給付の要否を決めたりする際に意見を述べること
- 市町村の求めに応じて、介護給付費等の支給決定業務または地域相談支援給付決定に関して、技術的事項についての協力や必要な援助を行うこと

精神保健福祉センターは、精神障害者の福祉にかかわる業務のほか、精神医療審査会の事務など、精神障害者の人権を守るための取り組みも行っているんですね。

精神科の入院制度

形態	内容
任意入院	精神障害者**本人の同意**を持って入院を行う。入院の際、入院中の権利事項について説明した上で、入院同意書を得る必要がある。退院についても本人が希望する場合は退院させなければならないが、精神保健指定医の診察により72時間（特定医師の診察の場合は12時間）に限り、退院制限を行うことができる
医療保護入院	精神保健指定医の診察の結果、本人の同意を得ることが難しいものの、入院の必要性があり、かつ家族等が同意している場合に入院させることができる
措置入院	2名以上の精神保健指定医の診察の結果、自傷他害の恐れのある精神障害者を、都道府県知事もしくは政令指定都市市長の決定により、入院させることができる（急を要する場合は、精神保健指定医1名の診察により、72時間に限り入院させることも可能）
応急入院	1名の精神保健指定医の診察の結果、即刻入院が必要がある場合、家族等の同意がなくても72時間（特定医師の場合12時間）に限り、入院させることができる

本人の同意が取れず強制的に入院させるなど、身体拘束等が伴う場合の入院は、一定の経験があって、かつ研修を受けて認められた医師（精神保健指定医）でなければ行うことができません。

そのために、指定医が不在の場合で、特に緊急を要する場合は、一時的な（12時間以内の）入院が判断できる「特定医師制度」があるんですね。

障害者虐待防止法の制定で何が変わる？

法律制定後も虐待はなくなりません。虐待が起きないための施策や仕組みが必要です。

虐待の防止と家族等への支援のための法律

障害者の人権への理解が広まりつつある現在でも、施設等における虐待事件はたびたび起こっています。これに対して平成24年10月から障害者虐待防止法（障害者虐待の防止、障害者の養護者に対する支援等に関する法律）が施行されました。この法律は、障害者虐待の防止や早期発見、虐待を受けた障害者の保護、支援、障害者の家族などの負担軽減を目的としています。

この法律の障害者虐待の定義は、家族など養護者によるもの、施設の職員によるもの、障害者を雇用する使用者によるもの、となっています。虐待の種類としては、身体的虐待・性的虐待・心理的虐待・ネグレクト（放置）・経済的虐待があります。

障害者虐待をどう防止する？

この法律では、どんな人も障害者を虐待してはならないことや、虐待防止に関する国や自治体の責務について定められています。それとともに、障害者虐待を発見したら、速やかに市町村や都道府県に通報することが義務づけられています。

虐待を受けた障害者自身が、市町村や都道府県に直接届け出ることもできます。施設の職員による虐待の場合は、通報や届け出を受けた市町村は、都道府県に報告しなければなりません。使用者による虐待の場合は、通報や届け出等を受けた都道府県は、都道府県の労働局へ報告しなければなりません。さらに学校や保育所、医療機関は、それらを利用する障害者への虐待に対する防止策を実施することが義務づけられています。

しかし、障害者虐待防止法が施行されてからも、各地で施設職員や家族などによる虐待が報告されています。虐待が起きてからの支援はもちろんですが、虐待が起きないようにするために、この法律や仕組みが有効に機能することが重要です。

障害者虐待防止法における障害者虐待の定義

身体的虐待	障害者の身体に外傷が生じ、若しくは生じるおそれのある暴行を加え、または正当な理由なく障害者の身体を拘束すること。
性的虐待	障害者にわいせつな行為をすることまたは障害者をしてわいせつな行為をさせること。
心理的虐待	障害者に対する著しい暴言または著しく拒絶的な対応その他の障害者に著しい心理的外傷を与える言動を行うこと。
ネグレクト	障害者を衰弱させるような著しい減食または長時間の放置、養護者以外の同居人による虐待行為の放置等養護を著しく怠ること。
経済的虐待	障害者の財産を不当に処分することその他、障害者から不当に財産上の利益を得ること。

障害者虐待を防ぐ仕組み

養護者による虐待の場合

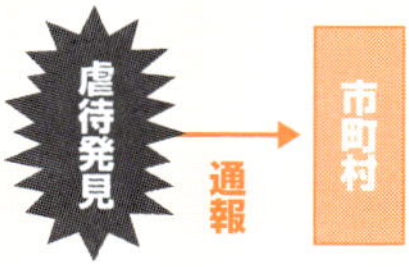

- 事実確認
- 安全の確認
- 居室の確保
- 施設入所等の措置　ほか

障害者福祉施設従事者等による虐待の場合

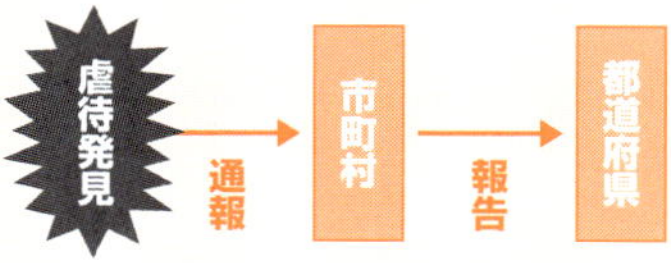

- 監督権限等の適切な行使
- 虐待状況・措置等の公表

使用者による虐待の場合

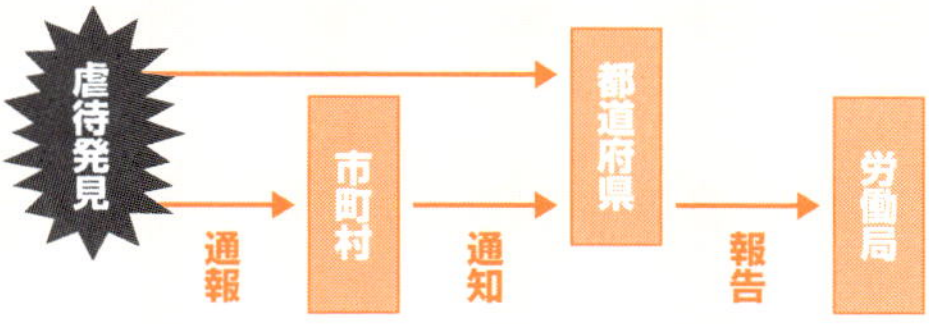

- 監督権限等の適切な行使
- 虐待状況・措置等の公表

その他の新しい障害者支援には何がある？

発達障害や難病を抱える人々に対する支援体制が拡充しつつあります。

発達障害者支援法とは？

これまで学校教育の場などで課題となりつつも、制度の谷間におかれ支援が届きにくかった「発達障害」のある人々が適切な支援を受けられる体制を整備することを目的とした発達障害者支援法が平成17年に施行されました。

この法律では、発達障害者の生活全般にわたる支援の促進や、関係機関の連携体制の整備、発達障害への理解の促進を目指し、早期発見、支援のための施策や発達障害者支援センターの業務について定められています。

施行から10年が経過し支援の一層の充実を図るため、平成28年に同法が改正され、乳幼児期から高齢期まで切れ目のない支援、家族も含めたきめ細かい支援、地域の身近な場所での支援がさらに重視されることとなりました。教育、情報共有、就労、権利擁護、司法手続きなど、様々な場面での支援を整えることで、発達障害者があらゆる分野の活動に参加でき、地域で人々と共生できる社会を目指しています。

難病法とは？

発病の仕組みが解明されておらず、治療方法が確立していない難病を抱える患者に対し、医療費助成の制度を確立するとともに、療養生活の環境を整備することを目指し、難病の患者に対する医療等に関する法律（難病法）が平成27年に施行されました。この法律では、指定難病患者の医療費の負担を減らすため、医療費の自己負担の一部を助成することが定められています。患者世帯の所得によって自己負担する金額にも上限が設けられています。

またこの法律では、良質で適切な医療を確保するための調査や研究を推進することや、難病患者の療養生活の質を維持・向上させるための事業や難病相談支援センターについても定められています。これらの制度や支援により、難病患者や家族が安心して療養生活を送ることができるよう、環境が整えられているところです。

「発達障害」「発達障害者」の定義は?

発達障害	自閉症、アスペルガー症候群その他の広汎性発達障害、学習障害、注意欠陥多動性障害その他これに類する脳機能の障害であってその症状が通常低年齢において発現するものとして政令で定めるもの
発達障害者	発達障害がある者であって発達障害及び社会的障壁により日常生活または社会生活に制限を受けるもの

代表的な発達障害

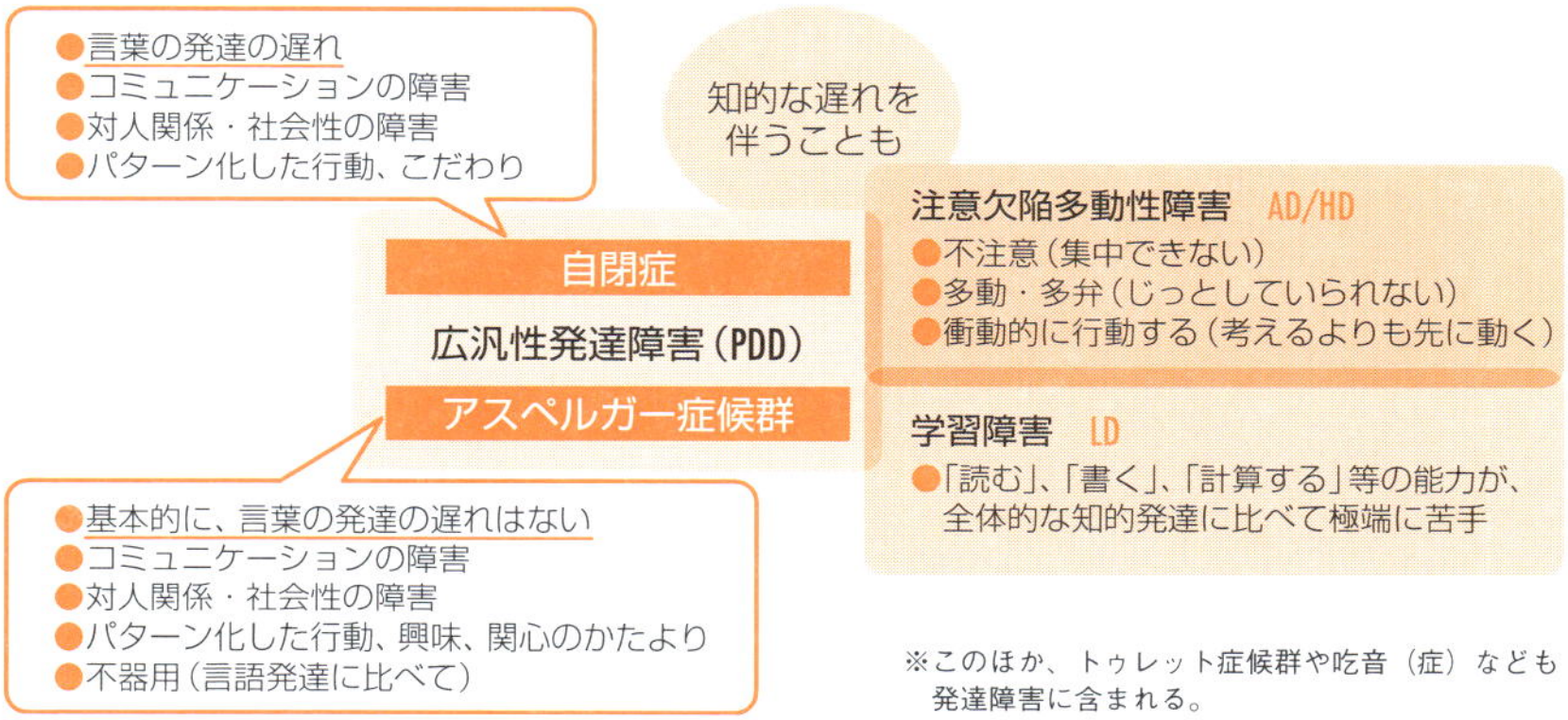

※このほか、トゥレット症候群や吃音(症)なども発達障害に含まれる。

出典:内閣府「平成29年版 障害者白書」

「難病」の定義と指定難病の例

難病	発病の機構が明らかでなく、かつ、治療方法が確立していない希少な疾病であって、当該疾病にかかることにより長期にわたり療養を必要とすることとなるもの
指定難病の例	筋萎縮性側索硬化症、パーキンソン病、ミトコンドリア病、もやもや病、悪性関節リウマチ、全身性エリテマトーデス、ベーチェット病、肥大型心筋症、潰瘍性大腸炎など、330疾病(平成29年4月)

難病法に基づく基本方針の項目

1. 医療等の推進の基本的な方向
2. 医療費助成制度に関する事項
3. 医療を提供する体制の確保に関する事項
4. 医療に関する人材の養成に関する事項
5. 難病に関する調査及び研究に関する事項
6. 医療のための医薬品、医療機器及び再生医療等製品に関する研究開発の推進に関する事項
7. 難病の患者の療養生活の環境整備に関する事項
8. 医療等と難病の患者に対する福祉サービスに関する施策、就労の支援に関する施策その他の関連する施策との連携に関する事項
9. その他難病の患者に対する医療等の推進に関する重要事項

今後の障害者支援に向けて

障害者の生活の幅を広げる支援が必要です。

障害者の実態調査から

厚生労働省が平成23年に行った「生活のしづらさなどに関する調査（全国在宅障害児・者等実態調査）」によれば、65歳未満で障害者手帳を持っている人のうち、障害者自立支援法（当時）に基づくサービスを利用しているのは30・5%でした。障害により何らかの生活のしづらさを感じている人が67・7%いるにもかかわらず、実際にサービスを利用しているのは3割にすぎないのです。これでは、障害者にとって利用しやすい制度とはいえません。

同調査では、同じく65歳未満の手帳所持者のうち、親、子、夫婦など「同居者あり」が87・3%、「1人で暮らしている人」が11・2%でした。この数字からは、家族が生活支援の多くの部分を担っていることがわかります。さらに、「日中は家庭内で過ごしている」という人が40・1%でした。子どもか現役世代であるにもかかわらず、4割の人が家のなかで過ごしているだけなのです。

生活全体の支援が必要

障害者自立支援法が施行されてから、その抜本的な改正が求められてきました。障害者総合支援法へと改正されたとはいっても、その内容や仕組みが大きく改良されたとはいえません。障害の状況や生活の実情に見合った内容・分量でサービスが提供されているのか、サービスの利用者負担が軽減されているのか、注意深く見守っていく必要があります。

また、障害福祉サービスが充実し利用しやすくなることに加えて、教育・雇用・医療・年金などの各分野でそれぞれ課題が解消され、あらゆる障害者に対して生活全般にわたる隙間のない支援が整えられなければなりません。多様な制度やサービスが実施されることにより、障害者の生活の幅や活動の機会が広がります。障害者が自分の生活を自ら組み立てられるようになってこそ、ともに人権を尊重し合い共生できる社会が実現するのです。

障害者にかかわる主な法律

社会福祉

- 障害者基本法
- 身体障害者福祉法
- 知的障害者福祉法
- 精神保健及び精神障害者福祉に関する法律（精神保健福祉法）
- 発達障害者支援法
- 難病法
- 障害者の日常生活及び社会生活を総合的に支援するための法律（障害者総合支援法）
- 高齢者、障害者等の移動等の円滑化の促進に関する法律（バリアフリー法）
- 障害者虐待の防止、障害者の養護者に対する支援等に関する法律（障害者虐待防止法）
- 障害を理由とする差別の解消の推進に関する法律（障害者差別解消法）（平成28年4月より施行）
- 社会福祉法
- 児童福祉法
- 介護保険法　等

保健・医療

- 国民健康保険法
- 健康保険法
- 母子保健法

等

所得保障

- 国民年金法
- 厚生年金保険法
- 生活保護法

等

雇用・労働

- 障害者の雇用促進等に関する法律（障害者雇用促進法）
- 職業能力開発促進法
- 最低賃金法　等

教育

- 教育基本法
- 学校教育法
- 特別支援学校への就学奨励に関する法律　等

生活を総合的に支援する

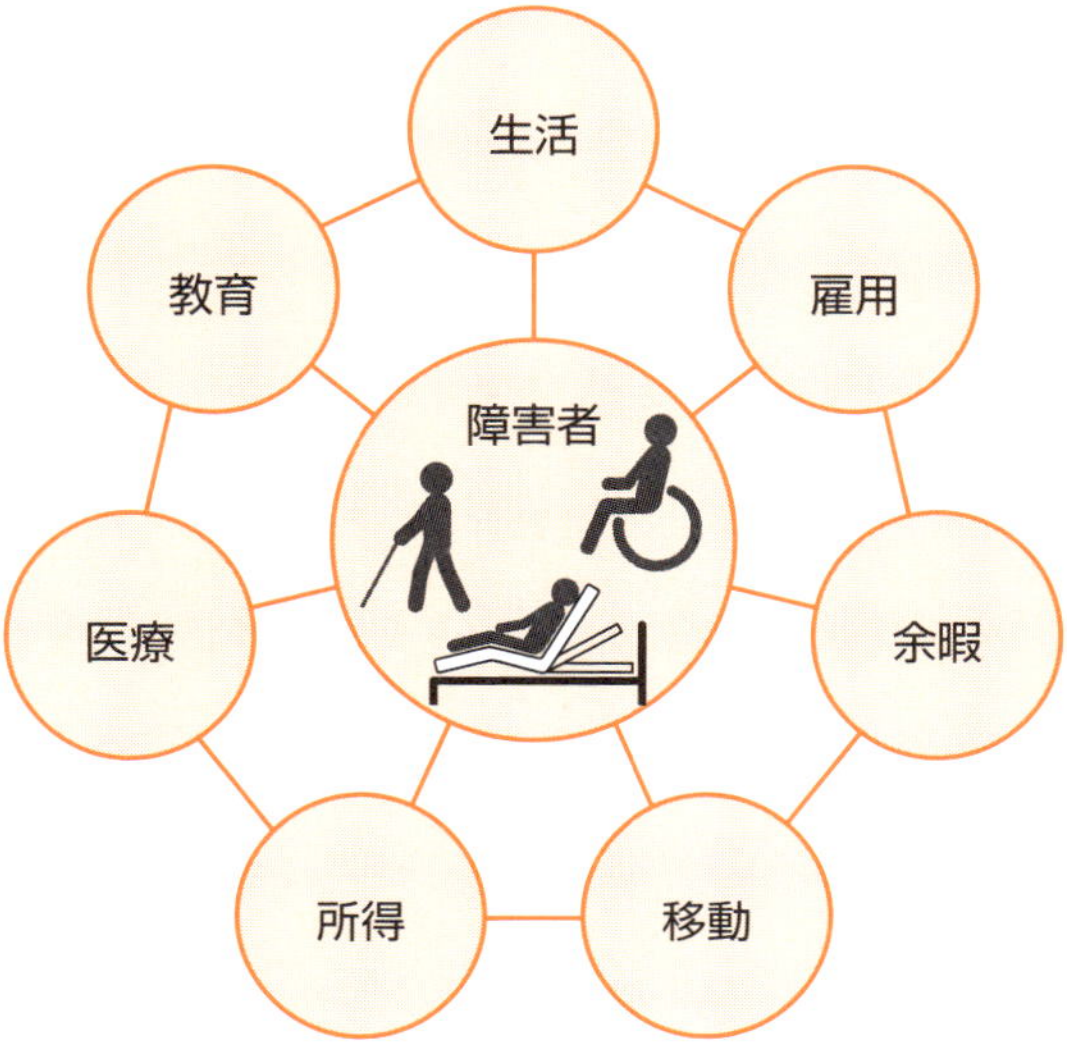

Q ケアマネジメントってなに？

　障害者総合支援法では、様々な障害福祉サービスがありますが、種別も多かったり施設ごとに特徴があったりと、単純に障害の種類だけで選ぶことはできません。特に中途障害者の場合、福祉とは無縁の生活を送ってきたわけですから、どんな制度があるのかすらわからないのが実情でしょう。そこで、本人の希望に応じて利用するサービス案を作成・修正するのが、特定相談支援事業所の役割であり、一般的には、この過程のことをケアマネジメントと呼んでいます。

　ケアマネジメントは、介護保険が始まったときに導入されたことから「ケアマネジメント＝介護保険」のイメージが強いのですが、実際には支援方法の一種で、もとは障害者支援の分野で使われていました。ケアマネジメントが得意な場面は、抱えている課題が「大きく」、代わりに支援を「急がない」ものです。今にも死んでしまいそうという状態の場合は、その原因に対して速やかに対処しなければなりませんし、困っていることが1つしかないなら、サービスもその問題を解決するために利用すれば事足ります。ケアマネジメントは「今すぐ対処しないといけないほど切迫してはいないけど、問題が複雑に絡んでいて、1つの施設や制度だけでは対応できない」といった問題に対して、社会資源を最大限することで、よりよい生活ができるよう支援します。そのためには、ケアマネジャー（支援計画を立てる人）は、ただ症状を聞いて施設を紹介するだけではなく、その人に必要なサービスが適切に提供できるよう、医療機関や障害サービス事業所などの関係機関や近隣住民などとの調整作業が必要です。何より大切なのは、本人が本当はどうなりたいかを、しっかりと理解をして、それを実現することができ、かつ利用する本人が納得できるプランを提案することです。

　ケアマネジメントとは、いってしまえば利用者を「寄ってたかって幸せにする」（故・野中猛 談）ことです。計画を立てる側が一生懸命考えるのはもちろんですが、支援を受ける側も受け身にならずに、どれだけ無理だと思っても「こうなりたい！」と、自分の願いを伝えてみてください。その願いを叶えるために、きっとみんなが集まってきます。

著者紹介

〈編著者〉

●第１章「障害者総合支援法ってなに？」、第２章「何が変わったの？」、第３章「障害者総合支援法で使えるサービス」、第４章「障害児のためのサービス」、第６章P.194～199、各章コラム

二本柳　覚（にほんやなぎ・あきら）

日本福祉大学スーパービジョン研究センター研究員。修士（福祉マネジメント：日本福祉大学）。日本福祉大学社会福祉学部卒業後、精神科病院、就労継続支援Ｂ型事業所、日本福祉大学社会福祉実習教育研究センター、高知県立大学社会福祉学部などを経て現職。専門は障害者福祉（特に精神保健福祉）、社会福祉専門職教育。著書に『これならわかる<スッキリ図解>障害者差別解消法』（共著、翔泳社）など。社会福祉士、精神保健福祉士。

〈著者〉

●第５章「障害福祉サービスの使い方」

鈴木 裕介（すずき・ゆうすけ）

高知県立大学社会福祉学部社会福祉学科 助教。博士（社会福祉学：高知県立大学）。大正大学人間学部人間福祉学科社会福祉学専攻卒業後、病院のソーシャルワーカー（MSW）を経て現職。MSWとして退院支援や地域連携ネットワーク構築に関する業務を行う。現在は、中山間地域で暮らす高齢者の医療福祉ニーズを中心とした研究を行っている。社会福祉士。

●第６章「障害者支援には何がある？」（P.194～199除く）

遠山 真世（とおやま・まさよ）

高知県立大学社会福祉学部社会福祉学科 講師。博士（社会福祉学：東京都立大学）。東京都立大学大学院社会科学研究科社会福祉学専攻博士課程を修了後、立教大学コミュニティ福祉学部福祉学科助手、同コミュニティ政策学科助教を経て現職。専門は障害者の雇用・就労問題。海外の状況も含めて法律・制度について検討することや、アンケート調査などにもとづき実態を分析することを通して、何が「差別」でありどのような社会が「平等」なのかを研究している。社会福祉士、専門社会調査士。

装丁	河南 祐介（FANTAGRAPH）
本文デザイン	FANTAGRAPH
カバー・本文イラスト	寺山 武士
DTP	株式会社シンクス

SHOEISHA iD メンバー特典※

▶以下のサイトから購入特典 PDF をダウンロードしていただけます。

https://www.shoeisha.co.jp/book/present/9784798153780

※ SHOEISHA iD（翔泳社が運営する無料の会員制度）のメンバーでない方は、ダウンロードの際、会員登録が必要です。

●購入特典 PDF

『これならわかる＜スッキリ図解＞障害者総合支援法』を第 2 版に改訂するにあたり、初版から割愛した下記ページの PDF をご提供！

- 初版第 1 章（従来の障害者施策、障害者自立支援法が生まれた理由、障害者自立支援法から障害者総合支援法に生まれ変わった理由などを解説）
- 初版第 2 章（障害者自立支援法から障害者総合支援法に変わったことによる改正ポイントを解説）

ほか

特典パスワード：sukkiri_shogai2

これならわかる＜スッキリ図解＞障害者総合支援法　第2版

2018年 1 月31日　初版第1刷発行
2019年 8 月 5 日　初版第4刷発行

編著者	二本柳《にほんやなぎ》 覚《あきら》
著者	鈴木《すずき》 裕介《ゆうすけ》、遠山《とおやま》 真世《まさよ》
発行人	佐々木 幹夫
発行所	株式会社 翔泳社（https://www.shoeisha.co.jp）
印刷・製本	株式会社 ワコープラネット

本書へのお問い合わせについては、2ページに記載の内容をお読みください。

造本には細心の注意を払っておりますが、万一、乱丁（ページの順序違い）や落丁（ページの抜け）がございましたら、お取り替えいたします。03-5362-3705までご連絡ください。

ISBN978-4-7981-5378-0　　Printed in Japan